Martina Meuth · Bernd Neuner-Duttenhofer

SCHWEIZ

Küche, Land und Leute

Photos von Ulrich Kerth

Kulinarische Landschaften

Droemer Knaur

5., aktualisierte Auflage 1998

Umschlaggestaltung: Atelier Höpfner-Thoma, München
Umschlagabbildungen: Ulrich Kerth
Gestaltung und Herstellung: von Delbrück, München
Reproduktion: Fotolitho Longo, Bozen
Satz und Druck: Appl, Wemding
Aufbindung: Großbuchbinderei Sigloch, Künzelsau
Printed in Germany
ISBN 3-426-26386-6

6 5

Inhalt

Bernd Neuner-Duttenhofer, *Autor, begeisterter Paß- und Seilbahnfahrer, liebt s'Znüni zu jeder Tageszeit und überdies den Schweizer Eigensinn*

Martina Meuth, *Autorin, liebt mehr die Seen – wegen der Fische, die sie lieber ißt, als fängt. Schwärmt für Alpen, Butter und Käs'*

Ulrich Kerth, *Photograph, beherrscht jetzt (fast) perfekt Schwiizerdütsch, liebt Röschti und das unergründliche Blau der Gletscher*

Vorwort

Auf der Rückfahrt von den Reportage-Reisen für den ersten Band dieser Reihe »Kulinarische Landschaften«, aus der Toskana, führte uns der Weg durch den Gotthardtunnel nach Hause, also durch die Schweiz. Fröhlich nach getaner Arbeit, alberten wir herum. Scheuten uns nicht, ein falsches Schwiizerdütsch zu versuchen, und machten uns über einen Band lustig, der da heißen würde: SCHWEIZ – Küche, Land und Leute.

Ein Fünkchen Ernst war wohl dabei, denn wir hatten ja Nachfolgebände geplant, fürchteten uns im Hinterkopf aber gleichzeitig vor einer solchen Aufgabe und beruhigten uns mit der Versicherung, es könne das Thema SCHWEIZ ganz gewiß niemals geben.

Wir wußten schließlich:

– daß die Schweiz ganz schön viel größer ist als die Toskana und durch die hohen Berge das Bereisen schwieriger sein und mehr Zeit in Anspruch nehmen würde;

– daß wir in den Küchen der einzelnen Landesteile und Regionen auf erheblich mehr Unterschiede stoßen würden als in dem kulturell geschlossenen Gebiet der Toskana;

– daß es unglaublich viele klar zu unterscheidende, ganz bestimmt festhaltenswerte Eigenständigkeiten in den einzelnen Regionalküchen gibt;

– daß niemals ein vollständiges Bild der gesamten kulinarischen Schweiz auf 254 Seiten entstehen würde;

– daß wir die unerschöpflich vielen Schönheiten und Eigenheiten des Landes, der Städte, Dörfer, Weiler und Landschaften niemals auch nur annähernd würden mitteilen können;

– daß »Leute« in der Schweiz etwas viel Komplizierteres sein würde als in der Toskana – dort gibt es ja eine das ganze Gebiet umfassende gemeinsame Sprache, Herkunft und Religion;

– daß das Reisen und Photographieren in dem von den Alpen gegliederten Land mit seinen verschiedenen Klimazonen von weitaus mehr Unwägbarkeiten des Wetters abhängig sein würde als in der vom Mittelmeer verwöhnten Toskana.

Wir hatten eben so unsere Vorstellungen – und alberten noch, als die Realität uns schon längst im Griff hatte: Ein Buch entsteht ja nicht nur, weil Autoren es im Sinn haben. Der Verleger stellt auch Überlegungen an. Und er sprach sich so beredt für ein Schweiz-Buch aus, daß wir uns nicht entziehen konnten – dank der langen »Vorbeschäftigung« auch gar nicht wollten. Es schien vom Schicksal so bestimmt ...

Da standen wir nun, lachten allerdings nicht mehr, sondern hatten Angst: Als Deutsche ein Buch machen über die Schweiz ... Das Projekt war plötzlich nicht mehr eine Frage der äußeren Bedingungen, sondern der inneren Konstellation.

Wir fragten Schweizer Freunde, was sie von der Sache hielten – sie rieten uns zu, freuten sich, meinten, das sollten wir »einfach machen«. Wir zauderten immer noch, merkten aber bald: So sind sie, die Schweizer, ganz direkt, gleich wirklich begeistert von einer Idee, die ihnen gefällt. Wir registrierten das freudig und – ein wenig erstaunt, denn diese Offenheit hatten wir eigentlich nicht erwartet ...

Was vorher spielerisch durch unsere Köpfe geschossen war, überprüften wir jetzt: Es war klar, daß es unsere Aufgabe sein mußte, die ganze Schweiz zu erfassen, nicht nur Teile des Landes. Eine manchmal pauschalierende Darstellung würde zwangsläufige Folge sein. Die Schweiz mit mathematischer und geographischer Genauigkeit abfahren, wirklich Kanton für Kanton? Wir merkten schon bei den ersten Planungen und Reisen, daß nicht jede Region in gleicher Weise ergiebig sein würde – wir mußten uns konzentrieren. Tatsächlich hat dann keineswegs der Zufall uns geführt, sondern die simple Realität das Typische dort entdecken lassen, wo es liebevoll und mit Stolz gepflegt wird.

Wie groß die Gegensätze: einerseits die offenen, zwar in unwegsamem Gelände wohnenden, aber dennoch zugänglichen Menschen auf dem in freiheitlichen Traditionen denkenden, bäuerlichen Land, andererseits die in Ballungsgebieten eingepferchten, der industriellen Konsumgesellschaft anheimgefallenen, eher verschlossenen Städter ... Weil es in der Schweiz noch so viel mehr Ursprüngliches gibt als in Deutschland, fallen die Zivilisationsschäden deutlicher auf ...

In manchen Landstrichen konnten wir

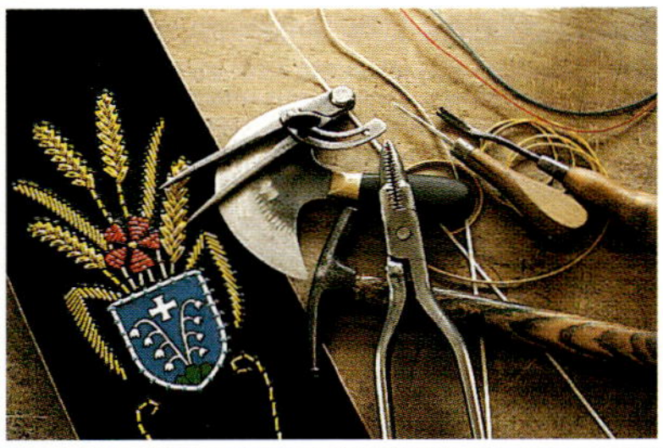

trotz intensivster Bemühungen und rührender Hilfestellung Schweizer Freunde einfach nichts entdecken, was zwingend in dieses Buch gehört hätte. Tage voller Frust. In anderen Regionen dagegen stießen wir unverzüglich auf originelle, geschichtenreiche Menschen und originale, geschichtsträchtige Rezepte. Tage der Lust. Wir mußten auf schöne Stories verzichten, weil wir sonst einseitig geworden wären.

Die von gediegenen bürgerlichen Vorstellungen ausgehende, nicht zuletzt von Schweizer Köchen für die internationalen Hotelrestaurants ausgeformte Küche ist inzwischen typisch schweizerisch geworden: Die bequemen Zubereitungsmethoden der Restaurants sind in die Haushalte eingezogen, haben die oft langwierigen bäuerlichen Kochverfahren verdrängt. Der Sieg des *Paillards* über das *Gsottus* …

Wir konnten jedoch faszinierend deutlich feststellen, daß nach einer langen Zeit zukunftsgläubiger, stark fastfood-geprägter Gleichgültigkeit gegenüber der ureigenen Küchenkultur ein neues Interesse erwacht ist. Nachdem die Speisepläne so lange hauptsächlich von austauschbaren Allerweltsgerichten beherrscht waren, kommt eine zunehmende Begeisterung der jungen Leute an einheimischen Gerichten und deren Entstehung auf. Die Töchter sind sich zwar oft noch nicht darüber im klaren, wie sie die Rezepte ihrer Großmütter heute kochen sollen, die ja für schwer arbeitende Menschen gedacht waren und fast immer zu mächtig und kalorienreich für unsere heutigen Essensgewohnheiten sind. Aber viele Köche beginnen das herauszufinden, passen die Rezepte unseren heutigen Erkenntnissen an und machen vor, wie nach uralten Ideen ein modernes Essen gekocht wird.

Erstaunlicherweise ist die kulinarische Entwicklung in der Schweiz im großen und ganzen kaum anders verlaufen als in Deutschland, wenn auch andere Gründe dazu führten: In Deutschland haben Kriege, Notzeiten und die Vertreibung zum Verlust der Küchentraditionen geführt. In der Schweiz war es einerseits der Wohlstand, der früh erlaubte, sich Neues anstelle des Überlieferten zu leisten, andererseits die nach dem letzten Weltkrieg in großem Umfang einsetzende Verstädterung – die sich wegen der so unterschiedlichen Topographie wesentlich vehementer auswirkte als in Deutschland und stets einen Wechsel des Kulturraums bedeutete. In beiden Fällen verlor sich das von Generation zu Generation vererbte Wissen um die korrekte Zubereitung, vor al-

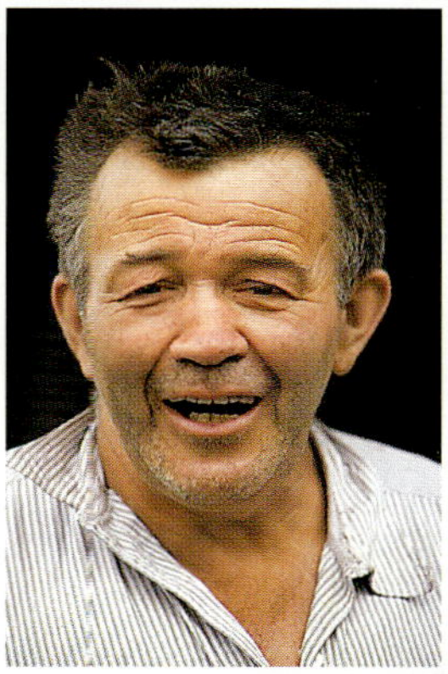

lem aber auch um die Kenntnis des guten Produktes.
Die Schweiz ist all diesen Veränderungen zum Trotz noch immer ein stärker von bäuerlichen Traditionen bestimmtes Land als die Bundesrepublik – auch wenn, wie Erhebungen ausweisen, im Schnitt pro Woche 55 Bauernhöfe »verschwinden«. Die Schweizer Städter zieht's, so will uns scheinen, geradezu magisch auf ihr Land, an ihre Seen, in ihre Berge: allsonntäglich wahre Karawanen und Völkerwanderungen. Man liebt und kennt seine Heimat, erlebt Geschichte überall!
Die geographischen Gegebenheiten, eine immer wieder feindliche, zerstörende Natur, haben zwangsläufig zu Solidargemeinschaften geführt, regelnde Gespräche und Verständnis für die Nöte der Mitmenschen verlangt. Der Eid, die Genossenschaft und schließlich der unbedingte Freiheitswille haben ein Gemeinwesen hervorgebracht, das einzigartig auf der Welt ist. Das Selbstverständnis der Schweizer – man kann sich vielleicht in manchen Punkten daran reiben, aber insgesamt wird man sich der Faszination dieses Schweizer Gemeinwesens kaum entziehen können, wenn man das Land näher kennenlernt.
Das ungebrochene Traditionsbewußtsein der Schweizer hat mehr Schönes erhalten als unsere geschichtslose Neuorientierung nach dem Zusammenbruch des Dritten Reiches. Die alten Gasthöfe, die wunderschönen Möbel, die wertvollen, in jedem Haus mit Liebe gepflegten Gegenstände – das schafft eine Atmosphäre, in der Verständnis für Produkte und Kochtraditionen gedeiht.
Die Schweiz, ein Agrarland: Käse, um die die ganze Welt sie beneidet, die man überall nachzumachen versucht, aber doch nicht erreicht. Butter und Sahne wie im Schlaraffenland. Ein Himmel voller Würste, Schinken, Trockenfleisch und Speck. Bäche, Flüsse, Seen – und also Fische im Überfluß. Rebgärten oder Weinberge in allen Kantonen, mal in schier endlos gestaffelten Terrassen, mal als bescheidene Hausgärten, hier sanft an den Hang geschmiegt, dort steil in den Himmel wachsend: Weißweine und Rotwein, nach Dörfern oder Lagen benannt, eine verwirrende Vielfalt. Rösti und Polenta, Geschnetzeltes und Kotelett, Lauchtopf und Sauerkraut, Fondue und Raclette – sind das Schweizer Nationalgerichte?
Wir haben auf unseren Reisen gelernt zu differenzieren und versucht, das Gute vom weniger Guten zu trennen. Wirklich Schlechtes kann man in der Schweiz nicht finden. Der allgemeine

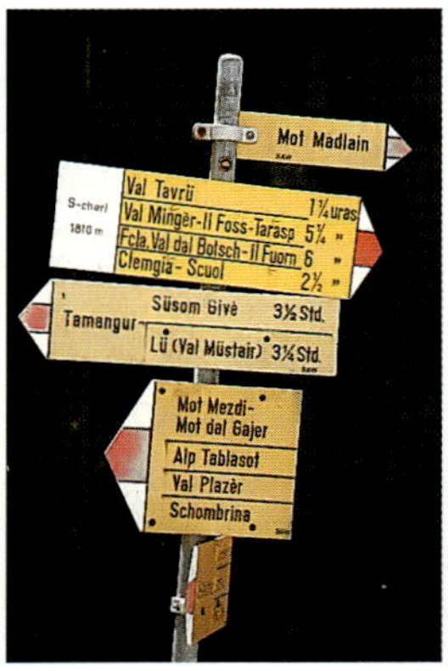

Standard ist beneidenswert hoch. Aber vielleicht bleibt für die Spitze wenig Interesse, wenn man das Mittelmaß hoch ansetzt? Besonders deutlich wird dies beim Wein: Die Durchschnittsqualität ist wesentlich höher als bei uns und kostet viel mehr. Spitzenweine aber gibt es nur im verborgenen für vereinzelte Kenner, denn kaum jemand ist bereit, dafür mehr als für Gebrauchswein auszugeben.
Wir danken allen, die uns mit offenem Herzen empfangen und ihr Land gezeigt haben – einige kommen in dem Buch vor, von vielen anderen haben wir gelernt. Wir haben Menschen kennengelernt, die wir sofort liebgewonnen haben und die uns auch mochten, mit denen uns immer eine wunderbare Freundschaft verbinden wird. Mit anderen war es weniger einfach, dauerte es etwas, bis wir uns gegenseitig verstanden und respektieren konnten. Natürlich gab es auch Mißklänge – aber die waren Ausnahme.
In den ärmsten Bergregionen haben wir uns ebenso an einer einfachen Gerstensuppe gefreut wie in der Stadt an den luxuriösen Schöpfungen eines Spitzenrestaurants. Gutes Essen ist nicht eine Frage des Geldes, sondern der Qualität des Produktes und der Präzision, dem Wissen und, vor allem, der Liebe bei der Zubereitung.
Wir haben versucht, das Land, die Menschen, die Küche und die Wurzeln des Ganzen zu verstehen – und erheben dabei keinerlei Anspruch auf Vollständigkeit. Wir wollten keinen objektiven Reiseführer machen, sondern individuelle Eindrücke wiedergeben. Das eine Mal ganz persönlich, das nächste Mal mehr allgemein. Nur in gewisser Weise exemplarisch sollte jede Geschichte sein. Kritisch waren wir deshalb gegenüber allgemeinen Zuständen, brauchten aber niemals an den vorgestellten Häusern herumzumäkeln. Zuviel Lob kann Freundschaften auch verderben ...
Die Schweiz zeigte sich, die Schweizer können nichts dafür, von ihrer wetterwendischen Seite: Es gab Tage, da konnte man den Photoapparat getrost in der Tasche lassen. Andernorts wurden wir aber durch leichte Nebel, herrliche Sonnenuntergänge und klare Föhntage entschädigt.
Besonderer Dank gilt unserem alten Freund *Hanns U. Christen (-sten)*, Weinjournalist in Basel, der sich der Mühe unterzog, die Manuskripte zu lesen, damit sich keine Fehler einschleichen.
Schließen wir mit *Corpaato* (S. 228), der uns zum Empfang ein Brot buk, dessen Botschaft wir an alle Schweizer zurückgeben wollen: »Viva Küche, Land und Leute!«

FRÜHLING

Blütenpracht und laue Lüfte – zartes Grün, Kaninchen, Zicklein, Lamm und Fische

Saftiger Spargel: mit Vinaigrette

Urnersee-Hecht

Marien-Idylle

Appetitanregend: luftgetrocknete Würste

Kunstvoll arrangiert: Im feinen Restaurant

Tessiner Rotweine: kernig und kräftig

Gemüsesuppe: Die Mischung macht's

Herrscheftlich: Luxus im Hotel

Ein Wirtshaus von gutem Geschmack

Clean & clever – alles sauber, alles praktisch, alles perfekt organisiert: Das amerikanische Konzept einer modernen Gastronomie hat schon früh in der Schweiz viele Freunde gefunden. Mit orangefarbenen Plastikverschalungen wurden alte Holztäfelungen schamhaft versteckt. Mancherorts zeugen sie noch von diesem modernistischen Geschmack der sechziger und siebziger Jahre und wirken lächerlich *démodé*.

Die stürmische Entwicklung und der Drang zu Neuerungen machten natürlich auch vor der Küche nicht halt. Und zu den architektonischen Fehltritten gesellten sich die kulinarischen Sünden: Vermeintlich altmodische Hausfrauenküche wurde durch flotte Fertigkost ersetzt. Vorgefertigt, portioniert, cellophanverpackt und bei Bedarf schnell angerührt.

Besonders in der stürmisch industrialisierten Umgebung von Zürich verschoben sich die Vorstellungen, und so findet man inzwischen eher eine nachgebaute Gemütlichkeit aus Plastik als ein Lokal, das noch rundherum der Traumvorstellung von einer Gastwirtschaft entspricht: In der Stube ein dik-

Die Wirtsleute Kathrin und Sepp Hügi

ker Kachelofen mit blitzender Ofentür und auf Hochglanz polierten Messing-Schiebeknöpfen. Blanker Parkettfußboden, holzgetäfelte Wände. Die Sprossenfenster mit weißen Mullgardinen oder bunten Blümchenvorhängen eingerahmt. Der Damast auf den Tischen aus glänzendem Leinen, die Knickfalten scharf eingebügelt, wie es sich gehört. Mit anständigem Besteck liebevoll gedeckt. Kurz – »gutbürgerlich«, im Gottfried Keller'schen, nicht im kleinbürgerlichen Sinne.

Die »Wirtschaft zur Burg« oberhalb von Meilen am Nordufer des Zürichsees ist ein solches Haus. Hier fühlt man sich sofort wohl, hält sich nur allzu gerne auf. Da wird auf der Speisekarte nichts versprochen, was auf dem Teller nicht gehalten werden kann. Die Küche richtet sich nicht nach den Modeläufen, sondern serviert, was die Jahreszeit bietet.

Es werden keine bombastischen Zusammenstellungen gravitätisch angerichtet, sondern einfach gute Sachen aufgetischt. Vom Kalb die Leber, Kutteln oder das Geschnetzelte sind ganz bestimmt nichts Ungewöhnliches – so sorgsam zubereitet allerdings, so gekonnt gekocht und ohne Firlefanz serviert, eben doch bemerkenswert und nicht hoch genug zu rühmen.

Das Anwesen *Burg ob Meilen* befindet sich seit fast vierhundert Jahren im Besitz der Familie Wunderli, der zu verdanken ist, daß das einstige Erblehen des Fraumünsterstifts zu Zürich die Zeiten im originalen Zustand überdauerte. Die Anlage aus dem 17. Jahrhundert, bestehend aus mehreren Häusern und Gebäuden, wurde mit großer Behutsamkeit renoviert. Und es ist ein Vergnügen zu sehen, wie die jungen Pächtersleute Sepp und Kathrin Hügi die ihnen zur Verfügung gestellten Räumlichkeiten mit neuem Leben erfüllen.

1

SPARGEL MIT VINAIGRETTE

Für vier Personen:
1 kg Spargel, Salz, 1 TL Butter
Vinaigrette:
2 Schalotten, 3 Cornichons, 1 Bund Schnittlauch, 4 EL Weißweinessig, 3 EL Spargelsud, 4 EL Olivenöl, Pfeffer

Den sorgfältig geschälten Spargel in Salzwasser, das ein Stück Butter würzt, knapp gar kochen. Gut abgetropft, lauwarm zur Vinaigrette servieren:
Dafür feingeschnittene Schalotten und Gürkchen sowie Schnittlauchröllchen mit den übrigen Zutaten verrühren.

2

GERÄUCHERTE ENTENBRUST AUF LÖWENZAHNSALAT

Die Entenbrust, gepökelt und geräuchert, wie man das von der Gänsebrust vielleicht besser kennt, kauft Sepp Hügi fertig. Man findet so etwas nicht überall. Wer sie bei seinem Händler nicht bekommen kann, nimmt einfach in feine Scheiben geschnittene Gänsebrust. Sie ist ein wenig fetter und macht den Salat dann gehaltvoller, schmeckt aber natürlich auch.

Für vier Personen:
zwei großzügige Handvoll selbstgestochener Löwenzahn (natürlich von einer sauberen Wiese!), ein paar Chicoréeblätter, 100 g Champignons, 1 reife Tomate, 8 schwarze Oliven, 1 hartgekochtes Ei, 3 EL Weißweinessig, 1 EL Gemüsebrühe, 3 EL Olivenöl, Salz, Pfeffer, 2 EL süße Sahne (Rahm)
Außerdem:
200 g geräucherte Entenbrust in hauchfeinen Scheiben

Löwenzahn putzen, gründlich waschen, zerzupfen. Zwei Chicoréeblätter in feine Streifen schneiden. Champignons teils in Scheibchen, teils in Streifen schneiden. Tomate brühen, häuten, entkernen, ebenfalls in schmale Streifen schneiden. Das Ei würfeln. Alles mischen und mit einer Marinade aus Essig, Brühe, Sahne, Öl, Salz und Pfeffer anmachen. Auf vier Tellern verteilen. Die Entenbrust daneben anrichten.

1

2

1
BRENNESSELSUPPE

Die Brennesseln, die Sepp Hügi hierfür braucht – jawohl, Brennesseln, jenes Unkraut, das so teuflisch brennt, wenn man sich ihm ungeschützt nähert –, diese Brennesseln holt jeden Morgen der Casserolier (das ist derjenige, der dafür sorgt, daß die Töpfe immer sauber gespült sind). Es empfiehlt sich, bei der Ernte einen dicken Handschuh zu tragen. Wenn das Kraut einmal gepflückt ist, brennt es übrigens nicht mehr.

Für vier Personen:
2 Tassen Gemüsewürfel: Sellerie, das Weiße vom Lauch und Zwiebel – zu gleichen Teilen,
¾ l Hühnerbrühe,
100 g süße Sahne (Rahm),
2 Handvoll blanchierte Brennesseln,
Salz, Pfeffer

Das Gemüse in der Hühnerbrühe weich kochen. Mit Sahne auffüllen. Brennesseln zufügen und mit einem Pürierstab durchmixen. Durch ein Sieb passieren, mit Salz und Pfeffer abschmecken und mit dem Pürierstab nochmals luftig aufmixen.
Mit gerösteten Croûtons und Brennesselblättchen garnieren.

2
GESCHNETZELTE KALBSLEBER

Für vier Personen:
400 g Kalbsleber, 2 EL Butter, Salz, Pfeffer, 1 weiße Zwiebel,
1 Glas Madeira,
knapp ¼ l dunkler Kalbsfond,
75 g Butter, Schnittlauch

Die Leber in Streifen schnetzeln. In der heißen Butter anbraten; wenn die Pfanne zu klein ist, um allen Streifen Bodenkontakt zu bieten, portionsweise, damit die Stücke wirklich braten und nicht schmoren. Salzen und pfeffern, herausheben, beiseite stellen und ruhen lassen.
Im verbliebenen Fett die feingeschnittene Zwiebel andünsten. Mit Madeira und Fond ablöschen und um ein Drittel einkochen. Zum Schluß mit der Butter aufmixen.
Die Leber darin wieder behutsam erwärmen. Mit Schnittlauch bestreut servieren, am besten mit einer Rösti.

3
KANINCHENRÜCKEN IN SENFSAUCE

Für zwei Personen:
1 Kaninchenrücken, Salz, Pfeffer,
1 EL Butterschmalz, 1 Schuß Weißwein, 4 EL Kalbsfond,
100 g Crème double (Doppelrahm),
2 EL Rotisseursenf

Die Rückenfilets vom Knochen lösen, salzen und pfeffern. Im heißen Butterschmalz rundum anbraten. In Folie gepackt zum Nachziehen beiseite stellen.
Inzwischen das Bratfett wegkippen, den Satz mit Wein und Fond loskochen, die Crème double zufügen. Den Senf in die Sauce rühren. Köcheln, bis sie die gewünschte Konsistenz hat. Abschmecken und zum schräg aufgeschnittenen Kaninchenrücken servieren.
In der Wirtschaft »Zur Burg« gibt es dazu Kefen, das sind Zuckerschoten oder Mange-touts, einfach rasch in Butter geschwenkt. Und Maisgnocchi: aus kalter Polenta ausgestochene Monde, die in Butter knusprig gebraten und mit Käse bestreut sind.

4
KUTTELN IN RIESLING

In der Schweiz spricht man kurz vom Riesling und meint damit den Riesling × Sylvaner, also nichts anderes als die Müller-Thurgau-Rebe. Unser Riesling wird in der Schweiz praktisch nicht angebaut.

Für vier Personen:
ca. 1 kg vorgekochte und gereinigte Kalbskutteln, ca. ½ l »Riesling« aus der Schweiz, je eine Tasse Julienne von Möhre (Rüebli), Sellerie und Lauch, 100 g Butter, Salz, Pfeffer, 1 Bund Schnittlauch

Die Kutteln im Wein knapp eine Stunde köcheln. Für die letzten zehn Minuten die Gemüsestreifen zufügen. Durch ein Sieb gießen, die Brühe mit der Butter zu einer sahnigen Sauce aufmixen, salzen und pfeffern.
Die Kutteln in schmale Streifen schneiden und mit der Gemüsejulienne wieder in die Sauce geben. Reichlich Schnittlauch darüber streuen. Dazu schmecken am besten Salz- oder Pellkartoffeln (Gschwellti).

3

1

2

4

1
ERDBEERPARFAIT

Für sechs bis acht Personen:
3 Eigelb, 100 g Zucker,
500 g Erdbeeren, ¼ l Rahm, 2 EL
Crème double (Doppelrahm)

Die Eigelb mit der halben Zuckermenge dick und hell schlagen.
Die Erdbeeren mit zwei Löffel Zucker im Mixer zerkleinern, anschließend durch ein Sieb streichen. Vier Löffel Püree zurückbehalten, den Rest unter die Eiercreme rühren.
Die Sahne mit dem übrigen Zucker steif schlagen und unterheben.
Die Masse in eine kleine Kastenform füllen und im Gefrierfach fest, jedoch nicht hart werden lassen.
Zum Anrichten stürzen, in Scheiben schneiden. Auf einem Spiegel von Erdbeermark anrichten, das mit Crème double verziert wurde.
Das Muster ist ganz leicht hinzukriegen: Mit einem kleinen Spritzbeutel feine Sahnekreise setzen. Vom Zentrum aus mit einem Hölzchen quer Linien bis zum Rand ziehen.

2
GRIESSFLAMMERI

Für sechs Personen:
1 l Milch, 1 Vanillestange, 1 Stück
Zitronenschale, 60 g Butter,
65 g Grieß, 1 Prise Salz, 6 Eiweiß,
130 g Zucker, 100 g helle Rosinen

Milch mit Vanillestange, Zitronenschale und Butter aufkochen, Grieß und Salz einstreuen und unter Rühren auf kleinem Feuer 20 Minuten köcheln. Eiweiß steif schlagen, dabei langsam den Zucker hinzurieseln lassen.
Das Vanillemark auskratzen und in die Milch rühren. Den Eischnee ebenfalls unterrühren. Unter ständigem Schlagen mit dem Schneebesen alles wieder zum Kochen bringen. Erst jetzt die gewaschenen Rosinen zufügen. In Förmchen füllen und abkühlen lassen.
In der »Burg« gibt's dazu Aprikosensauce, die mit Himbeermark verziert ist (siehe links).

3
RHABARBERKUCHEN

Für eine Springform von 26 bis 28 cm
Durchmesser:
Teig:
200 g Mehl, 150 g Butter,
100 g Zucker, 1 Eigelb, 1 Prise Salz
Belag:
60 g geriebene Mandeln oder
Walnüsse, 1 kg Rhabarber, 4 Eier,
200 g süße Sahne (Rahm), 0,2 l Milch,
100 g Zucker, etwas Zitronenschale

Den Teig rasch zusammenkneten, in Folie gepackt eine Stunde kalt stellen. Dünn ausrollen. Eine Kuchenform damit ausschlagen. Den Boden mit geriebenen Mandeln dick bestreuen. Dicht mit Rhabarberstücken belegen.
Bei 220 Grad etwa 10 Minuten vorbacken. Die restlichen Zutaten verquirlen und darüber gießen. Weitere 30 bis 40 Minuten backen, bis der Guß fest geworden ist.

1
2
3

Von eidgenössischer Wesensart

In mehrere Becken verzweigt – hier lieblich und sanft, dort dramatisch oder erhaben –, bildet der Vierwaldstätter See das eigentliche Herz der Schweiz. Um seine Ufer gruppieren sich die Urkantone Uri, Schwyz und Unterwalden. Vom in ganz Europa wegen seiner fähigen Söldner bekannten Schwyz übernahm die Eidgenossenschaft Namen und Fahne. Hier entwickelten sich die Ideen der Befreiung vom Herrschaftsjoch der Habsburger, wurde mit weitem Blick über den See auf der Rütli-Wiese der berühmte Eid geschworen, spielte oder ereignete sich die Tell-Sage, leben die auch heute noch eigensinnigsten, eigenwilligsten, ungebärdigsten, freiheitsdurstigsten, jeder Obrigkeit feindlich gesonnenen Schweizer.
Was wir aus Schillers Drama kennen, mag sich anders ereignet haben – man weiß nicht einmal genau, ob Wilhelm Tell gelebt hat – oder weniger idealistisch, viel direkter, handfester, brutaler und blutiger vor sich gegangen sein: Die Legende ist allgegenwärtige Realität geworden! So kann man staunend die *Platte* am Urner See betrachten, auf die Tell gesprungen sein soll, als er seinen Häschern entfloh; man kann bei Küssnacht andächtig durch die *hohle Gasse* wandern und sich fragen, warum Gessler unbedingt hier durch *mußte,* wo es rechts und links doch keinerlei Hindernisse gibt (aber vielleicht sah es hier vor 700 Jahren – so lange ist das her – ganz anders aus?); man kann per Schiff übersetzen und auf das *Rütli* am Seelisberg wandern und sich vorstellen, wie es unter den ebenso starrköpfig wie tapferen Freiheitskämpfern zuging – was weiland Ludwig II. von Bayern sich von seinem Schauspiel-Ensemble tatsächlich vorspielen ließ; man kann in Bürglen ein *Tell-Museum* besuchen oder sich in Altdorf an den *Tell-Spielen* ergötzen; dort schließlich kann man sich vom 1895 errichteten Denkmal beeindrucken lassen – genau an der Stelle, wo der berühmte *Apfelschuß* stattgefunden haben soll. Oder stattgefunden hat: Wandelt man auf Tells Spuren, kann man sich den steten Eindrücken nicht entziehen. Die Urner, Schwyzer und Nidwaldner unterlassen nichts, was dem gängigen Klischee entspricht, tun alles, um vor den Besuchern ihrer geschichtsträchtigen Stätten jene Urzeit des Schweizertums lebendig erstehen zu lassen. »Wichtig ist nicht, ob Wilhelm Tell gelebt hat – wichtig ist nur, daß er den Gessler erschossen hat«, meinte einmal der Direktor des Zentralschweizer Verkehrsverbandes dankbar und ehrfürchtig zugleich, gesunden Geschäftssinn in Zielrichtung des internationalen Tourismus nahtlos verbindend mit der wallfahrenden Liebe seiner Landsleute zu den heroischen Taten der eigenen Altvordern.
Die bläulichweißen Schneegipfel geraten aber nur kurz zur – freilich perfekten – Kulisse, die Seen widerspiegeln nicht nur die Illusionen der Jahrhunderte, und die linden, dunstverschleierten Lüfte umschmeicheln die wachen Sinne, lassen die geschichtsträchtige Wahrheitsfindung bald verblassen vor einer elementaren, hinreißenden Freude an der Schönheit dieses merkwürdigen Landes.
Und überall gibt's was zu essen! Kioske, Alphütten, Ausflugslokale, gediegene Gaststätten und gepriesene Restaurants allenthalben, in demokratischem Wechsel jedem Geschmack und Geldbeutel gerecht werdend. Alles sauber herausgeputzt, oft putzig. Fast immer ordentlich, mit Aufmerksamkeit gestaltet. Nichts ist hier billig, aber in den bürgerlichen Häusern ist eigentlich alles seinen Preis wert.
Die Grundqualität der Produkte kann man nur beneiden: Käse und Butter, Rauchfleisch und Würste, Brot und Weggli (Semmeln), Fisch und Fleisch, Obstler und Kirschwasser – selbstgemacht, vom Bauernhof oder aus privaten Betrieben, denen das Gute, nein, ihr ganz persönlich Bestes voller Stolz am Herzen liegt.
Die Menschen sind bedächtig, freundlich, aufmerksam, zwar zunächst zurückhaltend, schon bald aber aufgeschlossen. Man merkt ihnen ihre traditionelle Menschlichkeit immer an. Ein beneidenswertes Land, dessen gepflegte Perfektion andererseits ein gerüttelt Maß an Geduld und Ruhe, Bedächtigkeit und Nervenkraft voraussetzt, an denen es freilich den Schweizern im allgemeinen nicht zu mangeln scheint.
Erstaunt kann der Fremde immer wieder eine Gleichzeitigkeit von Gefühlen und Lebensäußerungen registrieren, die für die Urschweizer selbstverständlich ist, unauflösbar scheint: offenes Streben nach persönlichem Wohlstand und aufopfernder Einsatz für das Wohl der Heimat; Bemühungen um eine lebendige Wahrung der ländlichen Kultur und energischer Einsatz moderner Techniken; ein geradezu archaisches Unabhängigkeitsbedürfnis und ein aufs engste verwobener Bürgersinn; die Ablehnung jeglicher Fremdbestimmung und die kaum in Frage gestellte Einordnung in die örtlichen Traditionen. Für jeden, auch die Schweizer selbst, ist nicht leicht zu bestimmen, wann was die Oberhand gewinnt, kaum zu erfassen, wie das alles funktioniert. Genau das ist Schweizer Alltag.

Frühling zwischen den Bergen: Den Schnee schmelzen brausende Föhnstürme hinweg, dann zaubern laue Lüfte zarte Stimmungen über den See – das große Bild zeigt den Pilatus von Küssnacht aus – und treiben mit erstaunlicher Geschwindigkeit die Natur voran. Alles grünt mit Macht, die Wiesen erblühen und Abertausende von Kirschbäumen hüllen sich in weiß-rosa Wolken. Die Menschen wandern oder fahren in Wagen durch das Land, schmücken sich und erfreuen sich an den gepflegten Dörfern und den schönen Häusern. In Schwyz prangen am Rathaus (1643) gewaltige Fresken (1891) zur Schweizer Geschichte, und mit dem Ital-Reding-Haus, erbaut ab 1609, besitzt die Stadt eines der schönsten Herrenhäuser der Schweiz

Rund um den Zuger und den Vierwaldstätter See, an den weit ausschwingenden Hängen von Schwyz, an der Rigi und am Steiner Berg: Überall stehen die Bäume für das edle Kirschwasser der Zentralschweiz. Die Brände der berühmtesten Brennereien der Region, Dettling in Brunnen und Fassbind in Oberarth, kann man überall auf der Welt kaufen. Am Ort suchen Kenner in kleineren Betrieben ein persönlicheres Produkt. Der Lauerzer See, zwischen Arth und Schwyz gelegen, liefert reichlich Fische, besonders Hechte, Balchen und Egli (Barsche), in der wild zwischen Felsen hindurchschießenden Muota dagegen beißen Forellen. Auch die Kinder erfreuen sich an der Blumenpracht, und die prachtvollen, gepflegten Herrenhäuser von Schwyz bekommen durch das junge Grün der zu neuem Glanz erwachten Natur ein noch leuchtenderes Weiß

Die Qualität und ihre Perfektion

Der Schweizer Weltbürger Hanspeter Reichmuth stammt aus Schwyz, lebte lange in Zürich und hat mit seinem Vater dort das führende Weinhandelshaus aufgebaut. Eines Tages übergab er das Geschäft seinem Bruder, zog in die Welt hinaus und hat in verschiedener Weise gewirkt und gelebt.
Schließlich kehrte er in seine Heimat zurück und widmet sich heute entschieden, aber gelassen, mit höchstem Anspruch und größter Bescheidenheit einem ehrgeizigen Projekt: Zusammen mit seinem Jugendfreund *Franz von Reding* hat er die Firma »Reichmuth von Reding« gegründet (dazu die beiden »R« zum wohlverständlichen Markenzeichen für höchste Qualität stilisiert), um mit dem Besten und Individuellsten zu handeln, das er auf vielen Reisen finden konnte: Blumige Tees aus China, Indien, Ceylon und Formosa, eigenwillige Zigarren aus Brasilien, himmlisches Rosen-Parfum aus der Provence, reinstes Kirsch- und Pflaumenwasser aus Schwyz. Alle Produkte kenntnisreich dokumentiert und in edlen Gefäßen angeboten.
Die Brände zeigen das absolute Streben nach Qualität vielleicht am deutlichsten: Auf dem *Gut Waldegg* von *Wolfgang von Reding* wurden an ausgesuchter Stelle die sechs besten Brennkirschsorten (Lauerzer, Zopf, Hof, Buholzer, Baschimeiri und roter Lauber) angepflanzt. Damit sie gesund bleiben und die optimale Menge Aroma und Zucker entwickeln können, werden sie sorgsam beschnitten und gepflegt, genau zum richtigen Zeitpunkt geerntet, eingemaischt, vergoren und mit Delikatesse von Brennmeister *Friedel Gwerder* gebrannt. Den *Mythenkirsch*, benannt nach den Hausbergen von Schwyz, den *Mythen* (der große ist hinter dem Häuschen von Hanspeter Reichmuth sichtbar), füllt er in eine bauchige Flasche mit einem Etikett in Mythen-Silhouette. Nur 820 Flaschen hat der 1984er Jahrgang hergegeben – aber die sind ebenso vom Feinsten wie die 1800 Flaschen *Petite Prune, Löhr* genannt.

Die Kollers im »Rössli« zu Steinen

Auf der holzgetäfelten Stirnseite des Gasthauses zum »Rössli« in Steinen zeugen vielerlei Reime von Schweizer Freude an sinnigen Sprüchen:
»Ein jeder hat sein Eigensinn,
Der eine geht vorbei, der andere kommt herin.«
Dem zweiten frommen Wunsch scheinen die Menschen Jahrhunderte hindurch Genüge getan zu haben, denn der wunderschöne Gasthof, dessen Grundmauern aus dem 11. Jahrhundert stammen, gehört zu den zwölf florierenden Gasthäusern des kleinen Ortes Steinen im Kanton Schwyz, die der Erquickung der Reisenden auf der Gotthardroute dien(t)en.
Die Kollers sitzen seit fünf Generationen auf dem Haus. Der jetzige Patron, Albert Koller, ist auch der Küchenchef, seine Frau Alice kümmert sich um das Wohlsein der Gäste in den schönen Gasträumen.
Koller liebt einerseits die deftigen Gerichte der Region und serviert sie seinen Gästen das ganze Jahr hindurch in einem typisch Schwyzer Menü. Wobei er jene Sorgfalt bei der Auswahl der Zutaten und der Zubereitung aufwendet, die leider allzuoft nur der »großen Küche« zukommt. Ein besonderes Vergnügen ist den Stammgästen die herbstliche *Metzgete:* Blut- und Leberwurst, *Wädli* (Haxe) mit Meerrettich, *Bure-Bratwürschtli* mit *Böllä-*(Zwiebel-)Sauce, *Rippli*, *Suurchrut*.
Andererseits aber schätzt Koller die Eleganz und Leichtigkeit einer modernen Küche, die kurzen Garzeiten, den klaren Eigengeschmack bester Zutaten. Von denen findet er eine Menge in der Umgebung: Fische aus dem Urner und dem Lauerzer See; köstliche Butter, *Anken*, aus Steinen selbst, die er in einem alten Model mit dem Bild seines Hauses formt; ein ausgezeichnetes Brot von der Bäckerei gegenüber; im Frühjahr würzigen Löwenzahn und zarte Brennesseln von den Wiesen, aus den lichten Wäldern die begehrten Morcheln und den zu Unrecht fast vergessenen Bärlauch, den er jeden Tag selbst pflückt.

1
ÄLPLERMAGRONE MIT ANKESTÜCKLI

Hoch oben auf der Alm hat man nur wenige Zutaten ohne Schwierigkeiten immer zur Verfügung: Milch, Rahm, Käse, dazu vielleicht noch Zwiebeln, Kartoffeln und haltbare Nudeln. *Magrone* sind nichts anderes als Makkaroni, und unter *Ankestückli* versteht man eine beliebte Beilage zu manchen salzigen Gerichten: in *Anken*, alemannisch für Butter, gedünstete Apfelschnitze.

Für vier bis sechs Personen:
4–6 mittelgroße Kartoffeln,
200 g Hörnchennudeln oder kurze, gerippte Makkaroni, Salz,
250 g frisch geriebener Käse,
0,2 l Rahm, 0,1 l Milch,
2–3 große Zwiebeln,
2 EL Butterschmalz
Ankestückli:
1 kg feste, säuerliche Äpfel,
40 g Butter, 50 g Zucker,
0,1 l Apfelmost oder Weißwein

Kartoffeln schälen, in kleine Würfel schneiden und in reichlich Salzwasser zusammen mit den Nudeln gar kochen. Abgießen, auf eine tiefe, feuerfeste Platte geben, dabei den Käse dazwischen streuen. Rahm und Milch aufkochen und darübergießen. Für etwa zehn Minuten in den 180 Grad heißen Ofen stellen, bis der Käse geschmolzen und die Milch brodelnd heiß ist. Mit in Butterschmalz gebräunten Zwiebeln überhäuft zu den Ankestückli servieren. Dafür die Äpfel in Achtel teilen, in der heißen Butter sanft andünsten, sofort mit dem Zukker bestreuen, der hell karamelisieren soll. Mit Most oder Wein besprenkeln und etwas einkochen.

2

OFETÜRLI

Ein salziger Kuchen aus Kartoffelteig, mit einem Belag aus Käse, Zwiebeln und Speck. Eine handfeste Mahlzeit oder, in kleine Tortenstücke geschnitten, auch ein Happen zum Glas Wein.

Für vier bis sechs Personen:
1 kg mehlige Pellkartoffeln,
200 g Mehl, Salz, Muskat,
250 g geriebener Käse, 3 Eier,
0,2 l Rahm, 75 g Speckwürfel,
75 g gehackte Zwiebel, 1 EL Butter

Die kalten Kartoffeln durch eine Presse drücken oder reiben. Mit dem Mehl (zwei Eßlöffel beiseite tun) zu einem Teig kneten, der mit Salz und reichlich Muskat gewürzt wird. Einen Zentimeter dick ausrollen und ein ausgefettetes Kuchenblech damit auslegen. Käse, Eier, Rahm und Mehl verquirlen, salzen, pfeffern, mit Muskat würzen. Auf dem Teig verteilen. Mit Speckwürfeln und in Butter gedünsteten Zwiebelwürfeln bestreuen.
Bei 220 Grad etwa 50 Minuten backen, dabei auf gute Unterhitze achten, damit der Boden gut durchbäckt. Viele würzen kräftig mit Kümmel.

1

2

1
LÖWENZAHNSALAT MIT MILKEN (KALBSBRIES)

<u>Für vier Personen:</u>
250 g Kalbsbries, Salz, Pfefferkörner, je eine gute Handvoll Löwenzahn-, Batavia-, Kresse- und Portulakblätter, Mehl und Semmelbrösel zum Wenden, 2 El Butter zum Braten.
2 EL Zitronensaft,
4 EL Traubenkernöl

Das Bries kann man schon am Vortag vorbereiten: Gründlich wässern, mit kaltem Wasser bedecken, Salz und Pfefferkörner zufügen, langsam aufkochen. Nach dem ersten Aufwallen den Topf vom Feuer ziehen, das Bries im Sud abkühlen lassen.

Die Salatblätter und Kräuter putzen.

Das Bries in Scheiben schneiden, salzen und pfeffern, in Mehl und anschließend in Semmelbröseln wenden. In der heißen Butter auf beiden Seiten goldbraun braten. Auf Tellern anrichten. Den Salat mit einer Marinade aus Traubenkernöl, Zitronensaft, Salz und Pfeffer anmachen und daneben setzen.

3
STEINER GITZI (ZICKLEIN)

<u>Für vier Personen:</u>
Rücken mitsamt Nieren und Keule eines Zickleins (ca. 1,5 bis 1,8 kg), Salz, Pfeffer, 100 g Butter, ein dicker Bund Bärlauch

Den Rücken häuten. Die Nieren putzen. Rücken und Keule salzen und pfeffern und in einen Bräter betten. Die Hälfte der Butter erhitzen und darüber gießen. In den 220 Grad heißen Ofen schieben. Den Rücken bereits nach etwa 8 Minuten herausnehmen und in Alufolie packen. Den Ofen ausschalten und die Keule etwa 20 bis 25 Minuten darin ziehen lassen.

Den Bärlauch in Streifen schneiden, in der restlichen Butter andünsten, Die Nieren ebenfalls kurz darin braten.

Alles auf einer Platte anrichten. Dazu: neue Kartoffeln

2
SPINATSCHAUMSÜPPCHEN MIT SCHAFSKÄSE

Albert Koller verwendet hierfür einen sehr würzigen, rezenten (kräftigen) Käse, der vom Blauschimmel durchadert ist. Er ist typisch für die Gegend um Schwyz.

<u>Für vier Personen:</u>
1 Knoblauchzehe, 1 Schalotte, 1 EL Butter, 150 g Spinat, ½ l Fleischbrühe oder Kalbsfond, 200 g Rahm, 2 Eigelb, Salz, Pfeffer, Muskat, 40 g Schafskäse

Feingehackten Knoblauch und gewürfelte Schalotte in der Butter andünsten. Den verlesenen, entstielten Spinat mitdünsten. Mit Brühe auffüllen und eine Viertelstunde durchköcheln. Im Mixer pürieren und durch ein Sieb streichen. Rahm und Eigelb verquirlen und zufügen. So lange unter Rühren erhitzen, bis die Suppe bindet. Mit Salz, Pfeffer und Muskat würzen. Vor dem Servieren zuerst den Käse in Tassen oder Teller bröckeln, die Suppe einfüllen, die sich mit dem schmelzenden Käse langsam verbindet.

4
KIRSCHPARFAIT

<u>Für vier Personen:</u>
<u>Parfait:</u>
150 g Zucker, 0,15 l Wasser, 4 Eigelb, 0,35 l Rahm, 6 EL Kirschlikör
<u>Erdbeersauce:</u>
300 g Erdbeeren, 3–4 EL Zucker, 1 Gläschen Kirschlikör

Zucker im Wasser auflösen, Eigelb zufügen und im heißen Wasserbad zu einer dicken hellen Creme schlagen. Schließlich im kalten Wasserbad kalt rühren. Den steifgeschlagenen Rahm und den Kirschlikör unterziehen. Die Masse in Portionsförmchen gefrieren lassen.

Für die Sauce die Erdbeeren mit dem Zucker mixen, durch ein Sieb streichen, mit Kirschlikör parfümieren.

Wie auf dem Photo hübsch anrichten.

5
MAIBOWLE

Dafür braucht man Waldmeister, den man pflücken sollte, bevor er blüht. Seine Würzkraft ist im übrigen intensiver, wenn man das Kraut einen Tag lang welken und antrocknen läßt.

<u>Für sechs bis acht Personen:</u>
1 Flasche leichten, nicht zu säurebetonten Weißwein, 100 g Zucker, 2 dicke Waldmeistersträuße, 2 Flaschen Weißwein und 1 Flasche Sekt zum Auffüllen

Weißwein und Zucker in einem Bowlengefäß verrühren, bis der Zucker aufgelöst ist. Die beiden Waldmeistersträußchen an einem Bindfaden hineinhängen, und zwar kopfüber, damit die Stiele nicht in der Flüssigkeit liegen.

Mindestens eine halbe Stunde, besser noch drei Stunden, im Kühlschrank ziehen lassen, bevor mit eisgekühltem Wein und Sekt aufgefüllt wird.

1
2
3
4
5
um Rössli

Zug, die gastliche Steueroase, der sanfte See und die Gewalt der Natur

An der Grenze zwischen Voralpenland und den ersten wirklich erhabenen Gebirgsstöcken schmiegt sich der Zuger See ins wald- und wiesenreiche Land, in seinem südlichen Teil eingeengt als grüner Gebirgssee zwischen steilen Ufern, im nördlichen sich sanft und blau zwischen flachere Gestade und Obstgärten dehnend.

An seinem Nordostufer liegt die kleine Stadt Zug, die Hauptstadt des gleichnamigen Kantons, der als siebter zur Eidgenossenschaft kam, nachdem die Familien der Lenzburg, Kyburg und endlich Habsburg die Herrschaft innehatten. Zug ist weidlich bekannt als Steueroase, wo sich reiche Playboys wie international agierende Warenterminhändler eine Heimat mit Steuererleichterung gekauft haben. Aber es verfügt auch über eine ausgezeichnete Gastronomie: Wo gute Geschäfte gemacht werden, liebt man den Luxus der Tafel, zumal, wenn er sich in einen historischen Rahmen unauffällig und angenehm eingliedert – moderne Küche und ein traditionsreiches, gediegenes Interieur gehen eben gerade für geschäftsorientierte Erfolgsmenschen gut zusammen, die zwar Geld besitzen, sich auf dem glatten Parkett des guten Geschmacks aber noch nicht so recht heimisch fühlen. Das mittelalterliche, gemütlich-bürgerliche, überschaubare und freundlich in die Landschaft zwischen Berg und See eingepaßte Zug mit seinem See kann gerade dieses sehr schweizerische Heimatbedürfnis bieten. Und zwar mit einer gewissen Weltläufigkeit, die nicht verkrampft ausfällt und auch nicht in einen großstädtischen – und daher aussichtslosen – Konkurrenzkampf eintreten muß, wie im nicht weit entfernten Zürich. Durch die Autobahn mit allen Städten der Schweiz gut verbunden, mit herrlicher Lage und Blick auf die Königin, *Regina*, der Berge, die Rigi, auf Pilatus und Stanser Horn, bei gutem Wetter die ganze Kette der Berner Alpen: Idylle mit Geld.

Um den Kolinplatz mit Brunnen gruppieren sich schöne Bürgerhäuser, Aufmerksamkeit heischt der *Zytturm* mit astronomischer Uhr und dem in den Zuger Farben blau-weiß gedeckten Ziegeldach, das Rathaus. Doch das beschauliche Zug wurde dreimal von schweren Ufereinbrüchen heimgesucht, 1435, 1594 und am schlimmsten 1887, als 35 Gebäude im See versanken und mehrere Menschen in den Fluten umkamen.

Weitaus katastrophaler aber war ein anderes Naturereignis ganz in der Nähe: der Bergsturz von Goldau, ein paar Kilometer südöstlich des Zuger Sees, am 2. September 1806. Vom Rossberg donnerten gewaltige Gebirgsmassen herunter, begruben Goldau nebst den umliegenden Dörfern unter sich, 111 Wohnhäuser mit 457 Einwohnern wurden verschüttet. Zwanzig Quadratkilometer bedeckt das Gebiet aus Erdschutt und Felstrümmern, bis zu 70 m hoch, noch heute fremd in der Landschaft, rauh wie eine erst frisch vernarbte Wunde.

Dienst am
Soldatisches Zeremoniell

Auf dem gepflasterten Marktplatz von Stans, einige Kilometer südlich des Vierwaldstätter Sees gelegen, findet ein ebenso normales wie besonderes Schauspiel statt: Soldaten werden nach einem dreiwöchigen Wiederholungskurs feierlich verabschiedet.
Die Schweizer Armee ist eine Bürgerwehr, die jeder Schweizer unabänderlich durchlaufen muß. Nur einige hundert Verweigerer wollen nicht an die Waffe – Zivildienst kennt man nicht, und so werden sie zu Gefängnisstrafen verdonnert, Bewährung gibt's selten.

Tatsächlich ist der Dienst am Vaterland dem Schweizer eine das ganze Leben prägende Zeit: Erst gibt es den Grunddienst, der mit 19 Jahren angetreten wird und 17 Wochen dauert. Danach muß der Schweizer Mann, der seine Ausrüstung samt Gewehr und Munition mit nach Hause nimmt, immer wieder einrücken und üben, sich bewähren. Zunächst achtmal bis zum 32. Lebensjahr für drei Wochen, dann dreimal, bis er 42 ist, je zwei Wochen, und noch zweimal für eine Woche bis zum 50. Geburtstag.

Die Wehrhaftigkeit der Schweiz, die mit 625 000 Mann über eine der stärksten und am besten ausgerüsteten Armeen der Welt verfügt, stellen die Schweizer kaum in Frage. Nicht immer gern, aber durchaus im Einverständnis, leistet man seinen Wehrdienst, denn in dieser Zeit werden die Grundlagen für den Erfolg im Leben gelegt – hier knüpft man Beziehungen, gewinnt Freunde, lernt es, die Fähigkeiten von Menschen unter Belastung einzuschätzen und, das ist vielleicht das Wichtigste, unter dem

Die Armee ist, da das ganze Jahr über Übungen stattfinden, allgegenwärtig in der Schweiz, man begegnet ihr immer und überall. Am soldatischen Zeremoniell nimmt die Bevölkerung stets regen Anteil

Vaterland:
und die »Linde« in Stans

Druck des Zusammenlebens mit Menschen aus allen Gesellschaftsschichten und Teilen des Landes sein persönliches Verhältnis zum Schweizertum auszuprägen. Die Armee ist die Wiege der ideellen, Sprachgrenzen, Herkünfte und Animositäten einebnenden Einheit der Konföderation.
Nach dem lautstarken Zeremoniell lockt die »Linde« – das prächtigste Haus am Platz, der von der barocken Kirche beherrscht wird. Neben dem Eingang ein paar rote Bänke für eine Vanille-Coupe oder ein Bier, im Erdgeschoß ein schlichtes Gasthaus mit einer einfachen Karte. Hier lassen es sich die eben noch Soldaten gewesenen Burschen wohl sein.
Im ersten Stock aber birgt die »Linde« einen Schatz, den das kleine Schild an der hinteren Tür der Gaststube im Erdgeschoß nicht vermuten läßt: einen geräumigen Speisesaal, hell und licht, teilweise mit Biedermeiermöbeln eingerichtet, mit herrlicher Kassettendecke, bemaltem Täfer, einer schön geschnitzten Anrichte.
Hier wirkt Herbert Huber, ein Gastronom von der berühmten Schweizer Art, der sein Handwerk von der Pike auf gelernt hat, ein klassisches Rollenverständnis und eine solide Arbeitsweise mitbringt, sich auf seinen Lorbeeren aber nicht ausruhen will, sondern immer etwas Neues machen muß. So hat er, obwohl anderswo erfolgreicher Wirt, auf Drängen des Kantons Nidwalden das ehemalige Domizil der Familie Hug übernommen, das der Pensionskasse des Kantons gehört – ein offizielles Haus mit ganz persönlichem Stil!

Herbert Huber-Zemp mit Frau Gertrud und seinem Partner, Beat Müller, der, wie er selbst, in besten Häusern gelernt hat. Huber, der einst Arzt werden wollte, ist ein hervorragender Landschaftsmaler

1

SALAT VON LACHSFORELLE

Für vier Personen:
300 g Lachsforellenfilet, Mehl, Salz, Pfeffer, 1 EL Öl, 1 EL Butter, je eine gute Handvoll geputzter Salatblätter: Frisée, Radicchio, Chicorée, blanchierte Mangetouts (Kefen), Dill, 2 EL Sonnenblumenöl, 2 EL Walnußöl, 3 EL Sherryessig, ein Schuß Brühe

Das Fischfilet in fingerdicke Streifen schneiden, in Mehl wenden, salzen und pfeffern. Im heißen Öl rasch bräunen. Die Salatblätter in einer Marinade aus den beiden Ölsorten, Essig, einem Schuß Brühe, Salz und Pfeffer wenden und gut abtropfen. Alles hübsch auf Tellern anrichten.

2

KRESSESUPPE

Für vier Personen:
½ l Kalbsbrühe, ¼ l Rahm, 75 g Butter, 150 g Garten- oder Brunnenkresse, Salz, Pfeffer

Die Brühe mit dem Rahm um etwa ein Drittel sanft einkochen. Mit der Butter und Kresse im Mixer glatt pürieren und abschmecken.

4

ERDBEERSALAT AUF RHABARBERSCHAUM

Für vier Personen:
500 g Erdbeeren, 120 g Zucker, 500 g Rhabarber, 1 Minzezweig, Zimt, 200 g Rahm

Die Erdbeeren putzen, die schönsten für den Salat in Scheiben schneiden. Die restlichen mit zwei Löffeln Zukker zu einer Sauce mixen. Die Erdbeerscheibchen darin marinieren. Rhabarber putzen, in Stücke schneiden, mit 4 EL Zucker dünsten, dabei den Minzezweig mitkochen und mit Zimt würzen. Unter das abgekühlte Kompott den steifgeschlagenen Rahm ziehen. Auf Tellern anrichten, den Erdbeersalat daneben setzen.

3

RINDERFILET IN MORCHELRAHM

Die Morcheln sind im Frühling natürlich frisch und stammen vom gegenüberliegenden Bürgenstock. Außerhalb der Saison kann man sich selbstverständlich auch mit getrockneten Pilzen behelfen.

Für vier Personen:
25 g getrocknete Morcheln, 0,1 l Milch, 600 g Rinderfilet, je 2 EL Butter und Öl, Salz, Pfeffer, 2 Schalotten, 2 EL Cognac, 200 g Rahm, frischer Estragon, 300 g Spargelspitzen

Die Morcheln in der kochendheißen Milch ein paar Stunden einweichen. Das Fleisch in Würfel schneiden. Im heißen Fett kräftig aber rasch anbraten, dabei salzen und pfeffern. Herausnehmen und beiseite stellen. Im Bratfett die Schalotten andünsten, die geputzten Morcheln zufügen. Nach ein paar Minuten mit der gefilterten Einweichmilch, Cognac und Rahm ablöschen. Die Sauce cremig einkochen und abschmecken. Das Fleisch wieder zufügen, ebenso die blanchierten Spargel und die abgezupften Estragonblättchen. Dazu gibt's in der »Linde« Reis, der mit gedünsteten Selleriescheiben vermischt ist.

1
3
2
4
Fr. Maria
Franziska Josepha

Peter Hofer: Fischer mit Leib und Seele

Seit 15 Jahren fischt Peter Hofer im Vierwaldstätter See – und jedes Jahr wird es schlimmer mit der Verschmutzung: »Eine ganze Generation Albeli, kleine Felchen, fehlt uns, weil der Laich durch die vielen Algen erstickt wurde. Und die Behörden tun so, als sei nichts!« Peter Hofer kann sich in Rage reden: Vor sieben Jahren hat er hier in Brunnen eine Fischbrutstätte eingerichtet, eine hochmoderne und teure Anlage, in der er Hechte und Felchen zum Aussetzen anzüchtet. »Eigentlich ist das eine Aufgabe für die Kantone – aber hier in Schwyz hat man gar kein Verständnis. Die gesetzliche Grundlage zur Unterstützung fehle, sagen die Behörden und stecken den Kopf in den Sand. In Nidwalden und Luzern, auf der anderen Seite des Sees, da wird was getan.« Hofer resigniert: »Aber da gibt's auch mehr Fischer . . .«

Von den 19 Fischern am Vierwaldstätter See wohnen nur zwei im Kanton Schwyz. Und der hat Hofer weder einen Zuschuß noch ein Darlehen gewährt. »20 000 Franken kostet mich jährlich die Anlage – wenn der Kanton wenigstens die Zinsen übernähme . . .«

Am See kann man in allen Restaurants das ganze Jahr über Fisch essen – und überall tut man so, als komme er direkt aus dem See. »Aber die Hechte gehen nur im Frühjahr bis Mai ins Netz, manchmal auch noch im Dezember. Der Rötel, Saibling, ist selten geworden und vom Egli fang' ich nur noch ganze 200 kg im Jahr . . .«

Wie immer, wenn er etwas sagt, läßt er das Satzende anklagend offen – er wirkt mürrisch, der Peter Hofer, was er von Natur aus eigentlich gar nicht ist: er ist vielmehr ein fröhlicher, bärenstarker Mann, den die auf den Fidschi-Inseln geborene Inderin Joyce Gowrie anläßlich eines Besuches bei Freunden in der Schweiz zufällig kennen- und sofort liebenlernte. Ein Mann, der die Arbeit nicht scheut: Um vier Uhr in der Früh steht er auf, frühstückt kräftig, liest dazu die Zeitung vom Vortag, fährt um fünf mit dem Boot auf den See und holt die Netze ein. Zwischen neun und elf kommt er nach Hause und versorgt die Fische. Die Egli werden filiert, weil das Schuppen zuviel Arbeit macht und die meisten Leute grätenlose Filets haben wollen. Lebende Exemplare, wie die kapitalen Hechte, kommen in große Becken mit frischem Seewasser. Nachmittags werden die Netze geflickt und abends wieder ausgelegt. Um 10 geht's ins Bett. »Wer draußen schafft, braucht wenig Schlaf . . .«

Hofer kommt ursprünglich aus Meggen bei Küssnacht. Schon Vater und Großvater waren Fischer, Kinder und Enkel taten es ihnen nach. Er selbst mußte ausweichen, zog nach Brunnen, mit herrlichem Blick auf den Urner See: »Wenn im Frühjahr der Föhnsturm tobt, dann ist das ein Naturschauspiel – und ich hab' frei, denn rausfahren kann ich dann nicht . . .«

Mit seiner Frau und den Kindern würde er sich wirklich wohl und glücklich fühlen, wenn eines garantiert wäre: »Genügend Fische zum Leben, auch in Zukunft . . .«

Peter Hofers Alltag: das mühsame Säubern, Flicken und Aufreihen der Netze

Der Fang: Wenig Felchen und gute, aber ungeliebte, weil grätenreiche Brachsen

Brachsen vor dem Ausnehmen schuppen

Bauch aufschlitzen, Därme und Rogen …

… sowie Blut entfernen, gut auswaschen

Alle Flossen rundum abschneiden, dann …

… die Fische quer zur Rückengräte …

… in 2 bis 3 cm breite Scheiben schneiden

Rasch waschen, gut abtrocknen und mit ...

... Senf, Salz, Pfeffer und Öl marinieren

Auf beiden Seiten langsam golden braten

1

GEBRATENE BRACHSMEN

Bei uns heißt dieser Fisch *Brachse*, also ohne das *m* in der letzten Silbe. In jedem Fall ein wohlschmeckender Fisch, der leider nur selten in den Geschäften zu finden ist. Fischer Hofer schätzt ihn ganz besonders. Er nimmt ihn gleich nach dem Fang aus, bereitet ihn küchenfertig vor und liefert die sauber quer durch die Rückengräte geschnittenen Fischkoteletts in die Küche. Seine indische Ehefrau Joyce bereitet sie dann zum Beispiel folgendermaßen zu:

Für sechs Personen:
2 schöne große Brachsen à ca. 1,2 kg, 2 EL Senf, Salz, Pfeffer, 6 EL Sonnenblumenöl

Die etwa zwei bis drei Zentimeter breiten Koteletts in einer Schüssel mit Senf, Salz, Pfeffer und zwei Eßlöffeln Öl einreiben. Etwa eine halbe Stunde marinieren. Dann im restlichen Öl in einer großen Pfanne oder, besser noch, portionsweise bei mittlerer Hitze langsam kroß und knusprig braten. Nur Geduld dabei und keine Angst: Brachsen bringen genügend eigenes Fett mit, das das Fischfleisch vor dem Austrocknen schützt. Dazu serviert Joyce Hofer Möhrengemüse (Rüebligemüse), das mit einer Spur Kreuzkümmel gewürzt ist und nach ihrer indischen Heimat duftet, und Bratkartoffeln.

1

Ascona: die Suche nach der Wahrheit

Lago Maggiore, Nordufer: die lärmige Stadt Locarno, das einstige Fischerdorf Ascona. Enge Gassen, Hotels und Pensionen, die blumenreichen Strandpromenaden und Rivieraklima mitten in den Alpen: den Nordländern ein Traum, Vorgeschmack des Paradieses, erlebbare Wirklichkeit eines gesegneten Landstriches. Nur ein paar Meter vom geldbringenden Touristenrummel entfernt müssen die Bauern ihre granitenen Höfe verlassen, weil ihre angestammte Arbeit sie nicht mehr zu ernähren vermag. Reiche Städter, Wochenend-Tessiner aus dem Norden, kaufen sich ein, renovieren mit viel Geld und verbringen ein paar unbeschwert naturnahe Stunden dort, wo einst ganze Familien sich krumm schufteten. Banale Wahrheiten ...

Vor 90 Jahren war das anders, da wurden mit Eifer und Überzeugung existentielle Wahrheiten gesucht: Auf dem *Monte Verità* über Ascona trafen sich seit dem Ende des letzten Jahrhunderts Utopisten aus dem Norden, zivilisationsmüde Aussteiger, Lebensreformer, Tänzer und Tänzerinnen, Künstler, Anarchisten, Theosophen, Psychologen, Freiluftasketen, Vegetarier und Naturmenschen. Neue Ideale, neuartige Gesellschaftsformen wurden hier gesucht, in günstigem Klima, auf neutralem Boden. Man lebte von Luft, Liebe und vegetabilischer Kost, lief nackt herum, tanzte im Mondschein und betete zur Sonne, verweigerte den Kriegsdienst, propagierte einen unpolitischen Kommunismus, die freie Liebe und die Emanzipation der Frau. Romantisierende Ideale, die vor der rauhen Wirklichkeit des Jahrhunderts keinen dauerhaften Bestand hatten: Nur wenige hielten es auf dem Berg der Wahrheit aus, die meisten flohen bald die ärmlichen Verhältnisse. Sie konnten es wenigstens – bis 1933: Jetzt mußte Ascona deutschen Emigranten Asyl bieten.

Die Wege der Zeitläufte! Die vor den Nazis geflohenen Schriftsteller und Dichter zogen nach dem Krieg Filmschauspieler und Regisseure hierher; ihnen schlossen sich die Kapitäne des Wirtschaftswunders an. Ascona, ein Traumort, Villen in Kameliengärten, Paradies der 50er und 60er Jahre, schon damals erreichbar in wenigen Stunden. Heutige Wahrheit: ein ganz normales Touristenziel.

Ascona – seltsam flirrende, harmonische Mischung aus Natur und Architektur, romantischer Ruhe und gelöster Heiterkeit, schneeglänzenden Gipfeln und mediterraner Wärme. Anziehungspunkt für Reich und Arm, Alt und Jung, Bürger und Blumenkinder, Turnschuhe und Topfhüte

al porto

Das fröhlichste Bahnhofs-Restaurant der Schweiz

So kann man sicher mit Fug und Recht behaupten, selbst wenn man nicht sämtliche Schweizer Bahnhofs-Restaurants kennt: Das von Intragna, einem kleinen Ort oberhalb von Locarno, ist bestimmt einzigartig. Schon von der Lage her: Seit 1923 die Centovalli-Bahn gebaut wurde, die vom Lago Maggiore nach Domodossola führt – übrigens für Eisenbahnfreaks mit 348 Kurven, 83 Brücken und 31 Tunnels ein besonderer Leckerbissen –, muß man, um das Haus betreten zu können, die Gleise überqueren. Sozusagen statt Bahnsteig liegt unmittelbar neben ihnen die Terrasse, vom Frühjahr an zum Draußensitzen mit Tischen und Markisen hübsch möbliert. In Blumenkästen auf der niedrigen Terrassenmauer wachsen und blühen Küchenkräuter, jeweils mit einem Schild versehen, auf dem in drei Sprachen zu lesen ist, wie sie heißen und wofür man sie verwendet. »... damit die Leute etwas lernen«, erklärt die Entlebucherin Agnes, die quirlige, immer fröhliche Wirtin, die durch die Heirat mit dem Tessiner Fabrizio zu Agnese wurde, »es bleibt mehr hängen, wenn man 'was mit eigenen Augen sieht«. Ein Grundsatz, der sich als roter Faden durch ihre Philosophie von Gastlichkeit verfolgen läßt. Wenn sie ihren herrlich cremigen Risotto vor den Augen der Gäste so lange im ausgehöhlten Käselaib wendet und mischt, bis diese verstanden haben, warum ein Risotto fast flüssig sein muß, damit er richtig schmeckt, oder die Tische statt mit Blumenbuketts mit Sträußen aus Bärlauch und Kräutern schmückt – immer möchte Agnese, daß ihre Gäste etwas mitnehmen, wenn sie wieder nach Hause fahren. Überhaupt ist sie da großzügig: Um Rezepte, zum Beispiel, macht sie kein Geheimnis. Denn sie weiß, »daß es dann zu Hause trotz allem nicht so schmeckt wie bei mir«, und die Gäste immer wiederkommen, um den vermeintlichen Trick zu ergründen. Dabei gibt es gar keinen. Er liegt einfach in den Zutaten: Einen solchen *Sbrinz*, wie sie ihn von den Bergen bekommt, kann man eben in den Städten nicht so einfach kaufen; die Butter ist hausgemacht, aus frischem Bergrahm, der zweimal in der Woche angeliefert wird, der junge Ziegenkäse stammt aus dem Maggiatal, das Gemüse aus der Magadino-Ebene oberhalb des Lago Maggiore, die Pilze aus den Wäldern des Centovalli – alles aus der Umgebung und alles ganz frisch!

1
INSALATA AGNESE

– AGNES' SALAT –

Eine der Spezialitäten von Wirtin Agnes: Aus Tomatenscheiben geformt eine eßbare Kamelienblüte – das betörend duftende Frühlingswahrzeichen des Tessin. In dieser Jahreszeit mit dem ersten Basilikum und mit zartem, knoblauchduftendem Bärlauch gewürzt. Ihren Trick, wie die dünnen Tomatenscheiben tatsächlich die Blütenform behalten, hat sie uns gezeigt – mit der Bitte um Verschwiegenheit. Soviel sei allerdings verraten: Es ist, wie immer, ganz einfach, wenn man weiß, wie ...

Angemacht wird der Salat mit Signora Agneses Spezialmarinade. Ihr Rezept ergibt fast zehn Liter. Soviel braucht sie an einem einzigen Wochenende (!) – weil die Gäste sie auch ganz ohne Salat, nämlich einfach mit dem Löffel verspeisen.

Hier eine haushaltsübliche Portion, die sich in einer Flasche einige Tage aufbewahren läßt. Auch wenn Signora Agnese schwört, daß in kleinen Dosen zubereitet die Marinade einfach nicht zu vergleichen ist.

Für ca. 1 l:
1 EL Salz, 1 TL Pfeffer,
¼ TL Paprika, 1 EL italienische Kräutermischung, ½ EL Senf,
1 gehackte Zwiebel, 2 Knoblauchzehen,
je 1 EL Kapern, gehackte, schwarze Oliven, Essiggürkchen und Cornichons, 1 Sardellenfilet,
0,1 l Merlot, 0,3 l Merlotessig,
0,4 l Olivenöl

Alle Zutaten im Mixer gründlich durchmixen. Bevor man sich aus der Vorratsflasche bedient, sie immer wieder durchschütteln, damit getrennte Bestandteile sich wieder verbinden.

Der Risotto, im ausgehöhlten Sbrinzlaib *serviert, ist nur eine von den vielen Spezialitäten, für die man gern zu Agnes und Fabrizio Broggini-Fölmli in ihr* Ristorante di Stazione *kommt*

2

MINESTRONE TICINESE

– TESSINER GEMÜSESUPPE –

Das Tessiner Element: Der Käse, mit dem man sich bei Tisch seine Portion würzt. Natürlich ein Sbrinz und kein Parmesan! Ansonsten könnte die Suppe ebensogut in Italien zubereitet sein.

Für sechs bis acht Personen:
100 g weiße Bohnenkerne, Salz,
1 Zwiebel, 2 Knoblauchzehen,
2 EL Olivenöl, 2 Möhren (Rüebli),
2 Kartoffeln, 2 Lauchstangen,
3–4 Selleriestangen, 4 Tomaten,
½ Wirsingkopf (Wirzkopf), 1 Bund
Majoran, Salz, Pfeffer, ca. 1,5 l Wasser
oder Brühe

Die Bohnenkerne über Nacht einweichen, dann in Salzwasser weich kochen. Inzwischen die gehackten Zwiebeln und Knoblauchzehen in einem großen Topf im heißen Öl andünsten, gewürfelte Möhren und Kartoffeln, in Streifen oder Scheiben geschnittenen Lauch und Sellerie, gehäutete und entkernte Tomaten zufügen, ebenso die Majoranstiele – ohne die Blättchen, die vorher abgezupft werden, damit man sie später frisch in die fertige Suppe rühren kann. Salzen und pfeffern. Eine halbe Stunde köcheln, dann die grobgeschnittenen Wirsingblätter und die abgetropften Bohnenkerne zufügen und alles noch eine weitere halbe Stunde köcheln.
Die Majoranstiele wieder herausfischen, die Suppe abschmecken und die gehackten Majoranblättchen einrühren.

1
RISOTTO CON PICCATA DI VITELLO
– RISOTTO MIT KALBSSCHNITZELCHEN –

Wieder eine Spezialität, für die Agnese berühmt ist: Ihr Risotto wird zwar, wie auch in Mailand üblich, mit Rindermark und Safran zubereitet, aber natürlich nicht mit Parmesan, sondern mit einheimischem Sbrinz. Außerdem vollendet sie den Reis am Tisch im ausgehöhlten Käselaib, der dem Gericht zusätzlich seinen Duft verleiht. Das wäre zwar kulinarisch nicht nötig, aber – so lacht Agnese – es wirkt eindrucksvoll und macht viel her.

Für vier Personen:
Risotto:
300 g Rundkornreis, 30 g Rindermark, 1 Zwiebel, ca. ¼ l Weißwein (Agnese schwört auf einen Bianco di Ascona), gut 1 l kräftige Fleischbrühe, 1 Döschen gemahlener Safran, 75 g frisch geriebener Sbrinz, 50 g Butter
Piccata:
8 kleine Kalbsschnitzelchen à 50–60 g, Mehl zum Wenden, Salz, Pfeffer, 1 EL Öl, 2 EL Butter, 250 g Champignons, 2 Tomaten, frischer Estragon

Den Reis im zerlassenen Rindermark schwenken, in dem bereits die feingewürfelte Zwiebel weich gedünstet wurde. Mit dem Wein ablöschen. Unter Rühren verkochen lassen. Dann nach und nach die heiße Brühe angießen, und zwar immer erst nachschütten, wenn die Brühe sich mit dem Reis verbunden hat. Der Risotto muß weich und sehr flüssig wirken. Erst zum Schluß den Safran einrühren. Schließlich neben dem Feuer den Käse mit der Butter untermischen.
Die Kalbsschnitzelchen in Mehl wenden, salzen und pfeffern. Im heißen Öl mit der Butter auf beiden Seiten rasch braten. Warm stellen.
Im verbliebenen Fett die in Scheiben gehobelten Pilze andünsten. Gewürfelte Tomaten (ohne Haut und Kerne) zufügen. Mit feingeschnittenem Estragon, Salz und Pfeffer würzen.

2
CAPRINO AL BALSAMICO
– ZIEGENKÄSE MIT BALSAMESSIG –

Der Essig, aceto balsamico di Modena, stammt ausnahmsweise nicht aus der Umgebung, paßt aber wunderbar zum jungen, ganz frischen Ziegenkäse aus dem Maggiatal.

Für vier Personen:
8 kleine junge Ziegenkäslein, grob geschroteter schwarzer Pfeffer, 3 EL Balsamessig, 4 EL erstklassiges Olivenöl, frische Kräuter: Melisse, Estragon, Majoran und Schnittlauch

Die Käse auf Tellern anrichten, mit Pfeffer bestreuen, mit Essig und Öl beträufeln und mit frischen Kräutern dekorieren. Dazu noch warmes, ganz krumiges Mischbrot servieren.

3
GELATO DI VANIGLIA AL RATAFIÀ
– VANILLE-EIS MIT RATAFIÀ –

Ratafià, ein Kräuterlikör, den viele Familien im Tessin noch selber machen: aus Grappa, grünen Nüssen, vielen Kräutern und Gewürzen. Er wird im Juni angesetzt, muß 40 Tage in der Sonne und 40 Tage im Schatten reifen, bevor er dann gefiltert und mit Sirup auf Trinkstärke gebracht wird. Er ist süß und würzig und, wie Agnese schwört, Medizin für und gegen alle großen wie kleinen Zipperlein.

Für vier Personen:
Vanille-Eis:
4 Eigelb, 4 EL Zucker, ½ l Milch, 1 Vanilleschote
Außerdem:
Ratafià, Walnußkerne, Melissenblätter

Die Eigelb im Wasserbad dick und hell schlagen, langsam den Zucker hinzurieseln lassen und so lange schlagen, bis er völlig aufgelöst ist.
Die Milch aufkochen, die Vanilleschote zehn Minuten darin ziehen lassen, bevor sie aufgeschlitzt und das Mark herausgekratzt wird. In die Milch rühren, sie erneut aufkochen und brodelnd heiß unter ständigem Schlagen mit dem Schneebesen in die Eiercreme rühren. In der Sorbetière fest werden lassen.
Zum Servieren je zwei Kugeln auf kalten Tellern anrichten. Mit der Ratafià begießen, mit ein paar Nüssen und der zarten Melisse garnieren.

1
2
3

Vallemaggia: Romantik der Armut?

Die Seen konzentrieren um sich den Massentourismus, die kaum erschlossenen, als Sackgassen endenden Täler profitieren davon. Mit ein paar Kilometern über kurvige Sträßchen, etwa hinein in das verwunschene Tal der Maggia (Vallemaggia) oder die engen Schluchten der Verzasca, scheint man Jahrzehnte zu überwinden. Keine Hektik mehr, keine Ungeduld. Dafür Kargheit allenthalben, Felsen, Steine, winzige Rebgärten, ein paar Ziegen. Aber, wie fast überall auf der Welt, gilt auch in der Schweiz: Wo die Menschen am ärmsten sind, da sind sie am freundlichsten, und nur wo wenig Wohlstand herrscht, ist die Natur noch am ehesten frei.

Entlang der durch ausgewaschene Rinnen dahinschießenden Maggia, der leider eine Talsperre das spektakuläre Wasser verweigert, garantieren die kleinen Höfe den Bauern heute kein Auskommen mehr. Nur auf den Almen weiter oben, den »Alpen«, wie die Schweizer sagen, wo Ziegen, Schafe und Rinder sich selbst die Nahrung suchen, funktioniert die Landwirtschaft noch einigermaßen, freilich mit staatlichen Subventionen.

In den kleinen, abgelegeneren Orten stehen viele der geduckten, granitenen Einraumhäuser mit den tonnenschweren Steindächern heute leer oder wurden zu einfachen, pflegeleichten Wochenendhäuschen. Mancherorts, besonders um Civeo herum, bieten die Granitbrüche ein paar Arbeitsplätze für Spezialisten – das Zerlegen der riesigen, aus dem Berg gebrochenen oder gesägten Blöcke in Platten ist ein diffiziles Geschäft, das exakt beherrscht sein will und viel Einfühlungsvermögen, Fingerspitzengefühl und Geduld erfordert. Aber die jungen Burschen wollen diesen Beruf nicht mehr ergreifen, denn die Arbeit ist schwer, laut und staubig.

Das größte Problem der Täler ist also die Abwanderung und, damit verbunden, eine immer ausgeprägtere Verwilderung der Kulturlandschaft im Tal und an den wenigen sanften Hän-

In der Antica Osteria Dazio *in Fusio, vor kurzem aufwendig renoviert, treffen sich Funktionalität und althergebrachter Stil. Die höchst modern anmutenden, herrlich mit Intarsien eingelegten Tische, auf denen das Essen serviert wird, sind aber alt: Die Bauern hatten in den langen Wintern Zeit für solche Arbeiten, die sie im Sommer im Tal verkauften, um sich Kleidung und Schuhwerk anschaffen zu können*

1

SPEZZATINO DI VITELLO

– KALBSRAGOUT –

Für vier bis sechs Personen:
ca. 1,2 kg Kalbfleisch (Schulter), 3 EL Butter, 2 große Zwiebeln, 1 kleine Möhre (Rüebli), 1 Lauchstange, 200 g Champignons, 1 Glas Weißwein, ½ l Brühe oder Wasser, 2 Lorbeerblätter, 1 Nelke, 1 EL Pfefferkörner, 1 Thymianzweig, Salz, 0,2 l süße Sahne (Rahm), Petersilie

Das Fleisch in Würfel von 4 cm Kantenlänge schneiden. In einem breiten Schmortopf in der heißen Butter rundum anbraten. Die gehackten Zwiebeln, feingewürfelte Möhre, in Streifen geschnittene Lauchstange und blättrig gehobelte Champignons zufügen. Einige Minuten mitdünsten, bevor mit Wein abgelöscht wird. Mit Brühe auffüllen, Gewürze in ein Stück Mull binden und zufügen. Das Ragout eine knappe Stunde sanft schmoren. Die Sahne zufügen. Ohne Deckel die Flüssigkeit etwas einköcheln. Abschmecken, mit Petersilie bestreut servieren. Dazu schmecken selbstgemachtes Kartoffelpüree und gebratener Fenchel, der zuvor einige Minuten in Salzwasser gekocht und mit Pfeffer und Muskat gewürzt wird.

1

gen. Diese Entwicklung birgt einerseits die Gefahr von verstärkter Erosion, Überschwemmungen und Muren, erhöht andererseits aber die Chance, die Landschaft in wilder, abgesehen von einigen Stauseen, nicht von Technik beherrschter Form bewahren zu können.
Gleichzeitig zeigt sich ein zentrales Problem der Alpen: Während früher von den Bauern zum Heizen das schwächliche, kranke, vom Absterben bedrohte Holz aus den Wäldern geschlagen wurde, holt man heute nur noch das starke, gesunde Holz heraus. Die wertlosen Krüppel bleiben stehen und können natürlich die von ihnen geforderte Schutzfunktion nicht mehr übernehmen. Die Lawinenunglücke häuften sich in den letzten Jahren.
Manche Ortschaften sind vom Aussterben bedroht, alle haben in den letzten Jahrzehnten Einwohner verloren. Selbst die einzige deutschsprachige, gleichzeitig die höchstgelegene Ortschaft des Tessins, das von Walsern im 12. Jahrhundert gegründete Bosco/Gurin, das über sechs Jahrhunderte der Italianisierung widerstand, ist bedroht. Die jungen Leute zieht es hinab in die Städte, zu den reichen Touristen.
Zwar kommt der Tourismus auch in die Täler, aber es sind hauptsächlich naturverbundene, kaum Geld bringende Individualisten: Die Wandersleute sind bescheiden, begnügen sich mit einem kargen Mahl, sprechen dem Wein mäßig zu und sind mit einem Matratzenlager zufrieden.
Ganz hinten, ganz oben im Maggiatal, in *Fusio*, auf 1250 m Höhe, hat es einmal einer versucht, feinschmeckerischen Luxus zu bieten – er ging pleite, und so gibt es auch in der *Antica Osteria Dazio* wieder ein einfaches Tessiner Essen wie in den *Grotti* unten im Tal. Beileibe nicht schlecht, denn hier im Maggiatal haben sich die kritischeren und anspruchsvolleren Tessiner selbst eingekauft – und nicht die Deutschschweizer, wie in der Verzasca – betonen die Wirtsleute der Osteria, *Hilde* und *Claudio Sollberger*, beide gebürtig aus dem Maggiatal. Auf beste Zutaten legen sie größten Wert. Im Prinzip, denn leben könnten sie nicht von den Tessinern – je nach Jahreszeit müssen sie auch ungeliebt einfache Bedürfnisse befriedigen und aus Kostengründen dann zu Dosen und Fertigwaren greifen. Vor allem im Frühjahr, wenn die knauserigen Pensionäre aus Deutschland kommen, die mit allem zufrieden sind, wenn es nur billig ist. Mit Familien im Sommer und Deutschschweizer Wandersleuten im Herbst wird es nur wenig besser. Kein Wunder, daß die Sollbergers am liebsten für ihre Tessiner Landsleute kochen!

Die Kirche von Maggia *über einer hohen Treppe zeugt stolz von dem künstlerischen Gestaltungswillen der Menschen hier, von ihrem Sinn für Proportionen und eine harmonische Ausstattung, die im Maggiatal allgegenwärtig ist. Kirchen, Beinhäuser und Friedhöfe, Verwaltungsbauten und ein paar Paläste strahlen Reichtum und Lebensfreude aus, die zur heutigen Armut in krassem Gegensatz stehen*

Fusio am Ende des Maggiatals hat 35 ständige Einwohner, 130 Kühe und noch mehr Ziegen, die aber niemand zählt. Giorgio Dazio *ist* formaggiaio, *Käser. Seine Spezialität ist der* Valmaggio, *ein herzhafter Hartkäse aus zwei Dritteln Kuhmilch und einem Drittel Ziegenmilch. Pro Sommer reifen bei Giorgio etwa 2000 Valmaggiokäse von je 5 kg zwei bis sechs Monate, die natürlich dabei an Gewicht verlieren und einen mächtigen Geruch entwickeln; die Rinde wird nicht mitgegessen. Außerdem macht Giorgio kleine Ziegenkäschen, die in Olivenöl eingelegt werden, damit sie ihren frischen Geschmack bewahren. Man würzt sie auch gerne mit Alpenkräutern. Im Winter ist Skifahren angesagt: Da stehen die Kühe im Stall, bekommen Silomais, und aus dieser Milch kann man keinen guten Käse machen. Die Milch kommt in die Molkerei im Tal, für Industriekäse ...*

Ein Einsiedler, bei dem sich's wohl sein läßt

»Romitaggio«, Einsiedelei, hat Joe Pasquetto sein kleines Gasthaus genannt. Dabei ist es alles andere als das: Gesellig und laut, ein *Grotto,* wie man es sich wünscht. Mit einer von Blüten umrankten Terrasse, hoch über dem Lago Maggiore, und einem herrlichen Blick über die Ebene von Magadino, den fruchtbaren Gemüsegarten der Schweiz. *Grotti,* ursprünglich Felsenhöhlen zum Weinlagern, sind eine Tessiner Institution: urige *Beizen,* in denen es zum einfachen Wein herzhafte Mahlzeiten gibt. Nur selten liegen sie in einer Höhle, und manche wurden billige Touristennepps.
Wie es sich jedoch *eigentlich* für ein Grotto gehört, wird im »Romitaggio« fast ausschließlich Selbstgemachtes aufgetischt: Nicht nur der Wein und die Grappa stammen aus eigenem Anbau, auch Kräuter, Salate, Kartoffeln sind selbstgezogen und die Würste hausgemacht. Aus Fleisch von Schweinen, die den Sommer über auf den Almen leben und mit Mais und Molke gefüttert sind. Einmal, Joe Pasquetto weint heute noch fast, wenn er daran denkt, »habe ich Würste aus Schweinen aus dem Tal gemacht, die ›normal‹ gemästet waren – sie sind mir allesamt kaputtgegangen ...« Als Zwanzigjähriger ist der Gastwirtssohn Giovanni aus Verona nach Amerika ausgewandert. 20 Jahre später kehrte er als Joe in die Alte Welt zurück und blieb im Tessin hängen. Hier herrscht Ordnung und Freiheit, wie er sie gewöhnt ist, und ein Klima wie daheim in Italien ... was will der Mensch mehr?

Der leidenschaftliche Koch ist geradezu zwangsläufig ebenso leidenschaftlich Gärtner. Denn sein Gewächshaus und Garten garantieren beste Produkte. Die rotblühenden Kamelien, Sinnbild für den Tessiner Frühling, umstehen seine Terrasse, von der aus man hinunter auf die Folientunnel blickt, die sich kilometerlang die Magadino-Ebene entlangziehen

1
CRESPELLE PRIMAVERA

– FRÜHLINGS-PFANNKUCHEN –

Für vier Personen:
225 g Mehl, 9 Eier, ¾ l Milch, 75 g flüssige Butter, Salz, Pfeffer, Muskat
Füllung:
je 500 g Spinat und Brennesseln, Salz, 200 g Ricotta oder trockener Quark (Topfen), Salz, Pfeffer, ca. 4 EL Olivenöl

Mehl, Eigelb, Milch, Butter, Salz, Pfeffer, reichlich Muskat mit dem Schneebesen verrühren. Zum Schluß das steifgeschlagene Eiweiß unterziehen. In einer jedesmal erneut mit Butter ausgepinselten, möglichst eisernen Pfanne hauchdünne Pfannkuchen daraus backen. Für die Füllung Spinat und Brennesseln verlesen, entstielen, in Salzwasser blanchieren. Gut ausgedrückt fein hacken, mit Salz, Pfeffer und Olivenöl würzen.
Die Hälfte der Pfannkuchen dicht nebeneinander, auch einander überlappend als Fläche auf der Arbeitsplatte ausbreiten. Die Füllung darauf verteilen. Mit den restlichen Pfannkuchen genauso abdecken.
Sie von der breiten Seite her aufrollen, dabei fest wickeln, damit die Rolle nicht auseinanderfällt.
Scheiben von etwa 3 cm Stärke abschneiden, in eine feuerfeste Form betten, mit Butter beträufeln. Im Ofen kurz überbacken und sofort servieren.

2
FEGATO CON POLENTA

– LEBER MIT GRIESSCHNITTEN –

Für vier Personen:
8 schöne, dünne Leberscheiben, Salz, Pfeffer, Semmelbrösel zum Panieren, 1 EL Butter, 2 EL Öl, 2 Zwiebeln, 4 Scheiben Polenta (siehe Seite 172)

Die Leber salzen, pfeffern, in Bröseln wenden, dabei gründlich ausschütteln, damit wirklich nur ein dünner Film daran haftenbleibt.
In einem Gemisch aus Butter und Öl knusprig braten. Dabei die gehackte Zwiebel zwischen die Scheiben streuen und mitbraten.
Zum Schluß die Polenta zufügen und noch schnell auf beiden Seiten anrösten. Dazu schmeckt ein grüner Salat.

3
BISTECCA ALLE ERBE

– KRÄUTERSTEAK –

Dafür hat Joe Pasquetto stets ein großes Twist-off-Glas neben dem Herd stehen, mit einer speziellen Kräuterpaste, die er natürlich selber macht: Je eine Handvoll Petersilie, Schnittlauch, Basilikum, eine junge Zwiebel, zwei bis drei Knoblauchzehen, 1 EL Senf, 1 EL Worcestershiresauce, 100 g Butter und ⅛ l Olivenöl werden im Mixer zu einer Paste gemixt. In einem gut schließenden Glas hält sich die Würzpaste gut eine Woche – aber sie gibt allen heißen und kalten Saucen, Suppen, Fisch- oder Fleischgerichten so viel Würze, daß sie wahrscheinlich niemals so alt wird . . .

Pro Person:
1 dickes Rindersteak aus der Huft, 1 TL Senf, 1 TL Butter, 1 TL Öl, 1 EL Kräuterpaste, zusätzlich noch frische Petersilie und Schnittlauch

Das Steak mit Senf einstreichen. In Butter und Öl auf beiden Seiten scharf anbraten, dann mit der Kräuterpaste bestreichen und zugedeckt neben dem Feuer noch mindestens fünf Minuten nachziehen lassen, damit es durch und durch rosa und zart wird. Mit Petersilie und Schnittlauch bestreuen. Dazu passen:

PATATE AL ROMARINO

– ROSMARINKARTOFFELN –

Pro Person:
4–5 kleine gekochte Kartoffeln, 2 EL Olivenöl, 2 Rosmarinzweige, Salz, Pfeffer

Die Kartoffeln im heißen Olivenöl langsam golden braten. Die Rosmarinzweige dazwischen streuen. Erst salzen und pfeffern, wenn die Kartoffeln eine goldene Kruste haben.

Glyzinien am Monte Bré

Diese Blütenpracht! Die Terrasse des *Grotto* »Pierino« ist wie von einem dichten, lila Vorhang eingerahmt. Und endlich einmal keine Plastikmöbel. Man sitzt auf Holzbänken an langen Tischen und genießt den atemberaubenden Blick über Lugano, seinen See und die zuckerhutgleiche Erhebung seines Hausberges, des Wahrzeichens San Salvatore. Grottobesitzer Pierino Cassina hat seinen Heimatort Cureggia, ein winziges Nest am Hang des

Pierino kocht Polenta heute wie eh und je im Kessel über dem Kaminfeuer

Monte Bré, nie verlassen müssen, um die Welt zu sehen. Sie kam zu ihm. In den fünfziger und sechziger Jahren gaben sich die damaligen Stars der Filmwelt in seinem winzigen *Grotto* ein Stelldichein. Die Wände sind immer noch mit Autogrammphotos von Lilli Palmer bis Robert Stolz gepflastert. Und die mit reichlich Schmiedeeisen verzierten Villen überall an den schönsten Hängen zeugen auch heute von der Boomzeit der goldenen fünfziger Jahre. Das Tessin galt eben als die Erfüllung des ewigen Traums der Nordländer von der Heiterkeit des sonnigen Südens. Als das Paradies schlechthin, weil es die helvetische Ordnungskraft mit mediterraner Nonchalance verband. Und die Lage! Dem Wahltessiner Hermann Hesse etwa erschien gerade diese Ecke am Luganer See als »eine phantastisch unruhige Landschaft«, und so ließ er seinen Helden in einer Novelle zu Lugano sagen: »So habe ich mir Honolulu gedacht«, für ihn offenbar der Gipfel südlicher Besonderheit.

1
POLENTA GRIGIA

– GRAUER MAISBREI –

Tatsächlich ist diese Polenta nicht maisblond, wie man das aus Italien kennt, sondern dunkel. Sie wird hier, wie vielerorts im Tessin, aus *farina nera* oder *farina di grano saraceno*, Buchweizen- oder Sarazenermehl, hergestellt. Sie bedarf einer längeren Kochzeit. »Je länger, desto besser«, sagt Pierino. Und währenddessen sollte sie unermüdlich gerührt werden. Pierino bereitet seine Polenta einmal am Tag stilecht im verbeulten, außen rabenschwarz verrußten Kupferkessel zu, der an einem Haken über dem offenen Kaminfeuer hängt und gut zehn Kilo faßt. Wenn er leer ist, müssen die Gäste sich mit Salami, Schinken oder Käse zufriedengeben.
Herrscht gerade keine Nachfrage, kühlt die Polenta im Kessel neben dem Feuer ab und wird einfach wieder darüber gehängt, so lange ständig gerührt, bis sie wieder warm und damit weich genug ist, um serviert zu werden.

Zutaten für sechs Personen:
350 g Buchweizenmehl,
ca. 1,5 l Wasser, 1 guter TL Salz

Das Mehl in das eben aufkochende Wasser schütten, salzen, unter geduldigem Rühren eineinhalb Stunden leise köcheln.
Auch diese Polenta kann man natürlich, wie auf Seite 172 beschrieben, zum besseren Portionieren auf einem Tablett flachstreichen und abgekühlt in Schnitten oder Rhomben schneiden, die, rasch in Butter gebraten, eine ebenso wohlschmeckende, wie dekorative Beilage sind.

2
SPEZZATINO
– RINDS-VORESSEN –

Darunter versteht man in der Schweiz ein ganz normales Rindergulasch. Pierino bereitet es folgendermaßen zu:

Für sechs Personen:
1,2 kg Rindfleisch von der Wade (ohne Knochen), 3 EL Olivenöl, Salz, 3 große Zwiebeln, 3 Knoblauchzehen, 1 dicke Möhre (Rüebli), 1 Stück Sellerie, 3 Thymianzweige, 1 Lorbeerblatt, ¼ l Rotwein (Merlot), ca. ½ l Fleischbrühe oder Wasser, Pfeffer

Das Fleisch in gulaschgroße Würfel schneiden und in einem Schmortopf im heißen Öl kräftig von allen Seiten anbraten. Erst dann salzen und die mittlerweile kleingehackten Zwiebeln und Knoblauchzehen, Möhre und Sellerie rundherum streuen und bei nunmehr kleinerer Hitze mitschmoren. Die Gewürze zufügen, Wein und Brühe, beziehungsweise Wasser angießen. Salzen und pfeffern. Zugedeckt auf sanftem Feuer etwa zwei Stunden leise schmurgeln, bis das Gemüse fast verkocht ist und den Schmorsud angedickt hat.

3
CONIGLIO BRASATO
– GESCHMORTES KANINCHEN –

Für vier Personen:
1 junges Kaninchen à 1500 g, 2 EL Butter, 1 EL Öl, 1 Zwiebel, 2 Knoblauchzehen, 50 g durchwachsener Bauchspeck, 2 Stengel Bleichsellerie, ¼ l Weißwein, 1 kleine Dose Tomaten, Salz, Pfeffer

Das Kaninchen in Portionsstücke schneiden. In der heißen Butter rundum anbraten, wobei das Öl dafür sorgt, daß sie trotz hoher Temperatur nicht verbrennt. Die feingehackte Zwiebel und Knoblauchzehen zufügen, ebenso den winzig kleingewürfelten Speck und die in dünne Scheibchen geschnittenen Selleriestangen.
Wein angießen, Tomaten samt Saft zufügen, salzen und pfeffern. Zugedeckt etwa eine Stunde sanft schmoren. Falls zuviel Flüssigkeit verkocht, einfach mit einem Schuß Wasser verdünnen. Zum Schluß nochmals abschmekken. Wer hat, streut noch feingeschnittenen Estragon darüber.

Lugano, Ceresio und »Al Portone«

Das angenehme Klima an der Südflanke der Alpen, von rauhen Winden aus dem Norden abgeschirmt, und die günstige Lage als Etappe auf der wichtigsten Handelsstraße zwischen Rhein und Italien haben Lugano groß gemacht. Es wurde ebenso bedeutend als Wirtschaftszentrum wie beliebt als Kur- und Erholungsort.
Nicht umsonst nennt man die größte Stadt des Tessins die »Königin des *Ceresio*«, wie der See auf italienisch heißt. Wenn auch die Regierung des südschweizerischen Kantons mittlerweile im nördlicher gelegenen Bellinzona residiert, so ist doch Lugano das Herz. Mit schicken Geschäften, eleganten Flanierstraßen, stattlichen Banken, schönen Plätzen und prächtigen Hotels. Von hier aus erschließt sich die Halbinsel *Ceresio*, die dem ganzen See ihren Namen gegeben hat, mit dem gottlob heute noch idyllischen Ort Morcote, der, steil an einen hohen Hang geklemmt, nicht so zersiedelt und zerstört werden konnte wie die anderen, einstmals ebenfalls pittoresken Dörfer Melide, Carona und Bissone, die, längst fest in der Hand von Zugereisten, teilweise böse zugebaut wurden. Das ist durchaus kein Aushängeschild mehr für Traditionen, stammen doch eine Reihe berühmter Baumeister von hier, wie zum Beispiel Carlo Maderna aus Bissone, der die Fassade des Petersdoms gebaut hat, Longhena, der Barockarchitekt Venedigs, Trezzini, der Petersburg gestaltete, der Kremlbaumeister Solario. Hinzu kamen umweltpolitische Sünden: Die Wasserqualität des ohnehin sich mangels ausreichenden Durchflusses nur langsam (alle acht Jahre) erneuernden Sees hat durch jahrzehntelangen unbekümmerten Umgang mit Abwässern großen Schaden genommen. Fischfang ist längst verboten – paradoxerweise übrigens nur im Schweizer Teil, auf italienischer Seite darf weiterhin geangelt werden.
Deshalb stammen die Süßwasserfische, die *Roberto Galizi* in seinem Restaurant »Al Portone« verarbeitet, aus

Der 87er Verdor, ein als Weißwein ausgebauter Merlot, ist eine Rarität aus dem Hause Vinattieri in Ligornetto. Er ist frisch und angenehm säurebetont. Bislang war die Weinbauschule in Mezzana bei Chiasso das einzige Institut, das aus den rotschaligen Merlottrauben durch schnelles Abpressen einen Weißwein machte

1

RAVIOLI DI BARBA FRATE

KAPUZINERBART-RAVIOLI

Für vier Personen:
2 Schalotten, 1 EL Olivenöl,
250 g Kapuzinerbart (ein spezielles Salatgemüse, siehe auch Seite 194),
Salz, Pfeffer, Muskat,
250 g Ricotta oder Quark (Topfen),
ca. 0,1 l Rahm, 1 Ei, 1 Eigelb,
2 EL Semmelbrösel, 2 EL Parmesan,
1 Portion Nudelteig (Seite 186)

Schalotten fein schneiden, im heißen Öl andünsten, das gehackte Gemüse mitdünsten, salzen, pfeffern und mit Muskat würzen. Mit dem Quark im Mixer pürieren, Rahm, Ei, Eigelb, Semmelbrösel und Parmesan mitmixen. Den Teig sehr dünn ausrollen, mit Eiweiß einpinseln. In regelmäßigen Abständen jeweils einen Eßlöffel Füllung darauf setzen. Mit einem zweiten Teigblatt abdecken. Rund um die Füllung jeweils gut festdrücken. Ravioli ausradeln. In Salzwasser gar ziehen lassen. Mit Butter beträufeln und mit einem Klecks Tomatensauce servieren.

2

VENTAGLIO DI LUSCIO PERCA

AUFGEFÄCHERTES ZANDERFILET

Für vier Personen:
4 Zanderfilets, Mehl, Salz, Pfeffer,
Olivenöl zum Braten,
je 2 gehäufte EL winzige Würfel
von Lauch, Möhren (Rüebli),
Sellerie, Petersilie,
je 3 EL Oliven- und Sonnenblumenöl,
4 EL Champagneressig

Jedes Filet mit einem spitzen Messer schräg zu einem Zentrum auf der dünneren Seite gegenüber jeweils fingerbreit voneinander entfernt einschneiden, so daß es sich wie ein Fächer ausbreitet. In Mehl wenden, salzen, pfeffern und im heißen Öl rasch braten. Die Gemüsewürfel in ganz wenig Salzwasser zwei Minuten knackig köcheln. Für die Sauce Öl, Essig und zwei Löffel Gemüsesud cremig aufmixen, salzen und pfeffern. Die noch warmen Gemüsewürfel zufügen und über die gebratenen Filets gießen.

3

MISTO DI VERDURE ALLA GRIGLIA

GEMISCHTES GEMÜSE VOM GRILL

Gemüse, wie zum Beispiel Fenchel, Zuckerschoten (Kefen), grüner Spargel, Radicchioblätter, Artischockenböden zunächst in Scheiben oder Stücke geschnitten blanchieren. Gemüse, wie Zucchini, Möhren (Rüebli) oder Auberginen längs mit dem Sparschäler in dünne Scheiben schneiden und roh verwenden: Mit Olivenöl eingepinselt grillen, dabei salzen und pfeffern und darauf achten, daß sich die Grillstäbe schön dunkel abzeichnen.

1

2

3

Roberto und Doris Galizi in ihrem elegant-gemütlichen Restaurant

dem noch hinlänglich sauberen Lago Maggiore. Roberto Galizi selbst ist ein italienisches Gewächs, lebt allerdings bereits seit seinem fünften Lebensjahr in der Schweiz. Seine Frau Doris hat er während seiner Lehre in Biel kennen- und liebengelernt. Die kleine Snack-Bar, die sie zusammen führten, genügte ihnen jedoch bald nicht mehr. Sie wollten »was Schönes machen«. Und wenn schon neu anfangen, warum dies nicht dort tun, wo es wärmer und heiterer ist?
1981 eröffneten sie ihr hübsches Restaurant am Rand des alten Stadtkerns von Lugano. Der Erfolg ließ nicht lange auf sich warten! Die klare Linie von Robertos ganz persönlicher, moderner Küche, in der er italienische Ideen mit Schweizer Elementen verknüpft, und Doris' erfrischende Herzlichkeit, mit der sie den Service betreut, brachten bald Auszeichnungen und zufriedene Gäste.

Tessiner Küche ist, das versteht sich wegen der geographischen Nähe und auch dank der über lange Strecken hinweg gemeinsamen Geschichte fast von selbst, der lombardischen Küche sehr ähnlich. Ein Tessiner Safranrisotto könnte ebenso in Mailand serviert werden, der Minestrone schmeckt hier auch nicht anders – sieht man in beiden Fällen mal davon ab, daß statt Parmesan *Sbrinz* oder ein anderer Schweizer Bergkäse verwendet wird. Was aber Roberto Galizi aus traditionellen Rezepten macht, bekommt eine neue Dimension, weil er mit ungewöhnlicher Präzision und Akkuratesse arbeitet; lieber mit frischen Kräutern und kurz gegartem Gemüse Akzente setzt, als durch das früher übliche, starke Einkochen die Aromen konzentriert; und weil er mit säurebetonten, vinaigretteartigen Saucen für größere Leichtigkeit und gute Bekömmlichkeit sorgt.

Kräftig und holzbetont: Der im neuen, kleinen Eichenfaß ausgebaute Merlot

1

CONIGLIO AL MERLOT

KANINCHEN IN ROTWEIN

Für vier Personen:
2 Kaninchenrücken, 3 EL Olivenöl, 1 großer Bund Suppengrün, 2 Thymianzweige, 1 Rosmarinzweig, ¼ l Merlot, 50 g Butter, 200 g Kalbfleisch, 1 Eigelb, 75 g geriebener Käse, Salz, Pfeffer, 4 junge Zucchini mit Blüten

Die Rückenfilets auslösen. Die Karkasse kleinhacken, in wenig Öl anrösten, mit Wurzelwerk, Kräutern und Rotwein einen konzentrierten Fond kochen.

Das Fleisch im restlichen Öl sanft anbraten und behutsam gar ziehen lassen. Den Bratensatz mit dem Fond loskochen und mit 2 Löffeln Butter zu einer cremigen Sauce aufmixen. Mit Salz und Pfeffer abschmecken.

Die Hälfte des Kalbfleischs würfeln, in wenig Butter rundum anbraten. Mit dem restlichen Kalbfleisch, Eigelb und Käse im Mixer mischen. Abschmecken. In die Zucchiniblüten füllen. Im Dampf garen und zum schräg aufgeschnittenen Kaninchen servieren.

2

SEMIFREDDO DI ARANCE

ORANGENPARFAIT

Für vier bis sechs Personen:
6 Eier, 250 g Zucker, 0,2 l Orangensaft, 4 ganze Orangen, 0,1 l Orangenlikör, ½ l Rahm

Die Eier im Wasserbad zu einer dicken hellen Creme schlagen, dabei den Zucker langsam hinzurieseln lassen. Die Creme soll dabei nicht mehr als Handwärme erreichen. Wenn der Zucker aufgelöst und die Creme wieder abgekühlt ist, Orangensaft, in feine Scheibchen geschnittene geschälte und gehäutete Orangen und Orangenlikör unterrühren. Zum Schluß steifgeschlagenen Rahm unterziehen. In einer Kastenform gefrieren. Zum Anrichten in Scheiben schneiden, mit Vanillesauce servieren. Nach Belieben wie auf dem Photo mit Tupfen von Fruchtmark und einem Orangensalat garnieren.

1

2

Vom Nostrano zum Merlot:

In den letzten hundert Jahren ist die Rebfläche im Tessin auf ein Zehntel ihrer einstigen Größe geschrumpft – erst hatten Reblaus und Mehltau die Bestände vernichtet, dann wurden die steilen, schwer zu bearbeitenden und die klimatisch ungünstigen Lagen im Norden aufgegeben. Im hügeligen Süden legte man wirtschaftliche Weingärten an, die resistente *Amerikanerrebe* wurde als Unterlage importiert und 1907 mit dem *Merlot* aus dem Bordelais eine Rebsorte ins Land geholt, die wirklich hochwertige Weine gedeihen ließ.

Der vielgerühmte *Nostrano* des *Sopraceneri,* nördlich des *Monte Ceneri* also, ist – entgegen seinem althergebrachten Ruf – eigentlich kein begehrenswerter Wein: Meist mit einem Anteil *Americano* gekeltert, bringt er dessen fuchsigen Geschmack mit, in dem die alten Sorten *Bondola* und *Freisa* oft untergehen. Es gibt einige gute Merlots, meist allerdings können die Trauben aus den Granit-Verwitterungsböden des Sopraceneri nicht sehr viel Charakter ziehen. Im südlichen Teil des Tessins dagegen, im *Sottoceneri,* vor allem im *Mendrisiotto,* bringen die stark vermischten, lehm-, kiesel- und kalkhaltigen Böden der Moränenhügel sehr komplexe, gleichzeitig elegante und kräftige Rotweine hervor.

Im allersüdlichsten Eck der Schweiz, bei *Pedrinate* unweit Chiasso, liegt über den Weinbergen ein eigenartiger Schimmer: Dünne Nylonnetze hüllen die Rebzeilen auf beiden Seiten ein, schützen Trauben wie Blätter vor Hagel. Die feuchtwarme Mittelmeerluft trifft hier mit den eisigen Fallwinden der Alpen zusammen, Hagelschlag ist mehrmals jährlich die Folge. Die Installation kostet viel Geld, aber die Versicherungsprämien sind noch teurer, so daß sich die Netze in zwei bis drei Jahren amortisieren.

Die Merlot-Weine des Tessins zeichnen sich durch rubinrote Farbe aus und bekommen das Zeichen VITI *für* Vini Ticinesi, *wenn sie einer unabhängigen Qualitätsprüfung standhalten. Der* Roncobello, *ein fruchtiger Wein aus einer Spitzenlage, reift kurz, während der* Dioniso, *der ganze Stolz von* Cesare Valsangiacomo,

Tessiner Wein im Wandel

Die Weine, die hier erzeugt werden, gehören zu den besten des Kantons: Das Haus *Cesare Valsangiacomo*, gegründet 1831, bemüht sich nun schon in der fünften Generation um Qualität. Erstklassiges Rebgut, das nicht Masse, sondern Klasse bringt, rigorose Ertragsbegrenzung, peinliche Selektion bei den ungleich reifenden Beeren der Merlottrauben, rechtzeitige Ernte bei guter Säure und nicht nur viel Zucker für hohen Alkohol, schließlich ein sorgfältiger Ausbau haben dem Haus höchstes Renommee verschafft. Daneben ist Valsangiacomo einer der größten Schweizer Weinimporteure und Tessiner Weinproduzenten, macht den größten Umsatz mit »normalem« Merlot und Americano. Das Haus Valsangiacomo besitzt 17 ha eigene Weinberge und ist damit eine Ausnahme im Tessin: Die meisten Winzer bewirtschaften kleine Weingärten, manchmal nur ein paar Rebzeilen. Sie bauen ihre Weine für den Eigenbedarf aus oder liefern an die Genossenschaften. Für sie scheint es aber eine neue Zukunft zu geben: Wie überall, so machen seit kurzem auch hier junge Winzer auf sich aufmerksam, die entschieden, mit bester Technik und großem Einsatz höchst individuelle Weine erzeugen und ganz neue Qualitäten erreichen.

noch im Faß lagert – nach 1961 gab es ihn erst 1985 wieder, die lediglich etwa 3000 Flaschen sind heiß umkämpft. Kellermeister Renato Perucchi, *seit 31 Jahren im Haus, kennt jeden Rebstock persönlich, pflegt die Weingüter und setzt an den Kopf jeder der mit Netzen verhüllten Rebzeile einen duftenden Rosenstrauch*

Von der Jungfrau

Fast zwei Jahrhunderte lang war das Berner Oberland das begehrteste Ziel des Alpentourismus: Staunend wanderte man durch die engen Täler und über sanft schwingende Matten, ließ sich von den majestätischen Gipfeln beeindrucken und schauderte vor den Gefahren der Bergwelt. Kühne Männer bestiegen seit dem ausgehenden 18. Jahrhundert die bis dato unberührten Gipfel, auch die Jungfrau verlor 1811 ihre Jungfräulichkeit. Bis zur Erstürmung der Eigernordwand dauerte es dann aber noch 127 Jahre. Doch dem Normalbürger blieb die »Region des ewigen Schweigens« versagt.

Die Trümmelbachfälle: die Gletscherwässer der Jungfrau im Felsen

Jungfrau, Mönch und Eiger: gewaltigste, berühmteste, gefährlichste, besuchteste Berggruppe der Alpen

Bauernhaus bei Zweilütschinen: breit geduckt, wohnlich, gepflegt, von gediegenem Wohlstand zeugend

Oberer Grindelwaldgletscher: Während andere abschmelzen, wuchs er in den letzten Jahren an

zum Rummelplatz

Mit dem Eindringen der Technik änderte sich das: Schon vor der letzten Jahrhundertwende wurden Wengen und Mürren mit der Bahn erschlossen, heute führen auf viele Gipfel Seilbahnen. Bereits 1912 wird die Jungfraubahn fertiggestellt, mit der man durch Eigernordwand und Mönch das 3454 Meter hohe Jungfraujoch erreicht: Aus dem Abenteuer für wenige Mutige ist ein Ausflug für Abertausende von Sommerfrischlern geworden.

Touristen-Geschäft: Kuhglockenkitsch und andere Souvenirs

Sefinenfall: Über 200 m stürzen die Wasser über die Felskante ins romantische Lauterbrunnental

Ländliche Stilleben: An den Bauernhöfen werden oft die alten Geräte zur Schau gestellt

Narzissen auf der Wiese: Der Reichtum an anderswo seltenen und geschützten Blumen ist überwältigend

Eine Stadt zwischen zwei Seen, alte Hoteltraditionen und moderne Küche

Nomen est omen: Interlaken liegt *zwischen* zwei *Seen*. Absurd genug, wo man sich sonst überall auf der Welt bemüht, *an* einem Gewässer zu siedeln, schon um des tourismusfördernden Gestades willen. Hier hat man es jedoch fertiggebracht, an *keinem* See zu liegen, obwohl rechts und links davon ausreichend pittoreske Möglichkeit gewesen wäre. Um dem Absurden noch eins drauf zu setzen: Interlaken ist ein Hochalpen-Ressort und liegt nicht viel höher über dem Meer als Genf, Bern, Basel oder Zürich. Die spektakulären Gipfel, Eiger, Mönch und Jungfrau, schließlich, um deretwillen man sich hierher bemüht, stellen sich durchaus nicht freiwillig in den Blick, sondern spähen nur hinter anderen Bergrücken hervor. Die Landbrücke übrigens, das *Bödeli*, auf dem Interlaken zwischen Thuner und Brienzer See liegt, ist immerhin 35 Quadratkilometer groß und erst durch die Bergbäche Lütschine und Lombach herbeigeschleppt worden. Ursprünglich waren beide Seen eins.
Warum gerade Interlaken Mekka der meisten Schweizreisenden geworden ist, läßt sich trotzdem nicht so recht begreifen. Es muß etwas mit dem Weitblick, verbunden mit dem gesunden Geschäftssinn und der demokratischen Individualität der Bürger zu tun haben, die frühzeitig den touristischen Wert ihrer Region erkannten und darauf als Wirtschaftsfaktor setzten. Die legendäre *Höhenmatte*, mitten im Ort seit mehr als dreihundert Jahren unbebaut gehalten und im Besitz der Bürger befindlich, ist nur ein Beispiel: Für die Interlakener, die den Wert dieser Wiesenfläche als Touristenattraktion längst höher schätzen als den als Baugrund, ist es Ehrensache, daß dies weitere 300 Jahre so bleiben wird.
Die reiselustigen Engländer waren auch hier die touristischen Pioniere. Vieles an Architektur und Gehabe erinnert noch an britische Traditionen; wenn auch längst die Amerikaner, Deutschen und – zunehmend – die Japaner deren Zahl übertreffen. Die Moden vergangener Zeiten sind an den Hotelbauten abzulesen. Auch die Sünden der Nachkriegszeit, als man ramponierte Hotels aus der guten alten Zeit, statt sie zu renovieren, einfach abriß und durch kalte Betonkästen ersetzte. Dieses Schicksal ist dem schönsten Hotel, dem *Victoria Jungfrau*, erspart geblieben. Ursprünglich waren es zwei Häuser, das *Victoria*, tatsächlich Englands Königin zu Ehren errichtet, und das *Jungfrau*, gleich daneben. Bereits Ende des letzten Jahrhunderts zu einer Aktiengesellschaft zusammengeschlossen, sind sie das noch heute. In den letzten acht Jahren wurde nunmehr ebenso umfangreich wie kostspielig renoviert. Heute ist es eines der prächtigsten und angenehmsten Hotels der Schweiz. Das reicht erfreulicherweise bis ins Restaurant. Mit *Erwin Léo Stocker* verfügt das Haus über einen bemerkenswerten Küchenchef: Obwohl er während seiner Laufbahn die klassischen Wege der großen Schweizer Hoteltraditionen durchlief, ist er nicht damit verhaftet geblieben, sondern hat seinen eigenen Pfad gefunden. Seine Idee einer leichten, modernen Küche basiert auf dem soliden Können des perfekten Handwerkers. Nach dem Motto: Nur wer die Pflicht beherrscht, ist gut für eine Kür!

Erwin Léo Stocker *ist ein Küchenchef, der modern und ganz persönlich kocht, dabei aber stets auf dem Teppich eines soliden Könnens bleibt. Getreu dem Prinzip des Hauses* Victoria Jungfrau *überhaupt: Der Glanz der alten Pracht ist nicht nur aufpoliert, sondern wurde zugleich mit neuem Leben erfüllt. Am imperialen Glanz erfreuen sich heute endlich auch die Republikaner. Und die* Jungfrau *sowieso, die über den Bergen herunterschaut*

1
ESSENCE DE MORILLES

– MORCHELESSENZ –

Für vier Personen:
0,8 l kräftige Fleischbrühe,
25 g getrocknete Morcheln, Salz,
Pfeffer
Füllung:
40 g Hühnerbrust,
40 g Entenstopfleber, je 1 EL Eiweiß
und Eigelb, 2 EL Rahm,
Pastengewürzsalz, 1 EL Portwein,
1 TL Cognac

Die Morcheln mit einem Teil der kochendheißen Brühe übergießen und einweichen. Die acht schönsten und größten Exemplare herausnehmen, gut ausspülen, falls noch Sand zwischen den Runzeln sitzt. Die restlichen Pilze sehr klein hacken und in der gesamten Brühe ziehen lassen.

Für die Füllung die gut gekühlten Zutaten im elektrischen Zerhacker durchmixen. Diese Creme durch ein feines Sieb streichen und mit dem Spritzbeutel in die Morcheln füllen. Sie in der sanft kochenden Brühe gar ziehen lassen.

In Suppentassen anrichten, mit der gefilterten Brühe auffüllen. Mit Schnittlauch garnieren.

2
FOIE GRAS MAISON À LA RHUBARBE

– GÄNSELEBERTERRINE AUF RHABARBER –

Die Terrine wird hier natürlich im Haus gemacht, wie »à la maison« verspricht. Für den normalen Haushalt empfiehlt es sich, sie fertig im Delikatessenladen zu kaufen. Der Rhabarber dazu jedoch ist ganz leicht nachzumachen und paßt auch wunderbar zu gebratener Kalbs- oder Hühnerleber. Im übrigen erinnert dieses Rezept wieder einmal daran, daß Rhabarber aus botanischer Sicht keineswegs ein Obst, sondern ein Gemüse ist.

Für vier Personen:
400 g Rhabarber, Zitronensaft, ⅛ l
Weißwein, je 1 Prise Zucker und Salz

Rhabarber putzen, Fäden abziehen, in Stücke von 5 cm Länge schneiden. In einem Topf, der die Stücke nebeneinander aufnehmen kann, Zitronensaft, Weißwein, Zucker und Salz aufkochen. Die Rhabarberstücke darin nur so kurz ziehen lassen, daß sie zwar weich sind, aber noch völlig ihre Form behalten. Im Sud abkühlen und mit Zimmertemperatur servieren.

3
OMBLE DE FONTAINE MARINÉ

– MARINIERTER BACHSAIBLING –

Für vier Personen:
1 mittelgroßer Bachsaibling,
1 TL Zucker, 1 TL grober Pfeffer,
½ TL Salz, 1 TL Koriandersamen
Zum Anrichten:
2 großzügige Handvoll gemischter
Salatblätter: Brunnenkresse, Lollo
rosso, Radicchio, Tomatenstreifen
Salatsauce:
1 Eigelb, 0,1 l Rapsöl,
4 EL Holunder-Waldmeister-Essig
(selbst angesetzt),
Salz, Pfeffer

Den Fisch ebenso filieren und mit den im Mörser zerstoßenen Gewürzen einreiben und zwei Tage marinieren, wie auf Seite 223 im Rezept für die marinierte Forelle beschrieben.

Die Gewürze schließlich entfernen, das Filet sehr schräg in hauchdünne Scheiben schneiden und auf Tellern dekorativ anrichten.

Mit einem kleinen Salat schmücken, der mit einer Marinade angemacht ist, die aus den angegebenen Zutaten aufgemixt wurde.

1

2

3

1

AIGUILLETTES DE RÂBLE DE LAPERAU

– STREIFEN VOM KANINCHENRÜCKEN –

Für vier Personen:
2 ausgelöste Kaninchenrückenfilets, Salz, Pfeffer, 2 EL Erdnußöl, 6 EL Kalbs- oder Kaninchenfond, 0,1 l Rahm, Waldmeisterblätter

Die sorgfältig parierten Kaninchenfilets salzen und pfeffern. Im heißen Öl rundum sanft anbraten. Neben dem Feuer zugedeckt warm stellen und nachziehen lassen.

Das Fett aus der Pfanne wegkippen, den Bratensatz mit Kalbsfond loskochen. Die Sahne mit dem Waldmeister aufmixen und zufügen. Bis zur gewünschten Konsistenz einkochen, salzen und pfeffern.

Das Fleisch sehr schräg in dünne Scheiben schneiden, fächerförmig auf Tellern anrichten, mit der Sauce umgießen.

Küchenchef Erwin Stocker serviert dazu Frühlingsgemüse und Blinis.

2

CAILLE ET SES ŒUFS BROUILLÉS À L'OSEILLE

– WACHTEL MIT WACHTELRÜHREI AUF SAUERAMPFER –

Für vier Personen:
4 Wachteln, 100 g Gänsestopfleber, 100 g Geflügelfarce, Salz, Pfeffer, 3 EL Erdnußöl, 6 EL Kalbsfond, 4 EL Madeira, 2 EL Butter
Wachtelrührei:
20 Wachteleier, 4 EL Rahm, 3 EL Butter, Salz, Pfeffer, 4 schöne Sauerampferblätter

Die Wachteln behutsam entbeinen, jeweils mit einem Stück Gänsestopfleber und Geflügelfarce füllen, salzen und pfeffern. Mit heißem Öl übergießen und im 180 Grad heißen Ofen zehn Minuten braten, schließlich im ausgeschalteten Ofen noch weitere 15 Minuten ziehen lassen.

Den Bratensatz mit Fond und Madeira loskochen und mit Butter aufmixen.

Für das Wachtelrührei die Wachteleier mit der Sahne verquirlen, salzen und pfeffern. Den in feine Streifen geschnittenen Sauerampfer einrühren. In der eben aufschäumenden Butter sanft anziehen, auf keinen Fall zu trokken werden lassen.

Die Wachteln aufschneiden, auf Tellern anrichten, mit der Sauce umgießen. Das Rührei daneben setzen.

3

FRAISES AU SABAYON À LA MELISSE DE CITRON

– ERDBEEREN AUF SABAYON VON ZITRONENMELISSE –

Für vier Personen:
500 g Erdbeeren, 2 EL Zucker, 2 EL Crème double, 4 Kugeln Zitroneneis
Sabayon:
2 Eigelb, 0,1 l Weißwein, 40 g Zucker, Zitronenmelissenblätter

Die schönsten Erdbeeren herauslesen und vertikal in dünne Scheiben schneiden. Den Rest mit dem Zucker mixen und durch ein Sieb streichen. Jeweils einen Spiegel Erdbeersauce auf Teller gießen. Mit der Crème double (Doppelrahm) Verzierungen malen. Die Erdbeerscheiben darauf anrichten. Zitroneneis daneben setzen. Und den lauwarmen Sabayon zufügen. Mit Melissenblättern garnieren.

Für den Sabayon das Eigelb im Wasserbad mit dem Wein heiß und dick schlagen, dabei den Zucker zufügen. So lange schlagen, bis er aufgelöst und die Creme stabil ist.

1

2

An den Petits Fours, dem bildschönen Konfekt, das zum Dessert und Kaffee serviert wird, zeigen sich die klassische Akkuratesse traditioneller Gastlichkeit und das perfekte Können. Für den Gast ein eindrucksvolles Vergnügen

3

Von der Kunst in der Schweiz, einen

Die Kunst besitzt, jeder Reisende spürt das sofort, in der Schweiz hohen Stellenwert: Städte und Dörfer, Häuser und Plätze, Gaststuben und Privatwohnungen zeugen von einer ausgeprägten Liebe zu künstlerischer Gestaltung und Ausschmückung. In den ländlichen und kleinstädtischen Regionen mit mehr allgemeinverständlichem Traditionsbewußtsein, in den industrialisierten Städten mit eher individualistischer Stilisierung.
Mit den Zeugnissen der Vergangenheit und mit ihrem Geist geht man mit romanischer Behutsamkeit um: Man baut das Neue auf dem Alten auf, will nicht in germanischem Eifer das Alte total ersetzen. Durch diese Kontinuität des Kunstverständnisses können Schweizer Künstler eine unangezweifelte Eigenständigkeit bewahren und in den verschiedenen Regionen des Landes einen eigenen Charakter ausbilden: Die Formenwelt der Welschschweiz ist anders als die Graubündens – und doch geben sich beide unverhohlen schweizerisch. Selbst die modernsten, konstruktivistischen, kinetischen, konkreten Kunstwerke besitzen eine beneidenswerte Selbstverständlichkeit im öffentlichen Leben.
Ist den Schweizern konkret-phantastischer Freiraum in der Kunst vielleicht so wichtig, weil es im reformatorisch geprägten täglichen Leben eher wenig davon gibt?
Im noch deutschsprachigen Teil des Kantons Freiburg, nur wenige Kilometer südlich von Bern, liegt im hügeligen Land die Gemeinde Überstorf. In der Mitte des Dorfes, verborgen hinter hohen Mauern, das Schloß mit Nebengebäuden. Im Schloß selbst lebt Edith Talman, heute allein, nachdem ihr Mann, der Grafiker und Künstler Paul Talman, 1987 gestorben ist. Er hatte 1973 das 1505 erbaute Schloß gekauft, das zwischendurch als Schule und Heim für Drogensüchtige gedient

Schloß Überstorf mit seiner Kapelle und ehemaligem Schulgebäude

hatte, und für sich nach seinen Bedürfnissen renoviert und eingerichtet. Im Nebengebäude wohnt und arbeitet der Künstlerfreund Daniel Spoerri.
Die Kunst, der Künstler, das Leben und die Umgebung – Paul Talman hatte den Willen, die Einheit des Ganzen zu schaffen: Er konzipierte seine Kunst, stilisierte sich selbst, gestaltete sein Künstlertum und seinen Lebensraum nach einem einzigen, allumfassenden Prinzip. Aber er hätte es nie geschafft ohne seine Frau, die, ihre eigene Definition durch ihn gewinnend, ganz ihm und seinem Schaffen lebte, unerläßlich für das Gelingen war, denn nur sie konnte mit ihrer Kraft und Menschlichkeit das Ganze zusammenhalten und mit sinnlichem Leben erfüllen. Das Schloß, Sinnbild herrschaftlichen, selbstdarstellerischen Rollenspiels, idealer Raum für große Arbeitsformen und Lebensgesten, schien Talman der ihm angemessene Wohnsitz. Seine abstrakt-konkreten Werke erreichen in den warmen, von der Vergangenheit belebten Räumen eine besondere Ausstrahlung.
Talman war zunächst Photolithograph, dann Art-Director bei der durch ihre gestalterischen Ansprüche berühmten Werbeagentur GGK

Edith Talman und Daniel Spoerri im blühenden Schloßgarten

Mittelpunkt des Schloßlebens: das große Tafeln mit Freunden

Schloß und zwei Schweizer Künstlern

(Gerstner, Gredinger, Kutter) in Basel. 1973 machte er sich selbständig, Aufträge für die Industrie und Agenturen sicherten den Lebensunterhalt, die Kunst selbst wurde zum Leben.
»Americanism« nennt er eine Serie von in pastellenen Farben gehaltenen, drehbaren Säulen, die Stimmungen zeigen, die vom Rhythmus, vom Tempo, der ständigen, willkürlichen Veränderung leben. Kugelbilder mit in einer Fläche eingebauten, leicht und spielerisch drehbaren, zu verschiedenen Stimmungen zu ordnenden, zweifarbigen Kugeln. Lochbilder, deren Mulden durch Licht ihr eigenes, sich ständig änderndes Leben erhalten. Konzeptionelle Werke, voller Klarheit einerseits, phantasieanregend und zum Spielen einladend andererseits.
Nicht weniger bewegende und bewegliche Phantasie steckt in den Werken von Daniel Spoerri, der im ehemaligen Schulhaus neben dem Schloß wohnt. Aber während in Talmans Arbeitsräumen immer aufgeräumt war, herrscht bei Spoerri stets das pure Chaos. Plastiken und Materialbilder allenthalben. Und überall Materialien, die einmal zu Werken gebraucht werden können: Objekte vom Sperrmüll und von Flohmärkten, nicht mehr gebrauchte Dinge der Konsumgesellschaft. Schöpfkellen und Siebe, Löffel und Gabeln, Reste von Kleidungsstükken, Schuhe, Puppentorsi, Motorteile, Werkzeuge, Kitschartikel jeder Art, Zierat von Autos und Schiffen, Haushaltsdinge, Küchenmaschinen im besonderen und zuhauf: Stoff für skurrile Plastiken.
Daniel Spoerris Kunst hat immer etwas mit Essen zu tun: Der Körper vieler seiner Plastiken besteht aus einer Küchenmaschine – der Bauch ist das wesentliche Element des Lebens. Berühmt seine provokative Eat-Art: Essen oder Reste auf Tellern, sorgfältig arrangiert und fixiert, zum An-die-Wand-Hängen. Derzeit beschäftigt er sich, neben der Lehrtätigkeit an der Akademie in München, mit einer aufwendigen, großangelegten Edition: Bilder, Texte und Rezepte. Mit befreundeten Künstlern und Schriftstellern – unter anderen Luginbühl und Diter Rot – widmet er sich »dem Unrat des Fleischs«, den zu seinem Leidwesen ungeliebten Innereien, den unterdrückten Partien – Kutteln, Herz, Hirn, Fett und Talg, Nieren, Bries, Zunge, Lunge, Magen, Milz, Kopf, Leber, Blut …
Was bei Talman (auch der Name, ursprünglich Thalmann, gehört zur Stilisierung) aus der Überlegung kam, Kopfgeburten, mathematisch-abstrakten Ordnungs-Prinzipien verpflichtet, scheint bei Spoerri im Bauch heranzuwachsen, organische Gebilde, ganz konkret und doch abstrakt, die banalen Dinge des Alltags als Transportmittel für Phantasien benutzend.
Talman und Spoerri, zwei gegensätzliche, aber einverständliche Künstlerpersönlichkeiten, Freunde und Weggefährten. Fordernd und alles unter seinen gestalterischen Willen zwingend der eine, sich zurücknehmend, in sich hineinhorchend und Vorgegebenes benutzend der andere. Zwei Vorstellungen von Kunst. Zwei Schweizer.

Skulptur, Möbel und Bilder von Paul Talman – klare Formen, zarte Farben

Spoerri-Werke: »Abendmahl«,

»Krieger der Nacht« und …

… ein »Löffelbild«, die Hand als Urlöffel, Symbol der Schöpfung

SOMMER

Flirrendes Licht und harte Feldarbeit – Bauernessen und Luxusspeisen, jede Menge Kräuter und viel Gemüse

Erlesen: Hummer und Artischocken

Gartenfrisch: Gemüse

Vergoldet: Kunst am Bau

Würzige Genüsse: Kräutertees

Eisblau schimmernd: Gletscher

Bildschön: Unterengadiner Haus

Feldarbeit: Heuen auf der Alm

Exotisch: Gänseleber in Sesam

Gruyères: ein Freiluftmuseum, in dem man leben kann

Wenn man von Fribourg in Richtung Süden am Lac de la Gruyère, dem Greyerzer See, entlangfährt, wird die Gegend hügelig, lieblich, sanft. Grüne, saftige Matten steigen schwingend bergan. Man glaubt ihnen gerne, daß die Kühe glücklich auf ihnen sind und deshalb anständige Milch für den berühmten Käse liefern. *Gruyère* oder *Greyerzer,* wie man auf deutsch sagt, gilt heute fast schon als Gattungsbegriff, längst nicht mehr als Herkunftsbezeichnung. Immer handelt es sich um kleinere Laibe, etwa 35 Kilogramm schwer, im Gegensatz zu den stattlichen Wagenrädern aus dem Emmental, die bis zu 130 Kilo wiegen.

Eindrucksvoll die Aussicht auf das Schloß von Gruyères, sobald man Bulle hinter sich gelassen hat: Eine Festungsanlage mit Türmen, Zinnen und mächtigen Mauern, hingestreckt auf einen Bergrücken, die schroffe Wand des *Vanil Noir* dahinter. Das Schloß, ursprünglich Stammsitz der Grafen von Gruyère, befand sich, nach deren Aussterben, rund hundert Jahre lang im Besitz der Künstlerfamilie Bovy, die sich um die Konservierung und Renovierung der Anlage überaus verdient gemacht hatte, bevor diese in den dreißiger Jahren in das Eigentum des Kantons überging.

Mittlerweile ist die gesamte Stadtanlage von Gruyères – das *s* am Ende dient übrigens zur Unterscheidung zwischen Ort und Region – ein perfektes Freiluftmuseum, und doch bewohnt von ganz normalen Menschen, die *nicht* in historischen Trachten das Straßenbild bevölkern. An dem treulichen Abbild einer mittelalterlichen Stadtanlage läßt sich die vergangene Zeit nachvollziehen: Die breite, zentrale Straße als Marktplatz, mit dem Brunnen in der Mitte, zu beiden Seiten die Häuser. Ein einziges, dem Schloß gegenüberliegendes Eingangstor garantierte die sichere Kontrolle über jeden Ankömmling, nachdem Schießscharten in den Rückseiten der Häuser bereits den nötigen Überblick über sich nahende Feinde ermöglicht hatten. Der Burggraben diente dem Volk als Schutz vor Belagerung, hielt es aber gleichzeitig in ausreichendem Abstand vom Grafen ... Geschichte wird durch Anschauung verständlich.

Am Marktplatz, gleich links, wenn man das Schloß verläßt, sind sie heute noch zu sehen: in mächtige Granitblöcke gehauene, unten verschließbare Maßbehälter, in denen das Getreide abgemessen wurde

Menschen in Gruyères: Die Nonne aus dem Altersheim, die eben im Garten Kamille für den Tee zum Abendbrot geschnitten hat. Der Bauer im Sonntagswams. Und der Vater mit seinem Kind auf der Schulter als Tourist. Die mittelalterliche Küche im Schloß ist mit ihren Utensilien sorgfältig renoviert. Das alte Wirtshausschild aufpoliert. Vergangenheit zum Erleben

Das Lavaux: Weinberge, Winzerdörfer und Gartenlokale

Die Weinberge auf dem Steilufer über dem Genfer See zwischen Montreux und Lausanne gehören unzweifelhaft zu den schönsten und eindrucksvollsten Kulturlandschaften dieser Welt: die hängenden Gärten des Schweizer Weins!

Fast 300 m hoch staffeln sich die Terrassen übereinander, gestützt von mächtigen Mauern, durchzogen von Treppenläufen, sich einerseits in großen Mulden und weiten Bögen dem natürlich gegebenen Gelände anpassend, andererseits die kleinen Rinnen und Buckel ausgleichend oder umlaufend. Gleich doppelt, so sagt man hier, bekommen die Trauben die wohltuende Wirkung der Sonne zu spüren: direkt von oben und zusätzlich über die spiegelnde Seefläche von unten. Mächtig sind sie denn auch, die Weine des *Lavaux*, wie dieses Herzstück des Waadtländer Weinareals heißt. Mehr über die beiden anderen Weinbaugebiete, die *Côte* zwischen *Lausanne* und *Genf*, und das *Chablais* rechts der Rhône zwischen *Ollon* und *Montreux*, finden Sie auf den Seiten 84/85 beziehungsweise Seite 103.

Wichtigste Stadt der Region ist Lausanne, bereits römische Garnison und merkwürdigerweise nicht am, sondern 150 m über dem See gelegen. Mit der Eroberung durch Bern 1536 wurde seine früher überragende Bedeutung stark geschwächt, erst im 19. Jahrhundert kam durch die in der protestantischen Schweiz französisch lernende Gesellschaft Nordeuropas ein neuer Glanz. Die internationale Hotellerie hat sich, den Bedürfnissen der Gesellschaft Rechnung tragend, in Lausanne-Ouchy unten, unmittelbar am See angesiedelt. Wegen des milderen Klimas attraktiver aber ist Montreux, bekannt durch diverse Festivals. In der Umgebung große Hotelfachschulen. In Vevey, berühmt für sein Waadtländer Weinfest, die Zentrale von Nestlé.

Die Römer hatten hier, neben Lausanne und bei Vevey, die ersten Weinberge in den flacheren Partien angelegt, und so blieb es bis ins frühe Mittelalter. Dann weitete sich der Weinbau unter der Herrschaft der Burgunder aus, so daß um die Jahrtausendwende in etwa das heutige Weinbaugebiet angelegt war. Im Jahre 1142 schließlich faßte der Bischof von Lausanne, *Guy de Merlen*, einen kühnen Entschluß: den steilsten Berg des Lavaux, den *Dézaley*, in Rebgärten umzuwandeln. Die Mönche zweier Klöster, von *Haut-Crêt* und *Montheron*, machten sich an die Arbeit, und der Bischof selbst, aus Burgund stammend, arbeitete ihnen vor. Da die alte Römerstraße nicht ausreichte, um die Steine für die Mauern von anderswo heranzukarren, legte man in den Felsstufen Steinbrüche an. Es gibt hier Terrassen, die nur drei bis vier Rebzeilen breit sind, aber von acht Meter hohen Mauern gestützt werden! Die Weine des *Dézaley* gelten als die Krone aller Schweizer Kreszenzen, bringen die besten Preise. Den Lagen der Stadt Lausanne, *Clos des Abbayes* und *Clos des Moines*, gebührt die Spitze.

Den Lagennamen kauft man denn auch – die Rebsorte steht ohnehin fest und muß nicht eigens erwähnt werden: Es ist die *Chasselas*-Traube, bei uns *Gutedel* und im Wallis *Fendant* genannt, deren Wein im Waadtland *Dorin* und in Genf *Perlan* heißt. Ihr Geschmack ist relativ neutral, schwach aromatisch. Sie bezieht den größten Teil ihres Aromas aus dem Boden, dem *»Terroir«* – und daher ist die Unterscheidung der Schweizer Weine nach den Lagen auch vollkommen gerechtfertigt. Es gibt auf dem nur etwa 25 km langen Lavaux die unterschiedlichsten Böden: Die einen dominieren die Fruchtaromen regelrecht (etwa Lutry, Calamin, Chardonne, Vevey), andere betonen die Frucht (Epesses und St-Saphorin), die dritten verschmelzen harmonisch mit der Frucht (Dézaley).

In zunehmendem Maße widmen sich manche Winzer inzwischen *Spezialitäten*, etwa Weinen aus Riesling, Chardonnay, Pinot Blanc oder Gris, Malvoisie und anderen – auf den hervorragenden Lagen mit bemerkenswertem Erfolg. Und außerdem gibt es in einigen Lagen auch Rotwein, aus der Gamay-Traube und dem Pinot Noir (Blauburgunder), vor allem bei Lutry.

Wo Wein wächst, trinkt man ihn auch – Probierstuben bei Genossenschaften und Winzern, Weinlokale mit bescheidener Gastronomie, oft nur zwei oder drei Gerichten oder einer einzigen Spezialität an den verschiedenen Wochentagen, Ausflugsgaststätten mit einer manchmal erstaunlichen Auswahl an kleinen, witzigen Gerichten. Kochkunst ist hier nicht gefragt, kulinarische Höhenflüge darf man nicht erwarten. Aber in so manchem Familienbetrieb kann man auf anständige Weise satt werden. Zum Beispiel im *»Hôtel de La Croix«* in La Croix oberhalb von Lutry, wo Helga und Rolf Schaefer-Suesskoch wirtschaften. Helga, in Osaka geboren und in Tokio aufgewachsen, kam nach Genf, um Französisch zu lernen, lernte aber vielmehr ihren Mann, einen hier arbeitenden Hotelmanager aus Deutschland, kennen. Jetzt sind sie glücklich mit ihrem überschaubaren Restaurant: Helga kocht, weil sie mit angestellten Köchen nie flexibel genug waren, um auf plötzlichen Andrang bei schönem Wetter zu reagieren. Und Rolf kümmert sich um Service und den Wein. Den trinkt man immer noch aus den kleinen Gläsern, Gobelets, die zu Zeiten der Berner Besetzung entwickelt wurden: die Waadtländer tranken damals, selbst in größerer Runde, stets nur aus einem kleinen Glas, damit die Steuereintreiber nicht sehen konnten, wieviel wirklich getrunken wurde …

Die Stimmungen über dem Lac Léman, der hier natürlich niemals Genfer See genannt wird, können sich rasch ändern: in einer Viertelstunde von typisch zart-dunstigen Pastelltönen zum dräuenden Gewitterschwarz. Das Klima ist mild wie an der Riviera, und es werden die entsprechenden Gemüse angebaut. Die Winzerdörfer leben nach einem trägen

Rhythmus, scheinen erst am Abend und an Wochenenden aufzuwachen – dann füllt sich auch der Garten des Hôtel de La Croix. Die verwinkelte, von steilen Gassen und Treppen durchzogene Altstadt von Lausanne gehört jetzt, wie das See-Schloß von Chillon bei Montreux (Bild nächste Seite), ganz den Touristen

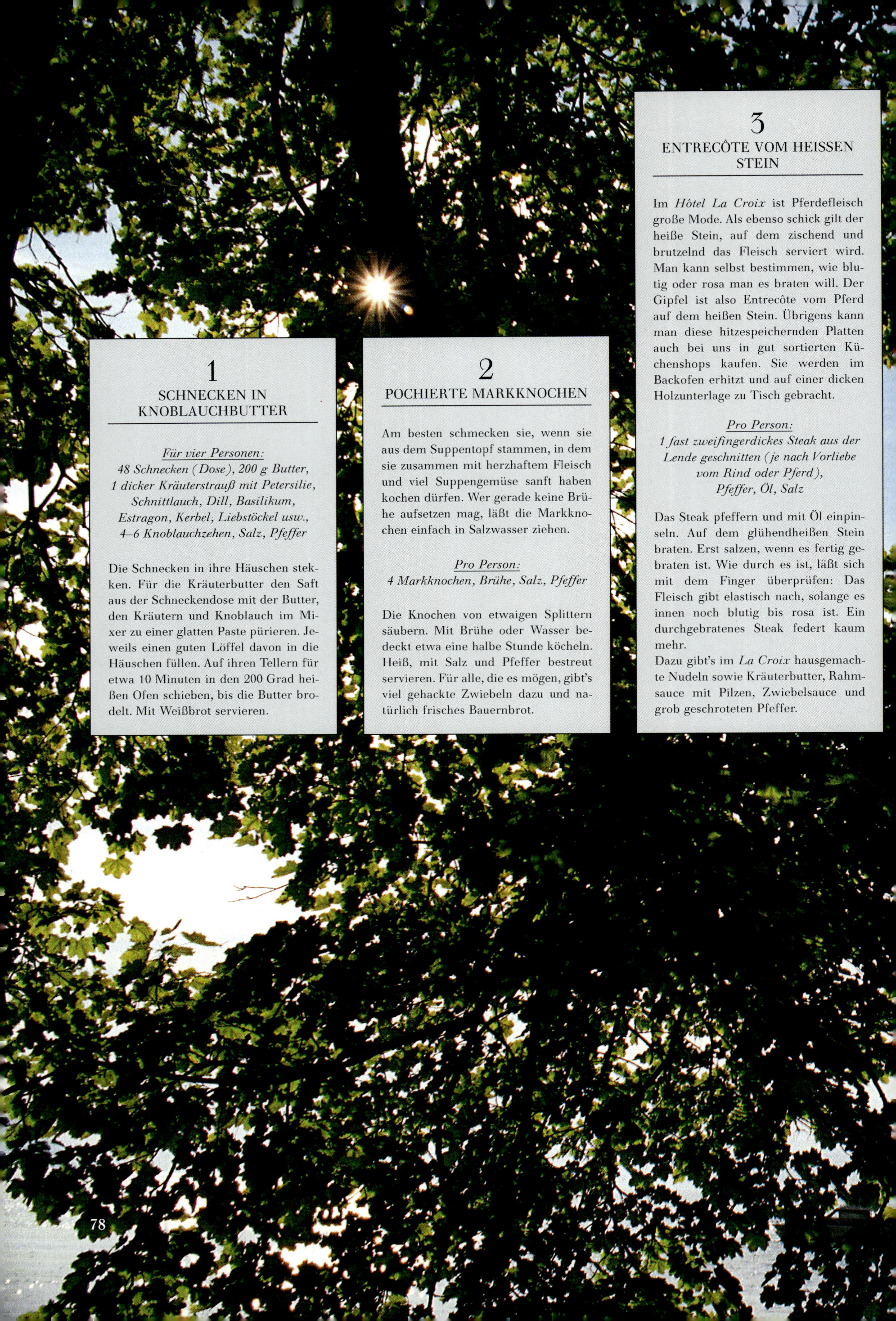

1
SCHNECKEN IN KNOBLAUCHBUTTER

Für vier Personen:
48 Schnecken (Dose), 200 g Butter,
1 dicker Kräuterstrauß mit Petersilie,
Schnittlauch, Dill, Basilikum,
Estragon, Kerbel, Liebstöckel usw.,
4–6 Knoblauchzehen, Salz, Pfeffer

Die Schnecken in ihre Häuschen stecken. Für die Kräuterbutter den Saft aus der Schneckendose mit der Butter, den Kräutern und Knoblauch im Mixer zu einer glatten Paste pürieren. Jeweils einen guten Löffel davon in die Häuschen füllen. Auf ihren Tellern für etwa 10 Minuten in den 200 Grad heißen Ofen schieben, bis die Butter brodelt. Mit Weißbrot servieren.

2
POCHIERTE MARKKNOCHEN

Am besten schmecken sie, wenn sie aus dem Suppentopf stammen, in dem sie zusammen mit herzhaftem Fleisch und viel Suppengemüse sanft haben kochen dürfen. Wer gerade keine Brühe aufsetzen mag, läßt die Markknochen einfach in Salzwasser ziehen.

Pro Person:
4 Markknochen, Brühe, Salz, Pfeffer

Die Knochen von etwaigen Splittern säubern. Mit Brühe oder Wasser bedeckt etwa eine halbe Stunde köcheln. Heiß, mit Salz und Pfeffer bestreut servieren. Für alle, die es mögen, gibt's viel gehackte Zwiebeln dazu und natürlich frisches Bauernbrot.

3
ENTRECÔTE VOM HEISSEN STEIN

Im *Hôtel La Croix* ist Pferdefleisch große Mode. Als ebenso schick gilt der heiße Stein, auf dem zischend und brutzelnd das Fleisch serviert wird. Man kann selbst bestimmen, wie blutig oder rosa man es braten will. Der Gipfel ist also Entrecôte vom Pferd auf dem heißen Stein. Übrigens kann man diese hitzespeichernden Platten auch bei uns in gut sortierten Küchenshops kaufen. Sie werden im Backofen erhitzt und auf einer dicken Holzunterlage zu Tisch gebracht.

Pro Person:
1 fast zweifingerdickes Steak aus der Lende geschnitten (je nach Vorliebe vom Rind oder Pferd),
Pfeffer, Öl, Salz

Das Steak pfeffern und mit Öl einpinseln. Auf dem glühendheißen Stein braten. Erst salzen, wenn es fertig gebraten ist. Wie durch es ist, läßt sich mit dem Finger überprüfen: Das Fleisch gibt elastisch nach, solange es innen noch blutig bis rosa ist. Ein durchgebratenes Steak federt kaum mehr.
Dazu gibt's im *La Croix* hausgemachte Nudeln sowie Kräuterbutter, Rahmsauce mit Pilzen, Zwiebelsauce und grob geschroteten Pfeffer.

1
2
3

Fredy Girardet: Kochkunst in Stolz und Bescheidenheit

Mitten in dem von Industrie geprägten, aber von Feldern und Wiesen umgebenen Ort Crissier, unmittelbar vor den Toren von Lausanne in Richtung Genf, erhebt sich ein stattliches Gebäude. Über dem Eingang steht, in den Sandstein gemeißelt, *Hôtel de Ville*, Rathaus. Wer hierherkommt, weiß im allgemeinen, daß Fredy Girardet sein Restaurant im ehemaligen Rathaus untergebracht hat. Aber nur die Ortskundigen erinnern sich, daß hier, wie in vielen Rathäusern der Region, unter einem Dach die Gemeindeverwaltung und das Bistro glänzend miteinander auskamen. Eine Idee, die Fredy Girardet immer wieder amüsiert: Daß man nach unangenehmen Verwaltungsangelegenheiten nur »ein Zimmer weiter« gehen mußte, um seinen Ärger herunterzuspülen und sich wieder den schönen Seiten des Lebens zuzuwenden.

Fredy Girardet hat eine unübliche, sehr persönliche Berufs-Biographie und beweist einmal mehr, daß die Entwicklung eines Künstlers eigenen Gesetzen folgt. Daß er das ist, zweifelt niemand an – und alle großen Köche der westlichen Welt sind sich einig, daß er derzeit der primus inter pares ist. Eine Stellung, die er niemals für sich akzeptieren würde und die ihm gerade deswegen niemand neidet . . .

Zunächst deutete nichts auf die spätere Karriere des Fredy Girardet hin. Sein Vater hatte eine kleine Gaststätte in Crissier, er selbst war fast nur auf dem Sportplatz anzutreffen, spielte Fußball oder fuhr Rad. Es war stets klar, daß er die Gaststätte übernehmen würde: Nach der Lehre in Lausanne half er zu Hause. Eine alltägliche Geschichte ohne Leidenschaft.

Bis er plötzlich entdeckte, daß ihm diese Kocherei gar keinen Spaß machte. Er war nun verheiratet, sein Vater lebte nicht mehr, er mußte die Verantwortung für das Geschick der Familie tragen – und hatte einen ungeliebten, unbefriedigenden Beruf. 1968 aß er das erste Mal in einem großen Restaurant, bei Troisgros in Roanne – und wußte von diesem Tag an, daß gute Küche etwas anderes sein kann als das alltägliche Médaillon mit Morcheln, die Omeletts und Papets (das Waadtländer Lauchgemüse) . . .

Kaum zu Hause, machte sich Girardet ans Werk: Nicht alles gelang gleich, schließlich hatte er nie in einem großen Haus gearbeitet, war mit den üblichen Techniken und den dort allseits bekannten Tricks nicht vertraut. Er mußte suchen, versuchen, ausprobieren, neue Wege entdecken. Und das wiederum brachte ihm seine Chance, war sein Glück: Er kochte nicht nach bestimmten, einengenden Regeln, sondern nach seinen eigenen Vorstellungen und Gesetzen. Er konnte kreativ sein, weil er nicht von vornherein festgelegt war. Mit seinem außerordentlichen Talent, mit seiner Geschmackssicherheit, seiner Offenheit für Anregungen aus anderen Küchentraditionen, seiner Neugier, seinem Willen zur Perfektion und seiner genialen Präzision schuf er seinen unverwechselbaren Stil und setzte sich durch.

Er nahm einen Kredit auf, kaufte das Hôtel de Ville und richtete ein kleines Restaurant ein, behielt aber noch das Bistro. Jedes Jahr wurde umgebaut, verändert, der Anteil für die Gäste vergrößert. Das Haus fand seinen Stil, der Fredy Girardets Küche entspricht: schlicht und klar, nirgendwo überladen, nirgendwo etwas nicht Vorhandenes vortäuschend. Harmonisch, charakter- und anspruchsvoll, qualitätsbewußt, sich auf das Wesentliche beschränkend.

In der großen hellen Küche arbeiten 18 Köche – jeden Mittag und jeden Abend für rund 60 Gäste. Das Restaurant Girardet ist vielleicht das einzige auf der Welt, das regelmäßig ausgebucht ist. Sehr zum Leidwesen von Girardet selbst, denn viel zu oft, jeden Tag, muß er Gäste abweisen.

Aber er kann auch wütend werden ob der Ungezogenheit vieler Gäste, deren vermeintlichen Anspruch auf seine Gastfreundschaft: Kurz vor 12 Uhr sagen zum Beispiel Musiker vom Festival in Montreux den für diesen Mittag seit Monaten reservierten Tisch ab, weil die Proben länger als erwartet dauern, sie wollen morgen kommen . . . Als Girardet ihnen sagt, das gehe nicht, weil er ausgebucht sei, stößt er auf Unverständnis, wird er beschimpft. Girardet haßt diese Situationen: »Was würden die wohl sagen, wenn ich deren Konzert einen Tag später hören will?«

Er ist ein Waadtländer par excellence, der Fredy Girardet: Zunächst verschlossen, beinahe abweisend, in einer manchmal fast arrogant wirkenden Bescheidenheit schüchtern. Wenn man ihn aber besser kennenlernt, er vor allem weiß, mit wem er es zu tun hat, dann taut er auf, entwickelt seinen unwiderstehlichen Charme und seine großzügige Herzlichkeit. Er ist keiner, der den dekorativen Ehrungen nachläuft, der die Welt des internationalen Jet-Sets hofiert, der sich über prominente Besucher mehr freut als über die Gourmets der Region. Ihm sind diese treuen Gäste lieber, die zu ihm kommen, weil es ihnen bei ihm schmeckt, nicht, weil sie auch einmal in ihrem Leben bei Girardet gegessen haben wollen. Am liebsten würde er als ganz normaler Mensch behandelt werden. Nichts drückt dieses Selbstverständnis besser aus als sein Signet: zwei zufällig einander folgende Buchstaben im Alphabet – »fg« in einer Reihe mit all den anderen Buchstaben . . .

Kein Bereich der Gastlichkeit im Hause Girardet, dem nicht größte Aufmerksamkeit gewidmet wird – Wein und Wasser, Geschirr und Wäsche, Käse, Brot und Brötchen . . . Begeisternd die Auswahl der Bäckerei schräg gegenüber, freilich nach Wünschen von Fredy Girardet entwickelt. In der hellen, auch zuzeiten größter Hektik aufgeräumten und sauberen Küche arbeiten alle mit Spaß. Die Bewegungsabläufe sind geordnet, es gibt viel Platz

Fredy Girardet, Koch – mehr weist am ehemaligen Rathaus von Crissier nicht darauf hin, daß hier einer der Großen seiner Zunft am Herd steht. Ebenfalls Zeichen der Bescheidenheit und des Stolzes! In der Boutique kann man Marmeladen und Konfekt, Weine und Brände erstehen

1

BAVAROIS D'ARTICHAUTS À LA SALADE DE HOMARD

ARTISCHOCKEN-BAVAROISE MIT HUMMERSALAT

Eine Hummercreme mit Hummerstückchen, im Timbalförmchen geformt, das mit Artischockenherzscheiben ausgekleidet ist. Sie wird mit zweierlei Hummersalat angerichtet: Einmal aus dem halben Hummerschwanz, mit Linsen und feingehackten Böhnchen. Der andere Salat mit Schnittlauch und Radieschen. Schließlich mit einem kleinen Gurkensalat bildschön angeordnet, mit einer sanftsäuerlichen Marinade übergossen und mit rotem getrockneten Hummercorail (Rogen) besprenkelt.

2

TARTELETTE CROUSTILLANTE AUX MOULES DE BOUCHOT

KNUSPRIGES TÖRTCHEN MIT BOUCHOT-MUSCHELN

Eine gezüchtete Muschelsorte aus Frankreich. Sie sind kleiner, dafür aber fleischiger und aromatischer als andere Miesmuscheln und schmecken, so schwört Fredy Girardet, im Juli am allerbesten. Für die Böden der Törtchen nimmt er Strudelteig, den er, hauchdünn ausgezogen und gebacken, zweifach übereinanderstapelt, bevor er die Muscheln dicht an dicht darauf bettet. Die Törtchen werden mit Zucchinischeiben geschmückt und zu einer Estragonsauce serviert.

3

ROUGET EN BOURRIDE AU SAFRAN

ROTBARBE IN SAFRANSAUCE

Gebratene Rotbarbenfilets, behäuft mit bunten Paprikawürfelchen und fritierter Knoblauchjulienne, mit einer unnachahmlich cremigen, verführerisch nach Sonne und Süden duftenden Sauce, die aus nichts anderem besteht als aus passierter Fischsuppe (Bourride), die mit etwas Olivenöl wie eine Mayonnaise aufgemixt wurde.

4

MIGNONETTES D'AGNEAU EN CROÛTE DE TRUFFES

LAMMRÜCKENMEDAILLONS IN TRÜFFELKRUSTE

Ausgelöster Lammrücken mit gehackten Trüffeln und Petersilie »paniert«, blutig gebraten und in dicke Medaillons geschnitten. Mit einer aromatischen Trüffelsauce, Petersiliengemüse und einer knusprigen Kartoffelrosette serviert.

5

JAPONAIS AUX FRAISES DE BOIS

NUSS-BAISER MIT WALDERDBEEREN

Zwischen zwei runden Böden aus Walnuß-Baiser sitzt eine Kugel Vanilleeis auf einer Sauce aus passierten Walderdbeeren, von ganzen Früchten umsäumt und mit Pistaziensplittern grün besprenkelt.

1
2
3
4
5

Vufflens: Märchenschloß und guter Wein

Stattliche 65 Meter erhebt sich der gewaltige Turm des Schlosses von *Vufflens* über das Land, die schier endlosen Weingärten des größten geschlossenen Gebietes der Waadt überwachend, die *Côte de Morges*. Dornröschen kann nicht weit sein, ist man versucht zu denken. Tatsächlich wird an dem unter Denkmalschutz stehenden Schloß, an dem seit dem 15. Jahrhundert gebaut wurde, ständig renoviert und restauriert. Der Staat gibt zwar Hilfeleistungen, dennoch ist der Erhalt des Schlosses eine enorme Aufgabe für die Familie *de Saussure*, deren Mitglieder allerdings in der internationalen Finanzwelt keine unbedeutende Rolle spielen.

Unten: Kellermeister Aimé Bauchière nimmt eine Pinot-Noir-Probe aus dem Barrique; der Schloßbesitzer Claude de Saussure; Richard Bonardel, Vetter von Jean-Jacques Bolle, dem Chef des Weinhauses Bolle; Probe aus dem hier üblichen 10 000-Liter-Eichenfaß

Tief unten lagern in den geräumigen Kellern die Weine von Château Vufflens. Für sie ist aber nicht die Familie de Saussure zuständig, sondern das Unternehmen *Bolle + Cie* aus Morges, das die zum Schloß gehörenden Weinberge gepachtet hat.

Seit 1875 machen die Bolles Wein – sie stammen ursprünglich aus Neuchâtel, haben dort Absinth hergestellt und sind, als das verboten wurde, hierhergezogen. Damals ging es dem Weinbau nicht gut, man konnte kaum Geld damit verdienen. Aber die Verhältnisse waren immer noch besser als im »Armenhaus« von Neuchâtel. Die Bolles kauften sich für wenig Geld einen kleinen Weinberg, waren fleißig und hatten Erfolg.

Drei Rebsorten werden angebaut: *Chasselas*, *Gamay* und *Pinot Noir*. Das gleiche gilt für die beiden Güter,

die der Familie Bolle selbst gehören, die nahe gelegene *Domaine du Plessis* und die *Domaine de Sarraux-Dessous*. Die Weine der Güter werden zwar gemeinsam vermarktet, aber getrennt ausgebaut, jeweils auf dem Besitz. Die Kellereiarbeit orientiert sich an den modernsten Erkenntnissen, die Kellertechnik besitzt höchstes Niveau.
Der Weißwein, *Dorin* genannt, ist elegant und paßt ausgezeichnet zu den Fischen des Genfer Sees. Die Säure allerdings ist verhalten, denn man praktiziert, wie fast überall in der Schweiz, die malolaktische Gärung, um die harte Äpfelsäure in die weichere Milchsäure umzuwandeln. Aber man tut dies mit Maß und ist auch mit dem Chaptalisieren, dem Aufzuckern für einen höheren Alkoholgehalt, zurückhaltend.
Die Rotweine verfügen über harmonische Kraft, viel Körper und eine ausdrucksvolle Frucht. Aus der *Gamay*, der Traube des Beaujolais, keltert man einen ganz anständigen Roten, der die Bezeichnung *Salvagnin* trägt, wenn er von ausgesuchter Qualität ist. Absolute Spitze des Hauses Bolle sind die Rotweine aus der Burgunderrebe *Pinot Noir*. Sie werden sorgfältig in großen, rund 2000 bis 12000 l fassenden Holzfässern zur Reife gebracht. Man hat in den letzten Jahren Versuche mit einer *Cuvée spéciale* unternommen, den Rotwein in *Pièces* und *Barriques* ausgebaut, in neuen Eichenfässern aus Burgund beziehungsweise dem Bordelais. Die traditionellen Weintrinker lehnen diese von der Eichenlohe geprägten Weine ab, aber andere, unter ihnen Fredy Girardet, waren begeistert. Die Bolles sind selbst gespannt, wie die Entwicklung weitergehen wird ...

Château Vufflens, ein Märchenschloß mit allem erdenklichen modernen Komfort. Gerade wurde der Rittersaal renoviert, wie immer war es komplizierter und teurer als geplant. Auf der Domaine du Plessis gibt es vier große Holzpressen, die bis 1962 in Betrieb waren; jetzt wird das Kelterhaus zum musealen Empfangsraum umgebaut

1
MALAKOFF

Ein kleiner Käseimbiß, den man in fast jeder Weinstube oder Wirtschaft an der Côte findet. Häufig auch *Croûte de Côte, Croûte de Vinzel* (wenn er zufällig in Vinzel serviert werden sollte) oder *Boules* (weil sie so rund geformt sind) – eine appetitliche und wohlschmeckende Sache: Eine Creme aus verschiedenen Reibkäsesorten, Ei und einem Schuß Wein wird hoch auf eine mit Eiweiß eingepinselte Toastbrotscheibe gehäuft, im Fett schwimmend ausgebacken und heiß serviert.
Man kann die Schnitten übrigens auch gut auf einem Blech im Backofen oder unter dem Grill backen und hat so schnell selbst für eine größere Runde originelle Häppchen zum Wein.
Malakoff heißen sie in Erinnerung an die Einnahme des *Fort Malakoff* von Sewastopol durch Marschall Pélissier, späterer Herzog von Malakoff, im Krimkrieg, bei der viele Schweizer von der Côte beteiligt waren.

Für vier Personen:
250 g Reibkäse, 2 Eier, 1 Eigelb, ein Schuß Weißwein, Cayennepfeffer, Pfeffer, Muskat, 8 Scheiben Toastbrot

Käse, Eier, Eigelb und Wein verrühren, gut abschmecken und würzen und hoch auf die Toastscheiben streichen. Auf einem Blech unterm Grill etwa 10 Minuten backen.

Porzellan von Nyon: aus Morges

Um 1800 machte eine Porzellanmanufaktur das kleine Städtchen *Nyon* über dem Genfer See bekannt – gegründet von dem Franzosen *Jacques Dortu* und dem deutschen *Ferdinand Müller*. Warum gerade hier, weiß niemand so recht – es gab weder eine Klientel noch die nötigen Rohstoffe. Im Museum der Stadt kann man sich aber davon überzeugen, daß Dortu, der in Meißen gelernt hatte und sein Kaolin aus Limoges kommen ließ, ein Meister seines Faches war.

Heute gibt es in Nyon kein Porzellan mehr, aber in *Morges* bemalen *Gabrielle Dumont* und ihre Tochter *Nicole* Weißporzellane verschiedener Herkunft nach den alten Vorbildern, erhalten damit die traditionsreiche Kunst für eine schön gedeckte Tafel. Gabrielle hat die Porzellanmalerei in einer alten Lausanner Familie gelernt, deren Töchter sich damit höchst standesgemäß die Zeit vertrieben. Ihre Werkstatt hat sie in dem 400 Jahre alten Haus ihrer Vorfahren – Tausende von Farben in Fächern und Schubladen, Pinsel, Vorlagen und Zeichnungen. Und Porzellan in allen Größen und Formen: Tassen und Teller, Kannen und Saucieren, Schüsseln und Platten. In ihrem Spezialofen brennt sie die Farben bei 800 Grad 40 Stunden lang. Das Einschichten ist schon eine Wissenschaft für sich, denn nichts darf sich berühren. Die meisten Stücke müssen mehrmals gebrannt werden, bis alle Farben stimmen.

Das Bemalen ist eine hohe Kunst, die Gabrielle freihändig beherrscht – die Muster werden mit einem fetten Bleistift vorgezeichnet und dann mit den speziellen, wert- und teilweise geheimnisvollen Farben ausgefüllt. So wird etwa aus dem matten Schwarz beim Brennen schimmerndes Gold.

Nur 32 Jahre existierte die Porzellanmanufaktur von Nyon. Heute führen Mutter und Tochter Dumont in Morges die Tradition fort: Alles aus der Hand gemalt, niemals mit Schablone. Die Farben zu wählen erfordert Vorstellungskraft, denn sie verändern sich während des Brennens

Bleu azur
Vert minéral
Couleurs vitrifiables
NICOLET
Brun-rouge riche

Genf: Weltstadt zwischen Frankreich und Helvetien

Einst Sitz des Völkerbundes, heute europäisches UNO-Zentrum (obwohl die Schweiz nie den Vereinten Nationen beigetreten ist), Heimatort des Roten Kreuzes und anderer internationaler Organisationen, Stadt der Konferenzen, Verhandlungen, Friedensgespräche und Gipfeltreffen, Finanzplatz und Wahlheimat vieler Reicher aus aller Welt – Genève/Genf/Geneva: Flughafen, hervorragende Eisenbahn- und Autobahnverbindungen in alle Himmelsrichtungen; französische Kultur, protestantischer Glaube, helvetische Ordnungsliebe und Präzision; höchster Freizeitwert – angenehmes Klima, der See, rundherum Berge, die besten Geschäfte der Welt, luxuriöse Hotels, erstklassige Restaurants, mondäne Cafés und Bars, ein wenig mehr Nachtleben als in der übrigen Schweiz.

Aber es bestehen geradezu zwangsläufig Spannungen zwischen Genfer Selbstverständnis und der Vernachlässigung durch die Zentralregierung in Bern und die Zurückstellung durch den Finanzplatz Zürich. Ganze vier Kilometer gemeinsame Grenze des Kantons, der erst 1815 in die Eidgenossenschaft aufgenommen wurde, mit dem Mutterland, dagegen rund 100 km mit dem umgebenden Frankreich. Davor, von Napoleon annektiert, 16 Jahre Hauptstadt des französischen *Département Léman*. Im 18. Jahrhundert ein Zentrum des liberalen Geisteslebens in Europa: Rousseau und Voltaire, der Bankier Necker und seine Tochter, die spätere Madame de Staël, Maler, Verleger und Naturwissenschaftler lebten hier in Nachbarschaft mit den Aufklärern Frankreichs, aber ohne Angst vor dem Zugriff von dessen staatlicher Zensur.

Freiheitlich war und ist Genf – trotz des unerbittlichen Reformators *Calvin*, dessen kirchliche Herrschaft das ganze private und öffentliche Leben der Stadt durchdrang und strengstens überwachte. Er legte jedoch hier in Genf mit seinen Lehren die sittlich-religiösen Grundlagen für die industrielle Entwicklung Europas und Nordamerikas.

Übrigens: Calvin war Franzose. Ein Drittel aller Einwohner sind heute Ausländer, Zehntausende von Franzosen fahren täglich zur Arbeit in die Stadt. Aber die Mehrzahl der Genfer fühlt sich als Schweizer. Noch ...

Das Wahrzeichen von Genf, der Jet d'Eau *im See, ist mit bis zu 145 m im Sommer die höchste Fontäne der Welt. An den Quais stehen die feinen* Hotels *mit luxuriösen* Restaurants, *in denen man mittags kaum Platz findet, weil hier die Manager und Banker speisen. In der* Altstadt *scheint noch der Geist des Reformators Calvin zu wehen, am* UNO-Palast *hat man Angst vor unerwünschten Eindringlingen. Herrliche* Parks *locken zu Spaziergängen, doch Touristen und Einheimische flanieren lieber in den Einkaufsstraßen. Und das internationale Publikum erfreut die Stadt mit reichlichen Devisen: Während Politiker verhandeln und Konferenzen tagen, können sich die Begleiterinnen nach den berühmten Uhren, Schmuck, teuren Accessoires und edler Garderobe umsehen. Abends empfiehlt sich in den Restaurants dann wieder Reservierung: Das soeben Erstandene will schließlich ausgeführt werden …*

Bergell: verwunschen und grandios

Blickt man auf die Landkarte, so erscheint das *Bergell* als die Verlängerung des *Engadin* über den Malojapaß hinaus. In natura indes können keine Verwechslungen auftauchen: Das Engadin bis zum Maloja ein weites Hochtal mit sanften Seen, das Bergell eng, tief eingeschnitten, dramatisch – die granitenen Berge scheinen sich in den Himmel zu türmen!

Mit 1815 m ist der *Maloja* der niedrigste Alpenübergang. Die steil abfallende Felswand war aber früher eine nur mit Maultieren zu überwindende Barriere. Der nahe gelegene *Septimer*, über den man vom *Val Bregaglia* aus direkt nach *Bivio* ins *Oberhalbstein* kommt, liegt zwar 2310 m hoch, war aber wichtiger, denn er schafft die kürzeste Verbindung nach Norden und wurde bereits von den Römern bestens ausgebaut. Inzwischen haben ihn der für Autos bequemer und schneller zu befahrende *Julier* und der mit Haarnadelkurven bezwungene Maloja zum Spazierweg degradiert.

Hier liegt die dreifache Wasserscheide des *Pass Lunghin:* Mit Julia, Inn und Maira fließt das Wasser über Rhein, Donau und Po in Nordsee, Schwarzes Meer und Adria!

Die Menschen im Bergell sind protestantisch, sprechen italienisch und sind kulturgeschichtlich geprägt vom Engadin und der Lombardei. Die mit schweren Steinplatten gedeckten Häuser in den Dörfern sind von eigenwilligem Charme, verbinden die sgraffitogeschmückte Behäbigkeit der Engadiner Architektur mit der steinernen oder stuckierten Eleganz italienischer Bauten. Das Leben im immer wieder von durchziehenden Heeren ausgeplünderten Hochgebirgstal war zu keiner Zeit ein Vergnügen, die wettergegerbten Gesichtszüge der Menschen sind hart. Wie in allen Alpensüdtälern reichte der Platz nie für alle Kinder aus, viele mußten in die Welt ziehen – wer nichts gelernt hatte als Söldner, wer geschickt war als Handwerker oder Künstler. Die berühmteste Künstlerfamilie des Bergell sind die *Giacometti*.

Die Landwirtschaft war von jeher ärmlich: Ein paar Schafe und Ziegen, mancherorts auch Kühe, aus deren Milch man einfache Käse macht. Grundnahrungsmittel einst die Eßkastanien, später kam der Mais hinzu, heute ißt man hier das gleiche wie in den anderen Touristengebieten auch ... Ausnahme: Seit das früher häufige Murmeltier unter Schutz steht, ist es bei den Einheimischen begehrter Braten geworden!

Großes Bild: Das 300 m hoch über dem Tal mitten in Wiesen und Kastanienhainen gelegene Dorf Soglio, *das Kleinod im Bergell. Die Tal-Flecken* Vicosoprano, Stampa *und* Bondo *sind nicht weniger schön, man hat aber nicht diesen freien, herrlichen Blick auf die gegenüberliegende Bergkette. Haupterwerbsquelle war hier früher das Sammeln von Eßkastanien, die in Steinhütten eingelagert wurden (kleines Bild)*

Unterengadin: Kunst und Kräuter

Tief hat sich der Inn ins einstmals weite Tal gegraben. Deshalb liegen die meisten Dörfer oberhalb der dunklen Wälder, die sich die Flanken hinaufziehen, auf den südwärts gerichteten Sonnenterrassen hoch über dem Fluß. Am schönsten Ardez und Guarda – beide wahre Gesamtkunstwerke, die glücklicherweise vor dem Durchgangsverkehr gerettet und von den Bewohnern mit Liebe erhalten wurden.
Das Engadiner Haus mit seinen tiefliegenden Fenstern, deren Laibungen sich nach außen öffnen, hat einen klar aufgebauten Grundriß: Durch das große Rundbogentor kommt man in den fensterlosen *Sulèr,* eine Art von überdachtem Vorhof. Von hier geht es einerseits zur *Talvà,* der Tenne, andererseits zum Wohnhaus mit *Stüva,* der meist getäfelten Stube, *Chadafö* (Küche) und *Chamineda* (Vorratskammer). Darüber liegen die *Chambra,* die Schlafzimmer. Die Frontlinie weist fast immer eine Unterbrechung auf, häufig schmückt ein *Balcun tort,* ein Erker, die Fassade. Die äußere Dekoration ist große Volkskunst: Entweder sind die Häuser bemalt, wie das Haus *Clalgüna* in Ardez aus dem Jahre 1647 (Bild), auf dem Adam und Eva gerade der Sünde verfallen. Häufiger noch findet man die *Sgraffiti:* Auf einen grauen Putz kommt ein weißer Kalkanstrich. Durch einfaches, aber höchst kunstvolles Auskratzen (italienisch: sgraffiare) entstehen die Bilder, Schriften, Zeichen oder Muster.
Das Unterengadin konnte noch nie von seiner Landwirtschaft leben. Im 16. Jahrhundert waren ein Drittel aller Männer als *Reisige,* als Söldner in fremden Heeren verdingt. So war es ein Glück, als sich im 19. Jahrhundert der Tourismus entwickelte, heute Haupteinnahmequelle. Die verbliebene Landwirtschaft wird subventioniert – jede GVE (= Großvieheinheit, amtlich für Kuh!) hier oben mit rund 1000 Franken pro Jahr. Neue Perspektiven werden gesucht – mit dem Kräuteranbau hat Familie Josché einen Weg gefunden:

Farbenfroh und voller Geschmack sind die Engadiner Tees von Cornelia und Wolfgang Josché. Auf 1600 m Höhe gewachsen, bekommen sie durch die intensive, häufig scheinende Sonne sowie den mineralstoffreichen Boden ihr kräftiges Aroma. Blätter und Blüten werden ohne Stengel im Schatten getrocknet. Gedüngt wird wenig, nur mit Kuh- oder Schafsmist, und die im Flachland üblichen Schädlinge und Krankheiten sind hier oben unbekannt. Aber Wolfgang Josché muß alle Pflanzen selbst heranziehen, denn eine Umstellung von anderen Orten in das trockene Gebirgsklima vertragen sie nicht. Den Anbau hat er im Plantahof in Landquart gelernt, bei der Zusammenstellung der Tees hat eine Ärztin mitgewirkt, wobei sie sich eng an die überlieferten Rezepte gehalten haben. Von Bauern hat er gegen kleine Hilfsdienste Land für Gewächshäuser und Felder bekommen. Die Pflanzen gediehen, die Tees verkauften sich gut. So wurde das Hobby 1987 zum Vollerwerb – im Sommer. In den langen Wintern arbeitet der vielseitige Josché an Kulturprojekten mit und widmet sich dem Geigenbauen, das er in Basel gelernt hat – dorthin war der Nürnberger seiner Frau, einer Baslerin, gefolgt. Doch von der Großstadt hatten sie bald im wahrsten Sinne des Wortes die Nase voll. Im stillen Guarda sind sie mit ihren drei Kindern glücklich geworden

GUARDA
KRÄUTER
FAM. JOSCHE · 084/92458
Chasa 87
ANBAU + WILDERNTE
IM ENGADIN

Das »Paradies« liegt im Unterengadin: in Ftan

Links die Silvretta mit dem Dreitausender *Piz Buin*, rechts der Zackengrat der *Piz Lischana* und der *Piz Pisoc* – das Unterengadin dazwischen bietet Lokalkolorit, wie ihn sich ein Fremdenverkehrsdirektor nicht besser wünschen könnte: pittoreske Dörfer mit hübschen Brunnen, Plätzen und bildschönen Sgraffiti an liebevoll renovierten Häusern. Grandiose Landschaft mit vielfältigsten Möglichkeiten – gemütliche Spazierwege hoch oben über blühenden Bergwiesen, kräftezehrende Wanderungen im Nationalpark des wildromantischen S-charl-Tal, halsbrecherische Klettereien im Sommer und sämtliche Schneevergnügen im Winter. Heilquellen erlauben Kur- und Badebetrieb in *Bad Scuol, Vulpera* und *Tarasp*. Kultur und Geschichte sind ebenfalls sichtbar, zum Beispiel im Schloß Tarasp, dem Wahrzeichen der Region, eine auf einem spitzen, fast 1500 Meter hohen Kegel thronende Burg aus dem späten 12. Jahrhundert. Und natürlich hat auch hier früh einsetzender Tourismus für die entsprechende komfortable Infrastruktur gesorgt. Schade nur, daß die einstmals prächtigen Hotelpaläste es heute nicht mehr sind.

Hoch über dem Tal, auf mehr als 1600 Metern Höhe, liegt das kleine Örtchen Ftan. Eine abenteuerliche Straße windet sich hinauf, so steil, daß sie Flachländer schon im Sommer ängstigt und winters wahrscheinlich völlig davon abhält, mit dem Auto hinaufzufahren. Wenn sie es dennoch wagen, suchen sie vielleicht das »Paradies«. Wer sich dem inmitten von unglaublich bunt blühenden Wiesen sitzenden Haus nähert, ist zunächst enttäuscht. Keine alpentypische, eher gesichtlose Betonarchitektur. Aber: Nomen ist hier Omen, das »Paradies« *ist* ein Paradies! Das beginnt mit dem Empfang, der nicht cool professionell, sondern herzlich ist. Die Zimmer sind, jedes anders, mit Geschmack und Liebe zum Detail eingerichtet (im Kamin ist das Holz so perfekt aufgeschichtet, daß man nur noch das Streichholz hinhalten muß – und die Flamme lodert). Und die Bibliothek verdient diesen Namen, ist nicht aus ausgelesenen Zufallsstücken der abgereisten Gäste zusammengesetzt ... Man fühlt sich eher bei einem kultivierten Freund zu Gast, nicht im Hotel.

Zu verdanken ist das den Wirtsleuten Brigitte und Roland Jöhri. Sie ist die Seele des Hauses, führt den Service, er ist einer, der mit der modernen Küche erst richtig zeigen konnte, was in ihm steckt. Er hat die klassische Hotelküche zwar von der Pike auf gelernt, aber längst wieder verlassen. Heute bezieht er seine Ideen aus den einfachen Bündner Rezepten ebenso wie auf seinen Reisen zwischen den Saisons aus sämtlichen Küchen der Welt. Am liebsten serviert er, auch den Hausgästen, Menüs, weil er dann die Genüsse einander verstärkend steigern kann, Akzente wie Kontrapunkte setzen, zu einem Gipfel führen und anschließend langsam ausklingen lassen kann. Wie im Paradies, noch vor dem Sündenfall.

1

SCHOPPA D'URTIAS CUN CHARN CRUJA E MEGL

BRENNESSELSUPPE MIT BÜNDNERFLEISCH UND HIRSE

Roland Jöhri liebt Suppen und bedauert, daß sie immer häufiger zugunsten anderer Vorspeisen aus den Menüplänen verschwinden. Dabei machen Suppen weder dick (wie man ihnen vorwirft) noch zuviel Mühe. Was er mit folgendem Rezept beweist:

Für vier Personen:
1 EL Butter, 1 EL gehackte Schalotten, 100 g in Julienne geschnittenes Wurzelgemüse (Lauch, Möhren/Rüebli, Sellerie), 30 g Bündnerfleisch in winzigen Würfeln, 30 g Hirse, ½ l Rinderbrühe, 0,2 l Rahm, 1 Eigelb, Salz, Pfeffer, Muskat, einige zarte Brennesselblättchen

In der aufschäumenden Butter Schalotten, Gemüsestreifchen, Bündnerfleisch und Hirse andünsten. Brühe angießen und etwas einkochen. Die Hälfte vom Rahm zufügen. Den Rest mit dem Eigelb aufschlagen und unterrühren. Unter ständigem Schlagen nur noch erhitzen und cremig werden lassen. Abschmecken und mit Brennnesselblättchen schmücken.

2

PECHS DA NOS FLUMS CUN S-CHUMA DA VIN MALANS

FISCHE AUS UNSEREN FLÜSSEN MIT MALANSERSCHAUM

Zu den Filetstreifen von Bachforellen serviert man im »Paradies« Maluns, golden gebratene Flöckchen aus gekochten Kartoffeln, die typisch für das Engadin sind (Rezept siehe Seite 211).

Für vier Personen als Vorspeise:
2 EL Butter, 2 EL gehackte Schalotten, 1 kleine Knoblauchzehe, 0,1 l Malanser Rotwein, 2 Bachforellen (à 250 g), Salz, Pfeffer, je 4 EL Crème double, Rahm und Butter, ½ Eigelb, Worcestershiresauce, Zitronensaft

In einer tiefen Pfanne in heißer Butter Schalotten und Knoblauch andünsten, mit Wein ablöschen und um zwei Drittel einkochen. Die Fischfilets salzen und pfeffern, kurz darin pochieren, herausheben und warm stellen. Den Fond einkochen, bis er nur noch den Pfannenboden bedeckt. Die beiden Rahmsorten einrühren. Butter und Eigelb zufügen und mit dem Schneebesen cremig aufschlagen. Die Sauce abschmecken und mit den Forellenfilets anrichten.

1

2

Der Speisesaal, mit modernen Klassikern eingerichtet, ist von unaufdringlicher Eleganz. Nichts lenkt ab von der reizvollen Umgebung, die zu beschaulichen Spaziergängen ebenso einlädt wie zu forschen Wanderungen. Der Blick auf die Unterengadiner Dolomiten erlaubt aber auch, die Schönheiten der Landschaft aus dem Lehnstuhl zu genießen. Das »Paradies« trägt eben seinen Namen zu Recht. Man wird wie ein Freund umsorgt. Eine ebenso perfekte wie unprätentiöse Küche läßt die Wahl zwischen regionalen und luxuriösen Menüs. Bunte Zuckerskulpturen, umfangreiche Sammlungen alter Menükarten und Kochbücher zeugen von einer großen Begeisterung für vergessene Künste

Brigitte und Roland Jöhri sind Wirtsleute mit Leib und Seele. Bei ihnen Gast zu sein ist ein Vergnügen, weil man spürt, daß es ihnen und ihren Mitarbeitern Spaß macht, Gäste zu haben. Der kleine Saal des à-la-carte-Restaurants ist sehr persönlich in warmen Farben gehalten und mit liebevollen Details ausgestattet. Von hier hat man einen atemberaubenden Blick auf den mehr als 3000 Meter hohen Piz Pisoc direkt gegenüber und hinab ins Tal zum trutzigen Schloß Tarasp auf seinem steilen Kegel

1

LATEROULA DA VADÉ E BIZOCCALS CUN GABUNS

KALBSBRIES (MILKEN) MIT KRAUTPIZOKEL

Das Rezept für Pizokel, die Bündner Variante der schwäbischen Spätzle, steht auf Seite 212. Roland Jöhris Abwandlung: Er schwenkt die fertigen Pizokel noch mit Wirsing (Wirz), der mit magerem Speck, Knoblauch und Schalotten gedünstet wurde, fügt noch einige Spinatblätter zu, rührt Rahm unter und würzt mit mildem Paprika.

Für vier Personen:
Ca. 350 g Kalbsbries (Milken), blanchiert, geputzt und in 8 schöne Scheiben geschnitten, Salz, Pfeffer, Mehl, Öl und Butter zum Braten

Die Briesscheiben salzen, pfeffern und in Mehl wenden – überschüssiges Mehl gründlich abschütteln. Die Scheiben in einer Mischung aus Öl und Butter sanft golden braten. Auf Küchenpapier abtropfen und mit den Krautpizokel auf tiefen Tellern hübsch anrichten.

2

RAIN DA CUNIGL A'L MOD DA NONA E PULENTA CUN SULTANINAS

KANINCHENRÜCKEN AUF GROSSMUTTER-ART UND POLENTA MIT SULTANINEN

Für vier Personen:
2 Kaninchenrücken, 2 EL Butter, Salz, Pfeffer, 0,1 l Kaninchen- oder Kalbsfond, 100 g Crème double, Kräuter und Gemüse nach Saison
Polenta mit Sultaninen:
1 Zwiebel, 1 Knoblauchzehe, 3 EL Butter, 0,4 l Milch, 0,6 l Hühnerbrühe, Salz, Pfeffer, 200 g Bramata (grober Maisgrieß), 100 g Sultaninen

Den Kaninchenrücken mit heißer Butter übergießen, salzen und pfeffern und für zunächst 10 Minuten in den 250 Grad heißen Ofen schieben. In Folie gepackt zum Garziehen warm stellen. Den Bratensatz mit Fond loskochen, ihn um zwei Drittel reduzieren. Mit der Crème double aufkochen, mit den Kräutern aufmixen und abschmecken.
Roland Jöhri serviert das Fleisch, in Scheiben auf dem Knochen angerichtet, mit verschiedenen Gemüsen der Saison und mit Polenta:
Dafür die feingehackte Zwiebel und Knoblauchzehe in einem Löffel Butter andünsten. Mit Milch und Brühe auffüllen, aufkochen, salzen und pfeffern. Den Grieß einstreuen. Auf kleinstem Feuer oder im Backofen bei 160 Grad zugedeckt ausquellen lassen. Wenn die Flüssigkeit aufgesogen ist, die haselnußbraune Butter und die eingeweichten Sultaninen unterziehen.

3

TAS-CHAS PITSCHNAS CUN FRUTTA SECHANTADA

TEIGTÄSCHCHEN MIT DÖRRFRÜCHTEN

Für vier Personen:
200 g Mehl, eine Prise Salz, 1 EL Öl oder weiche Butter, knapp 1/8 l lauwarmes Wasser
Füllung:
2 EL getrocknete Aprikosen, je 3 EL getrocknete Äpfel und Birnen, 2 EL Walnußkerne, 3 EL Crème double, 1 TL Honig, 1 EL Puderzucker, ½ TL Vanillezucker, je eine Messerspitze Nelkenpulver und Zimt

Mehl in eine Schüssel füllen, Salz, Öl und Wasser zufügen, dabei mit dem Holzlöffel rühren. Erst wenn alles lose vermischt ist, mit den Händen kräftig durcharbeiten, bis ein geschmeidiger, elastischer Strudelteig entstanden ist. Unter einer heiß ausgespülten Schüssel mindestens eine halbe Stunde ruhen lassen.
Unterdessen für die Füllung die Trokkenfrüchte in leicht gezuckertem Wasser aufkochen und einweichen. Wenn sie abgekühlt sind, in winzige Würfel schneiden und mit den gehackten Walnüssen mischen. Crème double, Honig, Zucker und Gewürze aufkochen, Trockenfrüchte und Nüsse unterrühren und abkühlen lassen.
Den Teig dünn ausziehen oder ausrollen. Wie Ravioli füllen und ausradeln. Auf ein mit Backpapier belegtes Blech setzen und bei 180 Grad ca. zehn Minuten backen. Noch warm mit Puderzucker bestäuben und mit einer Fruchtsauce servieren.

1

2

3

Bergspitzen und Alpenpässe

Pässe – das sind, in den Alpen, möglichst wenig hohe, dennoch in der Hochgebirgsregion gelegene, schwierig zu überquerende, nur mit enormem Bauaufwand passierbar gemachte, oft durch Wettereinflüsse versperrte Verbindungswege zwischen zwei durch ein Gebirge getrennten Tälern: Man muß sich ihre Funktion klarmachen, sonst begreift man das Wesen der Pässe nicht: Schon von der Definition her sind sie kein Ziel, sondern ein Durchgangsort! Schweizer Paßfahrten – gut ausgebaute Straßen mit Brükken, Tunnels, Galerien, Durchbrüchen und Spitzkehren. Atemberaubende Panoramen und Aussichten: weite Tiefen, ferne Höhen, wilde, wasserdurchtoste Schluchten, blau leuchtende Gletscher, spitzige Bergzacken, karge Geröllhalden und blumenübersäte Wiesen, öde Gesteinsschluchten und liebliche Täler, einsame Wälder, Almen mit grasenden Kühen, menschenleere Hochtäler und gemütliche Dörfer.

Was wir aus dem geheizten Auto bequem dahinrollend erleben – von wenigen Ausnahmen abgesehen –, war vor noch gar nicht langer Zeit ein Abenteuer und vor ein paar hundert Jahren ein waghalsiges Unternehmen. Trotzdem: Schnelle Wetterumschwünge, plötzliche Schneestürme, schier undurchdringliche Nebelschwaden und heftige Gewitter können auch heute noch für Unbill sorgen. Die für Reisende gebauten, stets Schutz und Unterkunft bietenden Hospize auf den Paßhöhen haben ihren Sinn verloren, und in den Gasthäusern entlang der Straßen gibt es billige, meist ziemlich schlechte Massenverpflegung.

Die Übergänge, die früher so wichtig waren, die Schweiz überhaupt erst *passierbar* machten und einst mit enormem Einsatz gebaut werden mußten, sind heute reine Touristenattraktionen: St. Gotthard, San Bernardino und Großer St. Bernhard wurden für Autos untertunnelt, Furka und Simplon sind durch Bahntunnel mit Autoverladung zu unterfahren, über Albula und Oberalp kann man sich an den Zug hängen lassen. Ganzjährig offengehalten werden noch Julier, Bernina, Maloja, Ofenpaß und Simplon, möglichst auch der Flüela.

1
KÄSESCHNITTE

Pro Person:
1 fast halbzentimeterdicke Scheibe gekochter Schinken, 1 Scheibe Graubrot, 1 Scheibe Käse, Schnittlauchröllchen

Den Schinken auf die geröstete Brotscheibe legen, mit dem Käse abdecken und im Ofen oder unter dem Grill überbacken, bis der Käse schmilzt. Mit Schnittlauch bestreut genießen.

2
SENNRÖSTI

Pro Person:
3 mittelgroße, am Vortag gekochte Kartoffeln, 75 g durchwachsener Speck, 1 EL Butter, Salz, Pfeffer, 2 große, dünne Käsescheiben, 1 Ei, Schnittlauch

Die Kartoffeln raffeln. In die Pfanne geben, in der bereits schmale Speckstreifen ausgelassen wurden. Etwas Butter zufügen, die Rösti braten, dabei salzen und pfeffern. Die fertige, goldbraune Rösti auf einem Teller anrichten, die Käsescheiben obenauf betten, im Ofen kurz überbacken. Inzwischen das Ei in der restlichen Butter braten und auf der Sennrösti anrichten.

Unten Frühlingsboten, wagen sie sich oben erst im Juni heraus: Sumpfdotterblumen

Nach schneegeschütztem Winterschlaf lassen sie ganze Hänge erröten: Alpenrosen

Klein, aber fein: Glockenblümchen. Die Vielfalt der Alpenflora ist Legende

Großes Bild: Unterhalb des Furkapasses taucht die Abendsonne Rhône-Gletscher und Gerstenhörner in warmes Licht und zeichnet tiefe Schatten. Weiter unten entstand das Titelbild des Buches: Blick durchs Rhône-Tal auf das majestätische Weißhorn

Wallis: die Provence der Gletscher

Die Hauptader des Wallis, das tief eingeschnittene, aber weit ausladende Rhône-Tal, bildet eine in sich abgeschlossene Region fast mediterranen Klimas mitten in Viertausendern! Vor kalten Nordwinden geschützt durch die Berner Alpen, im Westen durch das Rhône-Knie vor atlantischen Störungen abgeschirmt, von Süden durch Föhn verwöhnt, fast immer wolkenloser Himmel mit intensiver Sonne. Ideale Bedingungen für Wein, wäre es nicht so trocken, daß man künstlich bewässern muß (mehr darüber Seite 105), und wären die besten Lagen nicht so steil, daß man kaum kräftesparende Maschinen einsetzen kann. Die Durchschnittsqualität der Schweizer Weine ist hoch – sie sind ja auch nicht billig. Wahre Spitzenqualität ist dagegen selten. Im Wallis scheinen sich derzeit jedoch eine Menge neuer Entwicklungen anzubahnen. Und während man anderswo mit einer oder zwei Sorten auskommt, bietet sich hier enorme Vielfalt:

Die Weißweine. Vom *Mont d'Or* ist der *Johannisberg* am bekanntesten – ein schwerer *Silvaner,* der hier auch *Gros Rhin* genannt wird. Hauptsorte ist aber der *Fendant,* wie im Wallis der *Chasselas* heißt, weil die reifen Trauben sich leicht aufspalten (frz. *fendre*). Als Massenträger baut man *Hermitage (Marsanne blanche),* für Auslesen *Malvoisie (Pinot gris, Ruländer)* und als neuere Nobelsorte *Pinot Chardonnay.* Alte, autochthone, möglicherweise aus der Römerzeit stammende Rebsorten hat man lange vernachlässigt, kultiviert sie jetzt aber wieder: *Amigne,* eine oft spätgelesene, dann als *flêtri* bezeichnete, milde, füllige Sorte; *Petite Arvine,* mit kleinen Trauben, aber schöner Säure und würzigem Bukett; die charaktervolle *weiße Humagne,* die seltene, zarte Savoyerrebe *Altesse* und die noch viel

rarere, harzig schmeckende *Lafnetscha.* Die Rotweine. Wichtigste Sorte ist der *Pinot Noir, Spätburgunder,* der auch die edelsten Weine bringt. Oft mit der vieltragenden, schnell fertigen *Gamay,* der Beaujolais-Rebe, verschnitten. Bringt dieser Verschnitt wenigstens 86 Grad Öchsle, darf er sich *Dôle* nennen, liegt er darunter, heißt er *Goron.* Ein guter Dôle kommt mit wenig oder gar keiner Gamay aus, sollte dann aber einige Jahre reifen. Der Goron ist jung zu trinken. Nur selten findet man noch den *Landroten,* der zehn Jahre zur vollen Reife braucht, wiederentdeckt hat man den knorrigen, ausdrucksvollen roten *Humagne.* Einst als Kindbett- und Krankenwein gerühmt, wurde er aus *Humanität* in die Spitäler geliefert. Heute schätzt man ihn als Wild-Begleiter.

Links der berühmte Weinberg Mont d'Or *im Wallis, darunter Rebgärten von* Yvorne *im waadtländischen* Chablais, *rechts der unteren Rhône. Von hier und aus* Aigle *kommen kräftige, mineralische Weine*

Von einem mutigen Fuhrunternehmer,

In der kleinen Stadt Brig, wo die Straße über den Simplon nach Italien die Rhône verläßt, die hier noch *Rotten* heißt, und wo auf dem riesigen Bahnhof am Nordende des Simplontunnels die Züge rangieren, drehte sich von jeher alles um den Verkehr.
Eine herausragende Rolle in der Geschichte der Stadt spielte *Kaspar Jodok Stockalper*. Dieser ungewöhnliche Unternehmer erkannte klar, was die Beherrschung der Verkehrswege bedeutete: Zu seiner Zeit, in der ersten Hälfte des 16. Jahrhunderts, hatte der Seidenhandel zwischen Mailand und Lyon enorme Ausmaße angenommen – Stockalper übernahm den Transport über den Simplon. Er erweiterte den gefährlichen Saumpfad zu einem sicheren Weg, den er selbst den Winter über offenhielt. Er baute zwei Hospize, Nothütten, Wachttürme und Warenlager. 1640 richtete er eine reitende Post zwischen Genf und der Lombardei ein und verschaffte sich das damals ungeheuer gewinnbringende Salzmonopol für das Wallis. Hunderte von Pferden hatte er laufen, jedes mußte, auch im Schnee, 170 kg tragen (den heutigen Armeepferden mutet man nicht einmal die Hälfte zu). Und als Krönung des Ganzen baute er sich von 1658 bis 1678 sein Schloß in Brig, den größten Privatbau der Schweiz.
Bald aber war es aus: Sein Reichtum entfachte den Neid seiner Mitbürger, die ihn brutal verjagten. Erst wenige Jahre vor seinem Tode durfte er, völlig verarmt, wieder zurückkehren. Was blieb, ist sein unvollendeter Palast, der in seiner kargen, abweisenden Art an den Escorial erinnern mag. Ein ganz auf den Zweck, nämlich die Unterbringung und Bewachung von Waren ausgerichtetes Gebäude, faszinierend in seiner schnörkellosen, funktionalen Schönheit.
Es ist nicht verwunderlich, daß man den „Großen Stockalper" beneidete: Zu arm war diese Gegend von Natur. Zwar war das Klima, betrachtet man es aus heutiger, touristischer Sicht, geradezu paradiesisch (siehe vorhergehende Seite), doch verweigerte der sonnenspendende Himmel den nicht minder nötigen Regen! Die zwischen Brig und Martigny üblichen 500 bis 600 mm Niederschlag reichen nicht

hartem Bauernleben und teurem Safran

einmal einem bedürfnislosen Weinstock aus, geschweige denn Getreide, Kartoffeln, Mais oder Wiesen. Ohne Bewässerung verdorrt hier alles! Um das an sich fruchtbare Land nutzbar zu machen, führte man in hölzernen Wasserrinnen, *Bisses* genannt, an schroffen Felswänden entlang und über wilde Schluchten die Schmelzwasser der Gletscher auf die von Dürre bedrohten Äcker und Wiesen, vor allem aber auf die Weinterrassen, die *Tablars*. Inzwischen ist es natürlich leichter, das unten reichlich vorhandene Wasser zur Beregnung nach oben zu pumpen. Die Instandhaltung der Bisses war früher wichtigste Aufgabe der jungen Männer, brachte häufig Lebensgefahr mit sich. Um 1900 existierten rund 2000 km Leitungen, einzelne bis zu 25 km lang!

Das Bauernleben – welche Mühsal! Wer überleben wollte, mußte ständig auf Achse sein. Im Tal wurden Gemüse, Wein und Weizen kultiviert, auf halber Höhe Kartoffeln, Bohnen und Roggen angebaut, und auf der Alp oben machte man Käse. Im Val d'Anniviers beispielsweise stiegen die Männer von den Rebgärten (500 m hoch) über das Dorf (1300 m) und die Maiensässen (1700 m) bis zu den Alpen (Almen) im Jahr etwa 40mal hin und her …

Eine bemerkenswerte Kultur, die fast ausgestorben wäre, hat man inzwischen wiederbelebt: In *Mund*, rund 1200 Meter hoch auf der Sonnenseite über Brig gelegen, baut man *Safran* an! Das edle Gewürz wird aus den drei dunkelroten Blütennarben einer »normalerweise« weiter im Süden heimischen Krokusart gewonnen. Ein Munder Söldner soll sie im 14. Jahrhundert, in seine Perücke geflochten, aus Spanien mitgebracht haben. Damals war Safran vor allem ein begehrtes, daher wohlbehütetes Wollfärbemittel. Die knoblauchgroßen Zwiebelknollen benötigen einen leichten, tiefgründigen, fast sandigen, gut entwässerten, sich leicht erwärmenden, eher mageren Boden – anspruchsvolle Bedingungen, die auf der *Chummegga* bei Mund gegeben sind. Die Erfahrung hat gezeigt, daß Safran nur in Äckern mit Winterroggen gedeiht – als man in den 70er Jahren auf den Fel-

Innenhof des Palais Stockalper. Links der Eingang zum Wohnhaus und eine Kutsche der Furka-Post. Oben: Heuballen werden auf dem Rücken und per Hand verladen. Roggenbrot mit Gomser Käse

dern Kartoffeln legte, gingen die Zwiebeln ein.
Nach dem Setzen der Knollen dauert es 3 bis 5 Jahre, ehe die ersten Blüten kommen, bei guter Pflege bleiben die Felder dann 40 Jahre erhalten. Die Bearbeitung der Roggenfelder jedoch ist Handarbeit – Maschinen können die Zwiebeln, werden sie einmal versehentlich beim zweifachen Umhauen (Umgraben) des abgeernteten Feldes herausgerissen, ja nicht gleich wieder einsetzen. Sie müssen 20 bis 25 Zentimeter tief sitzen, arbeiten sich aber von selbst immer wieder nach oben. Im September also wird der neue Roggen gesät, der bis Mitte Oktober/Anfang November ausgetrieben hat. In diesem herrlich grünen Feld erscheinen dann die blauvioletten Blüten, die jeden Tag am frühen Morgen gepflückt werden, damit die noch geschlossenen Kelche die empfindlichen Narben schützen und sie nicht verdorren können. Zu Hause werden die Narben ausgebrochen und im Schatten getrocknet. Für ein Kilogramm Safran braucht man 120 000 Stück!
Derzeit werden in Mund in guten Jahren etwa 1600 Gramm erzeugt. 1914 waren es noch mehr als fünf Kilo, anfangs der 50er Jahre nur noch zwei. 1978 erntete man, nachdem die neue Straße die Hälfte des geeigneten Landes aufgefressen hatte, magere 100 Gramm. Aber seit 1979 eine Safran-Zunft gegründet wurde und man aus dem Himalaja 8700 Zwiebeln eingeflogen hat, geht's wieder aufwärts, zumal der Preis für die erstklassige, wunderbar aromatische Qualität der hiesigen Fäden, die den spanischen Safran bei weitem übertreffen, wieder stimmt: Liebhaber bezahlen gerne bis zu zwölf Franken für ein Gramm echten Munder Safran!

Wettergegerbt die Gesichter der Menschen, deren harte Arbeit ihnen aber nie die gute Laune zu nehmen scheint. Im rechten der kleinen Bilder Martha Schnydrig-Pfammatter, *die im* Restaurant Salwald *oberhalb von Mund einen himmlisch duftenden, goldenen Safranreis kocht. Das leuchtende Safranbrot der Bäckerei* Zuber-Seiler *im Ortskern von Mund – mit frischer Alpbutter ein Gedicht! Im Löffel: Nur ein zehntel Gramm (0,1 g) Safranfäden, die sechs Reisportionen oder Brote würzen und färben*

1

SAFRANREIS MIT GESCHNETZELTEM

Für vier Personen:
1 große Zwiebel, 1 Knoblauchzehe, 2 EL Butter, 1 EL Öl, 4 Tassen Reis, 10 Tassen kräftige Fleischbrühe, 1 Döschen Safran, Salz, Pfeffer, ca. 50 g geriebener Käse
Geschnetzeltes:
600 g Kalbfleisch (Schnitzel), 2 EL Butter, 2 EL Öl, 2 Zwiebeln, 0,1 l Weißwein, ca. ¼ l Brühe

Zwiebel und Knoblauch fein gehackt im heißen Fett weich dünsten, den Reis zufügen und gründlich anschwitzen. Zwei Drittel der Brühe angießen. Unter ständigem Rühren köcheln, bis der Reis fast gar ist. Den Safran in der restlichen Brühe auflösen und zufügen. Mit Salz und Pfeffer abschmekken. Erst zum Schluß den Käse unterrühren.
Für das Geschnetzelte das Fleisch in schmale Streifen schneiden. Im heißen Fett portionsweise anbraten. Beiseite stellen, bis die gehackten Zwiebeln im restlichen Bratfett weich gedünstet sind. Mit Wein ablöschen und einkochen. Die Brühe angießen und um ein Drittel einköcheln. Das Fleisch wieder in den Topf füllen und einige Minuten schmurgeln lassen. Abschmecken und zum Safranreis servieren.

1

Frisches Bie

Ein jeder weiß, daß die Schweizer Weintrinker sind – mit über 50 Litern pro Jahr schlürfen sie mehr als doppelt soviel wie die Deutschen. Dafür nehmen sie den Bierhumpen seltener in die Hand. Aber im Norden kann eine Wirtschaft schon einmal eine Bierstube, nicht eine Weinbeiz sein.

In Arbon, einem pittoresken Städtchen am Bodensee, gibt es sogar einen veritablen Bierkeller, den *»Gasthof Brauerei Frohsinn«*. 1986 als Aktiengesellschaft gegründet, hat man ein simples Konzept verwirklicht: Das schöne alte Haus, das früher schon einmal eine Brauerei mit Gasthof gewesen war, wurde von Grund auf renoviert und mit einer kleinen, aber hochmodernen Brauanlage ausgestattet. Alles tiptop gemacht und schweizerisch solide. Oben ein Restaurant mit 45 und das Stübli mit 30 Plätzen, wo gute, moderne bürgerliche Küche serviert wird. Unten ein Keller, wo es laut hergehen darf, wo mehr als doppelt so viele Leute sitzen, wo das Bier in Strömen fließen kann und kräftige Gerichte für die richtige Grundlage sorgen. Zudem noch elf Zimmer zum Übernachten.

Das Konzept hat eingeschlagen, allerdings erst nachdem zwei Deutsche engagiert wurden: *Ronald Bergs* als Geschäftsführer und *Max Spall* als Braumeister. Für beide mit ihren Ehefrauen war der Anfang hart, allerdings hatten sie als gesuchte Fachkräfte bereits nach zwei Wochen eine Arbeitsgenehmigung. Schweizer Mitarbeiter konnten nicht gewonnen werden, und

»Brauerei Frohsinn« *in Arbon. Im Glas: Hopfen-Pellets, das Hopfenaroma als Konzentrat*

Braumeister Max Spall, ein Unterfranke. Im Glas: helles Malz, das für den Alkoholgehalt sorgt

kräftige Kost

so mußten zunächst die Ehefrauen ran! Inzwischen kommt das Personal aus Österreich, muß aber jeden Abend zurückfahren. Die Schweizer selber gehen zwar gerne aus, überlassen aber die Dienstleistungen lieber Gastarbeiter(inne)n aus Österreich, Italien, Frankreich und Jugoslawien. Die kommen gerne, denn Verdienst und Trinkgelder sind nicht schlecht.

Bis die kleine Brauanlage störungsfrei arbeitete, dauerte es Monate. Und Max Spall mußte sie zu beherrschen lernen: Alle zwei Stunden stand er anfangs jede Nacht auf, um zu sehen, ob alles in Ordnung war. Automatische Kontrollen gibt es hier natürlich nicht, aber die Anlage mit Maischpfanne, Läuterbottich, Sudkessel und Kühltanks arbeitet haargenau wie eine große Brauerei. Inzwischen hat Spall die Sache im Griff, braut ein wenig bitteres, nicht zu stark gehopftes Bier, wie man es hier am liebsten mag, rund 90 000 Liter im Jahr. Fast immer gibt es noch eine zweite Sorte, dunkles Bier, Bock oder Pils. Alle Biere sind leicht trüb, weil nicht gefiltert wird, schmecken daher voller, halten sich aber nur eine Woche. Die Rohstoffe bezieht er aus Deutschland, denn in der Schweiz wird weder Braugerste angebaut, noch gemälzt.

Aus der Küche kommen kräftige Spezialitäten, serviert mit aus Malzschrot und Bierhefe gebackenem Brot. Jede Woche gibt's ein neues Bier-Mix-Getränk, und wem das immer noch nicht reicht, der kann sich das Bier im Zwei-Liter-Krug mit nach Hause nehmen.

Wer in den Bierkeller geht, kommt an den Sudkesseln vorbei. Im Glas: stark karamelisiertes Farbmalz

Die Temperatur im Läuterbottich muß ständig überwacht werden. Im Glas: aromagebendes Karamalz

1
BIERSCHAUMSÜPPLI

<u>Für vier Personen:</u>
½ l Bier, ¼ l kräftige Brühe,
75 g Rosinen, 0,2 l Rahm, 2 Eigelb,
Salz, Pfeffer, Zimt, Cayennepfeffer,
2 Scheiben Weißbrot, 2 EL Butter

Bier und Brühe um ein Drittel einkochen, dabei die Rosinen zufügen. Rahm und Eigelb verquirlen, in die Suppe rühren und unter ständigem Schlagen mit dem Schneebesen heiß und dicklich werden lassen. Die Suppe mit Salz, Pfeffer, einer Spur Zimt und Cayennepfeffer abschmecken. Das Weißbrot in kleine Würfel schneiden, in der heißen Butter anrösten und mit Zimt überstäuben.

2
BIERWÜRZIGER BEINSCHINKEN

Ein prächtiges Herzstück für das nächste kalte Buffet! Man hat damit kaum Arbeit, vorausgesetzt, der Metzger bereitete es schon fertig für Sie vor. Denken Sie nur daran, den Schinken rechtzeitig zu bestellen!

<u>Für zehn bis zwölf Personen:</u>
1 gepökeltes Schinkenstück von 3 kg,
2 EL Honig, 1 Flasche Bier (0,33 l),
je 1 EL Pfefferkörner und
Wacholderbeeren, 2 Nelken

Den Schinken mit folgender Marinade einreiben: Honig, Bier und Gewürze etwa um die Hälfte einkochen und durch ein Sieb filtern. Den Schinken auf dem Rost über der Fettpfanne im 180 Grad heißen Ofen zunächst eine Stunde anbraten, dann im auf 100 Grad geschalteten Ofen weitere 2 Stunden nachziehen lassen. Unterdessen immer wieder mit Marinade, beziehungsweise dem inzwischen ausgetretenen Saft einpinseln. Der Schinken schmeckt warm und kalt. Dazu passen Kartoffelsalat oder Pickles.

3
BIERBRAUERS VESPERTELLER

Das schafft die richtige Unterlage: ein Vesperbrett mit allem, was der Kühlschrank bietet. *Mostbröckli* (luftgetrocknetes Fleisch, das man zum Most liebt), Rohschinken, Bierwurst, Appenzeller Speck und Appenzeller Käse. Dazu *Chnoblibrot*, also Knoblauchbaguette, und *Pantli*, eine getrocknete Thurgauer Wurst, ganz ähnlich wie eine Bündner *Salsiz*.

1
2
3

»Brander's Culinarium«: Hauptsache Gemüse!

Der Gärtnersohn Ruedi Brander mußte sich in dieses Haus verlieben! Es wurde ihm und seiner Frau Ursula angeboten, als sie, beide blutjung, auf der Suche nach einer Gelegenheit waren, sich selbständig zu machen.
Der verheißungsvolle Liegenschaftsname »Blumenau«, der große Garten dahinter mit dem kleinen Bächlein mittendurch, der Blick auf die weiten Wiesen mit ihren schräg sich in den Wind lehnenden knorrigen Apfelbäumen, die friedliche, dörfliche Idylle waren ihm fast wichtiger als die praktische Seite: eine gemütliche, holzgetäfelte Beiz, Wohnung im oberen Stock, die günstige Lage dank der Nähe zu St. Gallen und dem Bodensee – rundum ideale Bedingungen!
»Vor neun Jahren hat uns die Bank das Haus gekauft«, lacht Ruedi mit Schweizer Deutlichkeit. Gottlob waren keine großen Veränderungen nötig: Ein riesiges dunkles Schankbuffet mußte weichen; die ehemalige Eingangstür wurde zugesperrt, damit die Gäste nicht mehr mit der Tür in den Speiseraum fallen. »Uf Widersäh«, ist noch, etwas verblaßt, auf der Innenseite zu lesen; ein neuer Bodenbelag, lichtere Vorhänge, statt blanker Tische Spitzendeckchen, ein paar Bilder, etwas Trödel ... schon war aus der Dorfbeiz an der Landstraße ein kleines, feines Restaurant geworden.
Und Ruedi, nicht nur Koch, sondern auch Gärtner aus Leidenschaft, war in seinem Element. Eine Zeitlang hat er alles, was er an Gemüse seinen höchstens 30 Gästen am Tag anbot, im Garten oder im Gewächshaus selbstgezogen. Auf den Weiden hinterm Haus

hielt er Schafe und Ziegen, daneben Hühner, Gänse, Enten und Kaninchen. Und das alles, weil er nur die besten, die schönsten, die wohlschmeckendsten Produkte verarbeiten wollte. Mittlerweile hat er jedoch eingesehen, daß auch sein Tag nur 24 Stunden hat. Jetzt bescheidet er sich mit dem, was der Garten bei normalem Aufwand liefert. Und besorgt sich den Rest, wie seine Kollegen, aus Frankreich.
Gemüse ist sein Leibgericht! Er liebt es jung, zart und winzig klein – deshalb setzt oder sät er die Pflanzen nicht beeteweise auf einmal, sondern gestaffelt, in Tages- oder Wochenabständen. So kann er fast den ganzen Sommer lang täglich kleine weiße, rote oder gelbe Rübchen ziehen, tennisballgroße Blumenköhlchen, Mini-Selleries und höchstens kleinfingerkurze Zucchini mit ihren Blüten ernten. Wohlgemerkt: keine neumodischen Kleinzüchtungen, sondern normales Gemüse, aber jung und zart. Kräuter und Salat wachsen bis in den Dezember hinein. Selbst während der kargen Wintermonate grünt dort der Feldsalat, sprießen Frühlingszwiebeln. Und vom Frühjahr an bindet Ursula Brander wieder die schönsten Sträuße.

Ein gedeckter Tisch lädt ein, in Lömmenschwil zu Branders Culinarium! Ruedi Brander geht erst in den Garten, bevor er seine Menükarte für den Abend schreibt, und läßt sich inspirieren. Fingerlange Zucchini mit Blüte werden eine Beilage zum Fisch. Rote Kapuzinerblüten, die zart bitter schmecken, schmücken den Salat. Weiße Rübchen dürfen einfach nicht größer als Tischtennisbällchen sein, sagt er, damit man sie im Ganzen dünsten kann. In

Ursula Branders Händen liegt der Service, sie bereitet stets alle Desserts zu, bäckt die Petits Fours und, wenn in der winzigen Küche Not am Mann ist, wo nur noch zwei weitere Helfer stehen, richtet sie auch Salate an. Niemand kann das so gut und so perfekt wie sie, sagt Ruedi. Aber auch ihre Sträuße und Blumengestecke, die sie verschwenderisch in den beiden Gaststuben verteilt, sind einfach wunderschön

1
LACHSTERRINE

Die Terrine wird allein durch die Gelierfähigkeit des Fischfonds fest, sie bedarf keiner Gelatine. Dadurch wird sie unbeschreiblich sanft.

Für eine Terrinenform von 1 l Inhalt:
250 g Lachsabschnitte, ¼ l stark eingekochter Fischfond, Salz, Pfeffer, trockener Wermut, Cognac, Tabasco, ½ l Rahm

Die Fischreste mit dem abgekühlten Fond glattmixen und durch ein Haarsieb streichen. Das Püree mit Salz, Pfeffer, Wermut, Cognac und Tabasco kräftig abschmecken. Den steifgeschlagenen Rahm unterziehen. In eine Kastenform füllen, mit Folie abdecken und im Kühlschrank fest werden lassen. Ruedi Brander schneidet die Terrine in fingerdicke Scheiben und serviert dazu schmale Lachsscheiben, die er lediglich mit etwas Salz, Pfeffer und einigen Tropfen Balsamico würzt, sowie eine grüne Sauce, aufgemixt aus etwas kaltem Fischfond, Crème fraîche und viel frischem Basilikum.

1

1

SCHAUMSÜPPCHEN VON KAPUZINERMÜTZE

Für vier Personen:
Je 2 EL gehacktes Suppengemüse (Lauch, Möhre, Sellerie) und Schalotten, 400 g Kapuzinermütze (eine helle Kürbisart, siehe auch Seite 166/167), 4 EL Butter, ¾ l Hühnerbrühe, Salz, 0,2 l Rahm, Pfeffer, Muskat

Das Gemüse in zwei Löffeln Butter andünsten. Mit Brühe auffüllen, salzen und zugedeckt weich kochen. Mit dem Pürierstab glattmixen, durch ein feines Sieb streichen und mit dem Rahm durchkochen. Abschmecken und vor dem Servieren mit der restlichen Butter schaumig aufschlagen.
Ruedi Brander serviert die Suppe mit einem Klecks Püree vom gelben Kürbis und mit gerösteten Kürbiskernen.

2

WACHTELSALAT MIT PFIFFERLINGEN

Für vier Personen:
2 Wachteln, Salz, Pfeffer, 3 EL Butter, verschiedene Salatblätter: Sauerklee (von einer sauberen Wiese), Frisée, Lollo rosso und bianco, Kopfsalat, Eichblattsalat, 3 EL Distelöl, 2 EL Sherry-Essig, 200 g kleine Pfifferlinge (Eierschwämme), 1 Schalotte, 1 Knoblauchzehe, Petersilie, 1 EL Walnußöl, 1 EL Balsamico

Die Wachtelbrüste mit einem Stück Flügel auslösen, die Keulen ebenfalls abtrennen. Die Stücke salzen und pfeffern. In einem Löffel heißer Butter braten (möglichst eine beschichtete Pfanne dafür nehmen).
Die Salatblätter putzen, verlesen und waschen. Rasch in einer Marinade aus Distelöl, Sherry-Essig, Salz und Pfeffer wenden, gut abgetropft auf Teller verteilen. Die Pfifferlinge in der restlichen Butter schwenken, dabei die fein geschnittene Schalotte und Knoblauchzehe mitdünsten. Gehackte Petersilie und zum Schluß die restliche Salatmarinade zufügen.
Die Wachteln mit Walnußöl und Balsamico würzen. Zusammen mit den Pilzen auf dem Salat anrichten.

3

SOUFFLIERTER STEINBUTT AUF TOMATENCOULIS MIT ZUCCHINI

Für vier Personen:
500 g Steinbuttfilet, Salz, Pfeffer, 100 g Crème double, 1 Eiweiß, Muskat, 0,1 l Fischfond, 4 EL Butter, 250 g reife Tomaten, Zucker, Zitronensaft

Vier gleich große Filetscheiben von jeweils etwa 80 Gramm aus dem Fisch schneiden. Sie salzen und pfeffern. Die Abschnitte mit der Crème double und dem Eiweiß im Mixer pürieren, mit Salz, Pfeffer und Muskat würzen. Kalthalten! Auf die Fischscheiben häufen und glattstreichen. Den Fond mit einem Löffel Butter in einem flachen Kochgeschirr erhitzen, die Fischstükke hineinlegen. Im 200 Grad heißen Ofen zwei Minuten ziehen lassen. Sie schließlich unter dem Grill blitzschnell bräunen.
Für die Sauce die Tomaten in Stücke schneiden, in etwas Butter köcheln, mixen, durch ein Sieb streichen und würzen. Erst dann die restliche Butter untermixen. Als Spiegel auf Tellern verteilen, die Fischstücke schräg aufschneiden und darauf setzen.
Ruedi Brander garniert das Gericht mit Estragonblättchen und gedämpften Zucchini.

4

KANINCHENKEULE MIT SENFSAUCE

Für vier Personen:
4 Kaninchenkeulen, Wurzelgemüse, Salz, Pfeffer, 0,1 l Kalbsfond, 0,1 l Rotwein, 0,1 l Rahm, ½ EL Pommerysenf

Die Kaninchenkeulen bereits am Vortag zusammen mit dem Wurzelwerk, gerade mit Wasser bedeckt, sanft eine Stunde auf mildem Feuer ziehen lassen. Im Sud abkühlen.
Am nächsten Tag Fond und Wein dick einkochen. Die Keulen damit einpinseln und im Backofen oder Grill erwärmen, dabei immer wieder mit dem Fond glacieren. Schließlich den restlichen Fond mit etwa 0,1 l Kaninchensud auflösen, mit dem Rahm zu einer cremigen Sauce einköcheln. Senf unterrühren, abschmecken und über die Kaninchenkeulen gießen.
Mit Gemüsen der Saison servieren.

5

QUARKMOUSSE MIT ERDBEEREN

Für vier bis sechs Personen:
500 g reife Erdbeeren, 100 g Zucker, 250 g Sahnequark (Rahmquark), Schale und Saft einer halben Zitrone, 6 Blatt Gelatine, ¼ l Rahm

Die geputzten Erdbeeren mit zwei Drittel des Zuckers mixen und durch ein Sieb streichen. Vier Eßlöffel davon zum Garnieren abnehmen. Den Rest mit dem Quark glattrühren, mit Zitronensaft und -schale würzen. Die eingeweichte Gelatine unterrühren. Für zwei Stunden kalt stellen. Bevor die Creme endgültig fest wird, den steifgeschlagenen Rahm unterziehen.
Zum Servieren Nocken von der Mousse abstechen und auf Tellern anrichten. Mit Erdbeermark dekorieren.
Ursula Brander schmückt den Teller verschwenderisch mit allen Beeren der Saison und setzt noch dreierlei Sorbets als Nocken daneben.

4

1

2

3

5

West-östliche Harmonie: die »Fischerzunft« in Schaffhausen

Die hübsche Stadt, die sich mit ihrem alten, wohlkonservierten Zentrum an den Fuß des Kastell Munot kuschelt, ist vor allem wegen eines Naturschauspiels berühmt: Auf 150 Metern Breite stürzt der Rhein fast 20 Meter tief hinunter. Seinen Ausdruck immer wechselnd, bei Sonnenschein wie abertausend Diamanten glitzernd, bei trübem Himmel düster dräuend, aber stets mit gewaltigem Getöse. Wenige Kilometer, bevor er hier donnernd in die Tiefe kracht, etwa bei Stein am Rhein, der wohl am besten erhaltenen mittelalterlichen Stadt der Schweiz, wirkt der Rhein noch unschuldig. Breit wie ein See strömt er mit ruhiger, gemessener Kraft dahin. Die reinste Idylle, belebt von Schifferbötchen, Ausflugsdampfern und Badegästen, stolzen Schwänen und prächtig gefiederten Erpeln mit ihren unscheinbaren Entendamen.

Von der Terrasse der »Fischerzunft« blickt man auf den träge dahinfließenden Rhein, Passanten flanieren auf der Uferpromenade vorbei, man fühlt sich geschützt unter der gestreiften Markise, es herrscht eine ruhige, bürgerlich heitere Gelassenheit. Man wundert sich im übrigen nur kurz über die knapp über die Wasseroberfläche gespannte Brücke rechts, die die Durchgangsstraße von Zürich nach Deutschland und zur Autobahn bei Singen trägt. Es soll eben niemand unter ihr zum gefährlichen Fall hindurchfahren können ...

Die »Fischerzunft« ist eine Schaffhauser Institution. Tatsächlich bis zur Jahrhundertwende die Heimstatt der Fischer und ihrer Zunft. Später gutbürgerliches Restaurant mit Schwerpunkt Fisch, versteht sich. André Jaeger hat das Zepter seit vierzehn Jahren in der Hand. Er hatte es von seinem Vater übernommen, der ihn aus Hongkong zurückbeorderte, weil er sich aus dem Geschäft zurückziehen wollte. André Jaeger war im Begriff, in Asien eine große Gastronomiekarriere zu machen, und kehrte nur schweren Herzens zurück. Zum Schutz gegen Heim-(oder Fern-?)weh heiratete er zuvor noch schnell Doreen, die bildschöne Chinesin aus bester Hongkonger Familie. Sie traf im Juni in Zürich-Kloten ein, mit derben Skistiefeln und dickem Pelz, und fragte ganz enttäuscht: »Und wo sind die Berge und der Schnee?«

Inzwischen hat sich Doreen in der Schweiz eingelebt und spricht nicht nur neben selbstverständlich perfektem Englisch, Französisch, Mandarin und den chinesischen Dialekten, die man als gebildeter Chinese einfach beherrscht, ein erstklassiges Deutsch, sondern auch absolut akzentfreies Schwiizerdütsch.

In der »Fischerzunft« gibt es wie eh und je die Fische aus dem hier noch sauberen Rhein, prachtvolle, zarte Äschen sind die Spezialität des Hauses. Aber die Jahre in Asien sind an André Jaeger natürlich nicht spurlos vorbeigegangen. Wo findet man eine größere kulinarische Vielfalt als in Hongkong! Wer sich einmal in die Welt der chinesischen Küche gewagt hat, den läßt sie nicht mehr los. Und nähert man sich ihr unbelastet von Kenntnissen über Regeln, Traditionen und Vorschriften, dann liegt es einfach zwangsläufig nahe, ihre Ideen, Garmethoden und Kochprozesse, die typischen Gewürze, ungewohnte Kombi-

nationen von Zutaten, einleuchtende Strukturen und Prinzipien aufzugreifen und schließlich etwas eigenständig Neues daraus zu machen.
Zunächst hat André Jaeger das für sich, seine Familie und Freunde getan: Ein bißchen chinesischen Duft mit Sesamöl bewirkt; mit Sojasauce und Ingwer gewürzt; die Gemüse, Fleisch und Meeresfrüchte nur rasch in der heißen Pfanne herumgewirbelt, was ihr Aroma derart intensiviert, daß man auf Sahnesaucen leicht verzichten kann. Nach und nach bot er seine ganz private Küche auch guten Stammkunden an. Und mittlerweile sind seine west-östlichen Menüs weit über die Grenzen hinaus berühmt, durchaus nichts Fremdes, vielmehr hochgepriesen und sehr begehrt.
Rudyard Kipling hätte seine helle Freude daran, wenn er sehen könnte, daß er *nicht* recht hatte: Ost muß durchaus nicht Ost bleiben und West nicht West. Beide treffen einander, zum Beispiel in der »Fischerzunft«. »Cuisine du bonheur«, Küche des Glücks nennen das Doreen und André Jaeger. Wie recht sie haben: Weil diese Küche die Weisheit von Yin und Yang mit Schweizer Sorgfalt und Akkuratesse zu einem Gipfel der Harmonie führt, wie man ihn sich angenehmer, bekömmlicher und köstlicher, eben glücklicher, nicht vorstellen kann.

Eine wahre Idylle, der Rhein zwischen dem entzückenden mittelalterlichen Stein a. Rh. mit seinen prächtig bemalten Häusern (Photo linke Seite) und Schaffhausen. Die »Fischerzunft« von Doreen und André Jaeger liegt unterhalb des Wahrzeichens von Schaffhausen, Kastell Munot, direkt am Ufer. Die dekorativen Enten machen den lebendigen Konkurrenz

1
KNUSPRIGES FEUILLETÉ MIT LACHSFORELLE

Serviert auf einem Glasteller, der auf einem mit Blütenblättern bestreuten Lacktablett steht: Zwischen hauchdünnen, knusprigen Teigdeckeln rohe grüne Spargelstangen und gebratene Streifen von Lachsforelle. Mit Senfsprößlingen in einer Sojamayonnaise, die mit chinesischem Fünf-Gewürz-Pulver abgeschmeckt ist.

3
STEINBUTT IM LAUCHMANTEL

Auf schlichtem weißen Teller sehr edel, schlicht und ganz einfach: Ein Stück Filet vom Steinbutt, in Lauchblätter gehüllt und behutsam nur so kurz gedämpft, daß es unübertroffen saftig bleibt. Es wird mit brauner Butter beträufelt und mit einem Kompott von kleinen, braunen Linsen und Tomatenwürfeln angerichtet.

4
HUMMER AUF MANGOCHUTNEY

Im japanischen Schälchen: gedämpfter Hummer auf Mangospalten und mit Salbeiblättern. Das Mangochutney ist natürlich frisch gekocht, nicht aus dem Glas, und mutig exotisch gewürzt mit einer deutlichen Chilischärfe im Geschmack. Winzige kleine, bunte Paprikawürfel sorgen nicht nur für Farbe, sondern auch für Biß.

2
MISOSUPPE MIT ENTENLEBER

Auf rotem Lacktablett, üppig mit Blüten geschmückt: Klare, mit Miso (einer japanischen Würzpaste aus Sojabohnen) gewürzte Brühe, in der Rettich- und Gurkenscheibchen schwimmen. Daneben ein Entenstopfleberhäppchen, mit dunkler und heller Sesamsaat paniert und sanft gebraten.

5
MAIBOCK AUF CHINESISCHEN NUDELN

Ausgelöstes Rückenfilet vom Maibock, mariniert und gebraten, in einer leicht süßlichen Pflaumensauce. Die schmalen, chinesischen Nudeln sind mit ebenso feinen Streifen von Chicorée und Sellerie gemischt. Garniert wurde mit Frühlingsmorcheln und Türmchen von gedünsteten Kartoffel- und Zucchinischeiben.

6
KÄSETERRINE

Eine Creme aus Gorgonzola und Mascarpone, die in einer dreieckigen Terrine, die mit dünnen Gruyèrescheiben ausgelegt ist, ihre Form bekommen hat. In fingerdicke Scheiben geschnitten wird sie als Käsegang serviert. Dazu reicht André Jäger herrliches dunkles Brot, das nahezu völlig aus Nüssen und Rosinen besteht und mit seiner Süße und Knackigkeit glänzend paßt.

7
SORBET VON KIR ROYAL

So kann man dem Mode-Drink wieder ganz neue Seiten abgewinnen. Der altbekannte Kir Royal: Einige Tropfen Crème de Cassis (Likör von schwarzen Johannisbeeren), aufgefüllt mit Champagner – aber diesmal nicht als Aperitif gereicht, sondern zum Sorbet gefroren. Im chinesischen Schälchen angerichtet und mit Streifen von Papaya garniert.

Stucki in Basel: Luxus auf solidem Grund

Fuchsteufelswild kann er werden, der Hans Stucki, wenn er an die Auswüchse einer falsch verstandenen, sogenannten Neuen Küche denkt: »ewig dieselben Wildentenbrüstchen, drum herum 150 Gemüse und jede Menge Obst – zum Ansehen, aber ohne Geschmack! Und beim Dessert ist es dann wie in einer Mozartoper beim großen Defilee am Schluß: sämtliche Früchte vom Anfang bis zur Mitte treten noch mal auf.«
Er ist nicht nur wütend, auch traurig, weil bei aller Anerkennung, die in den vergangenen fünfzehn Jahren das Kochen als Thema gefunden hat, eigentlich nicht viel herausgekommen ist: Wo ist die Wirtschaft, in der man noch ein richtiges Kartoffelpüree vorgesetzt bekommt? Entweder ist es »Suppe, kalt oder Kaugummi«, schimpft er. »Wer von den jungen Köchen weiß noch, welche Kartoffeln man dafür braucht?« fragt Stucki und setzt sarkastisch gleich hinzu: »dabei hat's in der Schweiz bloß zwei Sorten«. So schwer kann es also gar nicht sein, die richtige zu treffen.
Tatsächlich: Wohin man schaut, in den meisten Gasthäusern, mit noch so traditionsreichen Namen, läßt sich der Koch von der Lebensmittelindustrie helfen, wenn das Essen nicht überhaupt aus Tüte, Dose oder der Tiefkühltruhe kommt. Mangelhafte Ausbildung der Köche, Schwierigkeiten bei der Beschaffung von anständigen Zutaten, behördliche Auflagen, die Qualität verhindern, statt sie zu fördern – Stucki geht mit seinen Landsleuten hart ins Gericht.

Eine der letzten Beizen, die »Hasenburg«, auch »Château Lapin« genannt

Und in der Tat: Warum lesen sich die Speisekarten der Wirtschaften in Basel (und anderswo!) letztlich alle gleich? Auf der Suche nach regionalen Spezialitäten tut man sich schwer. Was angeboten wird, ist anonyme, austauschbare Kost: Geschnetzeltes, immer wieder Jakobsmuscheln, natürlich Spaghetti, Egli, Rippli, Pizza und, wenn's hoch kommt, eine ordentliche Bratwurst.
Hans Stucki hat mit seiner Frau Susi in dem Haus am Bruderholz, in dem das Restaurant sich heute noch befindet, Ende der fünfziger Jahre angefangen. Damals war die hübsche Jugendstilvilla eine Gartenwirtschaft, wohin die Basler mit der Straßenbahn ihren Sonntagsausflug unternahmen. Das Sonntagsmenü mit Suppe, Hauptgericht und Nachtisch war grundehrlich, währschaft und solide. Gute zehn Jahre später, als ihm das Lokal bereits gehörte, begann Stucki, seine Küche und in der Folge auch den Stil seines Lokals umzustellen. Daß er eine leichtere, modernere Art zu kochen entwikkelte, bedeutet jedoch keineswegs, daß ihm ein Cordon bleu, eine Rösti nicht mehr gut genug sind. Sein Motto auch heute: Gute Küche ist eine Sache bester Zutaten, präziser Sorgfalt und Liebe zur Arbeit!

Vor der Kulisse des prächtigen Rathauses wird jeden Tag Gemüsemarkt abgehalten

Die Gasträume, die Küche, der ganze Betrieb »Zum Bruderholz« paßt zu Hans Stucki, der hier vor seinem Lieblingsbild »Fischmarkt« des Basler Malers Burckart Mangold sitzt: Die Einrichtung wirkt wohltuend zurückhaltend in der Form, Küche und Präsentation sind jedoch deutlich und immer klar in der Sache

1

LA GELÉE DE RATATOUILLE AUX AIGUILLETTES D'AGNEAU

RATATOUILLE-GELEE MIT SCHEIBEN VOM LAMMRÜCKEN

Rosa gebratener Lammrücken, in dünne Scheiben geschnitten, angerichtet auf einem kleinen bunten Salat und gewürzt mit einer Schnittlauchvinaigrette. Geschmückt mit Rhomben von Roter Bete (Rande) und Sellerie, mit einem winzigen, marinierten, fächerartig aufgeschnittenen Zucchino und mit Tomatenwürfeln, die mit schwarzen Olivenstückchen vermischt sind. Geröstete Pinienkerne geben Biß. Das Ratatouille-Gelee wurde mit Kalbsfond gestützt, im Mini-Timbale geformt und sitzt als Türmchen daneben.

2

LE MINESTRONE DE HOMARD AUX DEUX HARICOTS ET AU BASILIC

GEMÜSESUD MIT HUMMER, ZWEIERLEI BOHNENKERNEN UND BASILIKUM

Ein intensiv nach Tomaten und Knoblauch duftender Gemüsefond, mit saftigen Hummerstücken, weißen Bohnenkernen, ausgelösten Dicken Bohnen und viel Basilikum.

3

FILETS DE ROUGETS GRATINÉS À L'ANIS ET SAFRAN ET THYM

ÜBERBACKENE ROUGETFILETS MIT DEM DUFT VON ANIS, SAFRAN UND THYMIAN

Filets von kleinen Rotbarben mit einer Kruste von goldenen Semmelbröseln (Paniermehl) überbacken, die mit Thymian gewürzt sind, in einer sanften, ganz leichten Safransauce serviert, die mit Anis parfümiert wurde.

4

ROGNON DE VEAU RÔTI À LA BIÈRE BRÛNE ET AU CUMIN

GEBRATENE KALBSNIERE MIT BRAUNEM BIER UND KÜMMEL

Die ganze Niere, die in ihrem eigenen Fettmantel gebraten saftiger und zarter als sonst bleibt. Durch und durch rosa, in Scheiben geschnitten – und mit einer klaren Sauce aus dunklem Bier angerichtet, die deutlich nach Kümmel duftet. Mit Möhren (Rüebli), Zuckerschoten (Kefen), Petersilienwurzeln und Kartoffelplätzchen.

5

LA FEUILLETÉ AUX LECKERLI DE BÂLE ET AUX CERISES

SCHNITTE AUS BLÄTTERTEIG VON BASLER LECKERLI MIT KIRSCHEN

Einfach verblüffend, das knusprige, blättrige Gebäck, das dunkel wie Lebkuchenteig aussieht und ebenso duftet. Das Geheimnis: Leckerliteig mit Butter getourt, wie das für Blätterteig eben üblich ist. Dazwischen Zimteis und Kompott von aromatischen schwarzen Kirschen.

4

1

1

2

3

5

Bern: Brennpunkt politischer Kultur und bedächtige Bundeshauptstadt

Schon der Platz, auf dem Bern errichtet wurde, war mit Bedacht gewählt: Herzog Berchtold von Zähringen gründete die Stadt 1191 auf dem an drei Seiten von der Aare umspülten Felsrücken. Nach dem ersten Tier, das er in den umgebenden Wäldern erlegte, sollte die Stadt benannt werden: ein Bär. Er wurde Wappentier.

Stark ist er, der Bär, klug, nicht leicht erregbar, behäbig, schwerfällig, ja langsam – und kann blitzschnell zuschlagen. Und die Berner? Auf jeden Fall überlegen sie erst, reden langsam in ihrem ausgeprägten Dialekt – sind bedächtig.

Die Gründung hatte Erfolg, schon 1218 wurde Bern vom Staufer Friedrich II. zur Reichsstadt erhoben. Diese Urkunde, die »Handveste«, bestimmte bereits den Stadtplan mit den einzelnen »Hofstätten«, die den Bürgern für Wohnhaus, Scheunen, Stallungen, Lager und Werkstätten gegen geringen Pachtzins zur Verfügung gestellt wurden. Noch heute gliedern die damals festgelegten, inzwischen freilich mehrmals unterteilten Maße die Straßen, die mit 24 Metern Breite gleichzeitig als Marktplatz dienten.

1405 verheerte Feuer die Stadt, und danach wurden die Häuser aus einem gelblich-grünen Sandstein wiederaufgebaut, die Verkaufsfronten mit Arkadenbögen, den berühmten Lauben, überdacht: Nun konnte bei jedem Wetter Markt gehalten werden.

Bern breitete sich aus – seit dem 16. Jahrhundert kontrollierte es das Gebiet vom Genfer See bis zur unteren Reuss. Geschult durch den diplomatischen Umgang mit Burgundern und Franzosen einerseits, andererseits die kraftvollen Auseinandersetzungen mit der eigenwilligen Eidgenossenschaft, der Bern 1353 beitrat, verwaltete man ohne Härte, ohne Unterdrückung, machte sich nicht unbeliebt. Zweisprachigkeit war in der Oberschicht selbstverständlich, zumal die Sprachgrenze ganz in der Nähe verläuft und die Berner nicht so töricht waren, den französischsprechenden Untertanen ihr Deutsch aufzuzwingen. Das protestantische Bern war 200 Jahre lang ein europäisches Zentrum politischer Bildung und Erfahrung.

Mit Napoleon kam das Ende – aber Bern wäre nicht Bern gewesen, wenn es keine Lösung gefunden hätte: Die Aristokratie wehrte sich nicht, verzichtete freiwillig auf alle Machtansprüche. Und als nach den schweren Auseinandersetzungen im Sonderbundkrieg, wo Katholiken und Protestanten sich gegenüberstanden, 1848 die Schweiz neu geordnet wurde, war wieder alles beim alten: Die Eidgenossen erkoren sich Bern als Bundeshauptstadt. Damit wurde es zwar keine zentrale Metropole – die eine Konföderation ja nicht braucht –, aber doch wieder *prima inter pares.*

Bern ist eine vom Land geprägte Stadt, man geht mit den Hühnern ins Bett! Will man abends um zehn noch etwas essen, muß man zum Bahnhof. Aber vielleicht sollte der Besucher, auch wenn er zu früherer Stunde zu speisen wünscht, lieber ins Bernbiet fahren: die öffentliche kulinarische Kultur ist in der Stadt, von wenigen Ausnahmen abgesehen, auf weniger hohem Niveau als die politische, nur freiheitlich breit entwickelt – von allem etwas. In manchem Dorfgasthaus dagegen gibt's eine herrliche, bäuerlich reiche Berner Platte (Seite 236). Die Berner selbst essen sie auch nur noch selten zu Hause.

Die Jugend, die lediglich satt werden will, geht in den wohlbekannten Untergrund, in die Kellerkneipen, Stätten reger studentischer und künstlerischer Begegnung. Oder nachmittags in eines der vielen gepflegten Cafés.

Die Altstadt von Bern, überragt vom Turm des spätgotischen Münsters St. Vinzenz und dem neoflorentinischen Bundeshaus. Bern hat 145 000 Einwohner, also Bürger. *13 000 davon sind zusätzlich auch* Burger, *gehören einem besitzenden, aus den ehemaligen Zünften hervorgegangenen Patriziat an*

Der fast 800 Jahre alte Grundriß des Berner Stadtkerns funktioniert auch heute noch perfekt – zweimal die Woche Markt, die Regentage vergessen machenden Lauben mit Geschäften für Luxus und täglichen Bedarf, die Uhren am Zytgloggeturm. Um die Brunnen mit den Renaissancefiguren ist Raum und Zeit für das gemütliche Schwätzchen.

Die Becken kann man überdies profan zum Frischhalten von Gemüse nutzen. Eng allerdings geht's am 4. Novembermontag in Straßen und Beizen zu, wenn Bern seine alte Verbundenheit mit dem Bauernland zeigt und der berühmte Zibelimärit, Zwiebelmarkt, stattfindet, auf dem über hundert Tonnen Zwiebeln verkauft werden!

Käse im lieblichen Emmental

Die Hügellandschaft zu beiden Seiten der Emme, die sich östlich von Bern im Herzen der Schweiz erstreckt, ist ganz einfach schön, wirkt in ihrer Idylle fast schon kitschig. Von Burgdorf mit seinem mächtigen Schloß, einst Sitz der Berner Vögte, breitet sich eine sanfte, milde Landschaft aus, mit behäbig in Talmulden geschmiegten Dörfern, satten grünen Wiesen. Dazwischen, wie hingetupft verteilt,

Der Betrieb besteht seit hundert Jahren. Er ist Besitz einer Genossenschaft

Die Pächter Rosa und Christian Hirschi machen hier seit 30 Jahren Käse

stattliche Bauernhäuser mit ihren für die Gegend typischen, weit vorgezogenen Dächern, die verschindelte oder kunstvoll bemalte Fassade oft mit einem rundgezogenen Bogen schirmend. Ansteigend schließlich Wiesen und Weiden, hinter Langnau durchaus auch steil, in schwer zugängliche, unwegsame Alpen übergehend, hoch oben dann begrenzt vom abweisenden Grau des schroffen Fels.

Längst wird der berühmte Emmentaler, weltweit Synonym für Schweizer Käse, im Tal, in Käsereien produziert, nur selten auf der Alp (wie in der

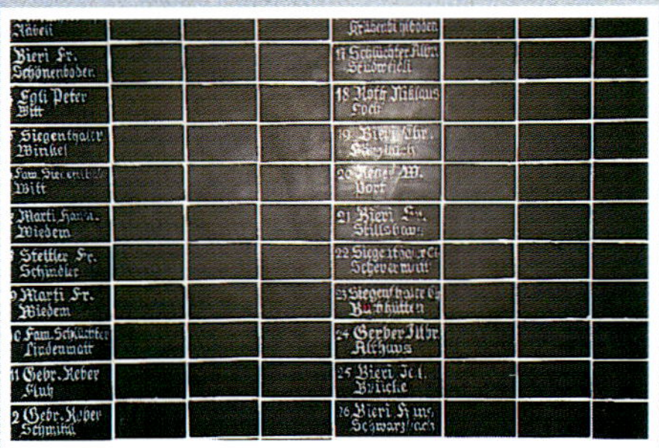

Auf der Tafel wird die Milchmenge notiert

Pro Käse sind 1200 Liter Milch nötig

Ein fertiger Käse wiegt über 100 Kilo

Schweiz die Almen heißen). Rosa und Christian Hirschi haben die Käserei Thal bei Schangnau von der Milchbauern-Genossenschaft gepachtet.
Schon Christians Vater war Käser im Emmental, seine fünf Brüder sind es geworden. Da hat man das Käsemachen sozusagen im Blut. Seit dreißig Jahren steht Christian Hirschi morgens zwischen 6 und 7 Uhr am Kessel und schöpft von der eben eingetroffenen Morgenmilch so viel Rahm ab, daß sie zusammen mit der Abendmilch vom Vortag exakt den Fettgehalt aufweist, der für einen rechten Emmentaler nötig ist: 2,9%. Drei Stück davon macht er im Schnitt pro Tag. Goldene Wagenräder, die 100 bis 130 Kilo wiegen. Im Frühjahr, wenn die Kühe nur wenig Milch liefern, können sie auch mal kleiner sein. Außerdem werden natürlich Butter, Frischkäse, Rahm und ab und zu auch Weichkäse produziert.
Das Käsen ist zwar heute dank Maschinen, die helfen, beispielsweise die schweren Käselaibe zu heben und zu drehen, und dank besserer Kühlungs-

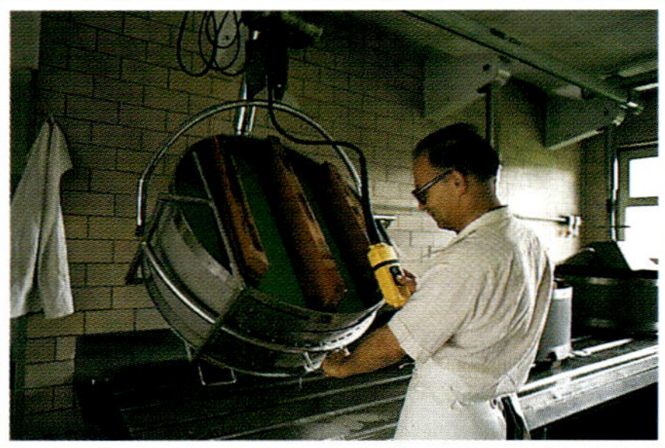

Heute hilft beim Wenden die Technik

möglichkeiten einfacher geworden – im Prinzip jedoch hat sich am Produktionsprozeß seit dem 13. Jahrhundert, seit man Emmentaler Käse herstellt, nichts geändert.
Aber es gibt Probleme: Immer öfter kommt es vor, daß die typischen kirschgroßen Löcher im Schweizer Käse nicht, wie es sich gehört, kugelrund, sondern eher oval, ausgefranst, gar rissig aussehen. Die Forscher stehen vor einem Rätsel.
Wie die Löcher in den Schweizer Käse kommen, über diese Frage stritt man sich bereits bei Tucholsky bis aufs Messer. Die einfache Antwort: Es sind Gasblasen, die sich beim Gären des jungen Käseteigs bilden. Je gleichmäßiger dieser Gär- und Reifeprozeß verläuft, desto runder und ebenmäßiger die Löcher. Bakterien sind dafür nötig, die eigentlich in der roh belassenen Milch von Natur aus vorhanden sein sollten. Seit aber der Weg der Milch von der Kuh bis zur Käserei fast steril verläuft, muß man ihr mit zugesetzten Bakterienkulturen auf die Sprünge helfen. Die richtige Dosis zu finden, ist die Kunst. Die Milch sei zu sauber, klagen viele Käser. Hygienische Vorschriften zwingen dazu, altbewährte Regeln zu verlassen. Das macht die Sache schwierig und unberechenbar.
Bis vor 15 Jahren war Rohmilchbutter selbstverständlich. Heute ist sie verboten. Noch herrscht die Vorschrift, für Emmentaler Rohmilch zu verwenden. Allerdings genügen nicht mehr, wie früher üblich, 31 Grad, um sie mit dem Lab zum Bruch gerinnen zu lassen, mittlerweile muß man sie schon auf 33 Grad erhitzen. Aber, meint Christian Hirschi: Wenn man sich langsam, unmerklich fast, Grad für Grad der Grenze nähert, die zwischen roher und erhitzter Milch liegt, ist es zum Allerweltskäse nicht weit.

Klopfen, um zu hören, ob er fertig ist

An der herausgestochenen Probe läßt sich

... riechen, ob der Käse gut geraten ist

1
SIMONENMAGRONEN

Eine Variante zu den *Älplermagronen* (Seite 26), die gleichen Zutaten, aber auf andere Weise zubereitet.

Für vier Personen:
300 g Hörnchennudeln, 3 EL Butter, 2 große Zwiebeln, 300 g Kartoffeln, Salz, 1 l Wasser, ⅛ l Rahm, 150 g geriebener Käse

Die rohen Nudeln in der heißen Butter sanft anrösten. Sobald sie goldbraun geworden sind, die feingehackten Zwiebeln zufügen und im rasch austretenden, eigenen Saft mitdünsten. Die Kartoffeln in Schnitze schneiden und zufügen. Nach und nach das Wasser angießen, immer nur soviel wie die Zutaten gerade eben brauchen, um nicht anzusetzen. Salzen. Sobald Nudeln und Kartoffeln weich sind und das Wasser völlig absorbiert ist, den Rahm angießen und etwas einkochen. Zum Schluß den Käse darüberstreuen und sofort, am besten mit einem grünen Salat, servieren.

HERBST

Wild und Wein, Käse, Krebse und Kraut – die Zeit der großen Gaumenfreuden

Harmonisch: Rehterrine mit Feigen

Besuch bei Elfie Casty

Die Weinlese beginnt

Bauernmarkt in Murten

Käsekuchen: paßt prima zum Wein

Neuchâtel: allgegenwärtige Wappenkunst

So einfach wie gut: Bündner Teller

Frisch, zart, nussig: Ziegenkäse

Der Seppi, die Sylvia und der »Adler«

So zurückgesetzt von der Straße, daß man beinahe daran vorbeifährt, steht mitten in dem kleinen Ort Nebikon das »Gasthaus zum Adler«. Mittags und abends bezeugt ein regelrechter Fuhrpark rund ums Haus, daß man hier gut zu Gast sein kann. Allerdings: Auf einen zufälligen Besuch im »Adler« sollte man es nicht ankommen lassen – die Plätze sind eigentlich immer ausgebucht. Kein Wunder, denn was Seppi, getauft auf den ihm gar nicht geläufigen Namen Joseph, hier kocht und seine Frau Sylvia serviert, gehört schlicht und einfach zum Besten im ganzen Lande ...

Der Seppi Hunkeler ist ein Naturereignis, ständig so präsent und so aktiv, wie es für drei normale Männer vollkommen ausreichen würde. Es gibt kein Nichtstun, keine Ruhe, keine Muße – oder doch? Doch! Muße ist ihm das Reiten, die Jagd, das Jassen, das Fischen. Was immer er tut, geschieht mit umwerfender Leidenschaft. Es gibt keine ruhig dahinplätschernden Gespräche. Seine Geschichten und Erzählungen sind durchsetzt von heftigen Ausrufen, kritisch-vernichtenden Zwischenbemerkungen, wilden Abschweifungen. Wenn er nicht zwei Leute gleichzeitig mit zwei völlig verschiedenen Geschichten konfrontiert, dann lacht er bestimmt gerade. Oder flucht mit einer so himmlischen Selbstverständlichkeit, daß ihm kein noch so strenger Herrgott böse sein könnte. Stets verleiht er seinen Worten mit ausladenden Gesten und seinem ganzen Körper Nachdruck.

Das Wirtsein und Kochen liegt ihm im Blut: Seit fünf Generationen sitzen die Hunkelers auf dem »Adler«. *Nebikon* – das ist ein kleines Nest, etwas Industrie, Holzverarbeitung. Nicht weit von der Autobahn Basel–Luzern gelegen, zwischen den wunderschön erhaltenen und gepflegten Städten *Zofingen* und *Willisau.*

Aber für einen Mann wie den Seppi ist die Gegend ein Paradies, denn unmittelbar vor der Haustüre gibt es die herrlichsten Produkte für seine Kü-

An einem kleinen Weiher geht der Seppi Hunkeler auf Entenjagd, begleitet von der leidenschaftlichen Jägerin und Sucherin Asta, einem in der ganzen Gegend bewunderten Schweisshund. Gegen den ärgsten Hunger hilft ein schönes Stück vom selbstgemachten »Burehamme«, dem Bauernschinken. Wenn Diana dem Jäger hold ist, erwischt er vielleicht ein paar kleine Krickenten, die so besonders gut schmekken, einfach gebraten, mit »Schnitz« (Kartoffeln mit Äpfeln) und »Kefen«, den zarten Erbsenschoten

che: Mannigfaches Wild und Wildgeflügel; Fische aus den Flüssen und vor allem Krebse, die für Seppi eine besondere Bedeutung haben (davon später), aus dem nahen *Mauensee;* Milch, Sahne, Butter und Käse in allererster Qualität; aromatisches Obst aller Art, vorzügliche Kartoffeln und die besten heimischen Gemüse und Kräuter aus den Bauerngärten; Pilze und Beeren aus den Wäldern; und nur drei Kilometer weiter wächst ein einfacher, aber durchaus wohlschmeckender Wein.

Freilich beschränkt sich die »Adler«-Küche nicht auf die örtlichen Zutaten, sondern bringt auch ausländische Spezialitäten, etwa Mittelmeer- und Atlantikfische, mediterrane Gemüse, vor allem im Winter südliche Salate und exotische Früchte auf den Tisch. Ein schottisches Moorhuhn (Grouse) und eine heimische Krickente sind für Seppi kein Gegensatz.

Seine Küche ist so gradlinig, wie man es sich nur wünschen kann. Es gibt keinen Firlefanz, nichts Verkünsteltes. Seine Terrinen, für die seine Gäste eine weite Anfahrt in Kauf nehmen, werden immer mit den passenden, sich im Aroma ergänzenden Früchten oder Salaten serviert. Seine Vorstellungen vom reinen Wohlgeschmack der guten Naturprodukte lassen jede extravagante Sauce zu einer Dummheit werden: Kann ein simpler, mit dem kernigen Geschmack heimischen Wurzelwerks und dem komplexen Aroma eines guten Weines angereicherter Bratenjus von irgend etwas anderem übertroffen werden? Seppi schüttelt barsch den Kopf, kostet die Sauce, lacht übermütig und scheucht seine Brigade um den Herd …

Das Luzerner Mittelland mit seinen sanft sich wellenden Hügelketten strahlt eine heimelige Ruhe aus. Die schlichten, nur selten reich verzierten Häuser künden von einfacher bäuerlicher Lebensart

Während in der Küche unter Seppis sonorer Ägide die Vorbereitungen auf Hochtouren laufen, richtet Sylvia mit ihren Mädchen die Gaststuben, kümmert sich um die Blumensträuße, die Tischdekoration und die Tischordnung. Letzteres ist bei den wohnzimmerhaften Ausmaßen der Gaststuben gar nicht immer einfach, denn niemand soll sich vom Nachbartisch bedrängt fühlen, vielmehr diese gemütliche Nähe zu anderen, ähnlich empfindenden Menschen genießen.

Der »Adler« strahlt nicht nur die barocke Lebenslust des Hausherrn aus, sondern auch die familiäre Ruhe der Hausfrau. Das wird während des Services besonders deutlich, wenn bei

Seppi Hunkeler: Ruhe beim Schreiben der Speisekarte

In der Beiz: Tagsüber jassen die älteren Stammgäste

vollem Hause alle den Kopf zu verlieren drohen – nur Sylvia nicht, die dann in aller Ruhe Anweisungen gibt, zum passenden Wein rät oder mit sicherer Hand Wildgeflügel tranchiert.
Die Qualität der Produkte: Der Seppi sucht die Perfektion – und findet sie! Sein fester, zweijähriger Gruyère, dessen *Salztränen* in den Rissen funkeln, schmeckt wunderbar – und er lobt seinen Händler, Monsieur Dougoud in Bulle. Ein märchenhaft sanfter Ziegenkäse – aus dem *Napf,* wie der Bergstock im Süden heißt. Ein köstlicher *Schnitz,* das bäuerliche Luzerner Spezialgericht aus Kartoffeln (Haerdoepfel, ruft der Seppi guttural) und Äpfeln (früher nahm man getrocknete, der Seppi nimmt frische, die er sanft in Butter karamelisiert) und separat gekochtem grünem Speck – Äpfel aus dem eigenen Garten und »chleine Chartöffelchen«, *Virgule* oder *Pfaffenzehen,* die hier am besten wachsen.

Vier Räume hat der »Adler« für die Gäste: Die *Beiz,* wo die Leute des Dorfes an festen Tischen Karten spielen, *jassen,* und auf den eingelassenen Schieferplatten mit Kreide die Resultate vermerken, die sich mit einem Schwämmchen leicht wieder auswischen lassen. Vater Hunkeler, im biblischen Alter von 87 Jahren, hält wakker mit. Um Geld spielt er nicht,

Allenthalben findet man kleine Schlösser und Burgen, meist bestens gepflegt, oft als Museum oder für gemeinnützige Zwecke eingerichtet: Die Zeugen adeliger Vergangenheit in bürgerlicher Nutzung

immer nur um Wein! Davon habe er immer mehr verbraucht als Öl zum Heizen, bemerkt er verschmitzt. Dahinter die Gaststube, getäfelt mit *Sarbele,* warmem Pappelholz. Bürgerlich im besten Sinne. Weiter ein riesiger Saal für die Festivitäten der Gegend. Schließlich noch ein elegantes Zimmer, ein Schmuckstück von Restaurant, ebenfalls mit trautem Täfer.
Natürlich ist die Karte unterschiedlich, bietet das Restaurant die zarten Terrinen und saftige Braten und gibt es in der Beiz einfache Teller- und Schmorgerichte sowie eine Auswahl an Würsten und Schinken. Aber, sagt der Seppi mit raumumgreifender Bewegung, wenn sonst alles voll ist, kann man sich seine feinen Sachen auch in der derberen Beiz zu Gemüte führen. Die Jasser, mal die Karten auf den Tisch knallend, mal stimmgewaltig auftrumpfend, haben ihren Schoppen geleert und sich zum Essen nach Hause begeben: Wenn sich die Beiz leert, füllen sich die Gaststuben …

Das Restaurant: Holztäfelung schafft Gemütlichkeit

Sylvia Hunkeler: eine Meisterin der Tranchierkunst

TERRINEN

Der Name der Form steht gleichzeitig für den Inhalt. Terrinen gehören zu den Kunstwerken der feinen Küche. Dabei sind sie längst nicht so schwierig, wie sie aussehen. Wenn man ein paar Dinge beachtet:
Die Masse muß stets gut gekühlt verarbeitet werden, sonst gerinnt das Eiweiß, die Farce wird grießig und flockt aus.
Profis garen die Terrine in einer Form (im Gastronomiehandel erhältlich), deren Deckel fest mit dem Unterteil verschraubt werden kann. Dadurch wird die Terrine bereits beim Garen in Form gepreßt, die Säfte bleiben in der Masse, können sich nicht absetzen. Im Haushalt kann man sich mit einer normalen Terrinenform behelfen, sollte aber die Farce nicht nur mit Folie abdecken, sondern zusätzlich beschweren.
Seppi Hunkeler gart seine Terrinen im *Steamer*, das ist eine Art überdimensionaler Dampfdrucktopf. Darin geschieht alles sehr schonend und schnell: Eine Terrine ist in nur 6 Minuten gar. In Haushaltsschnellkochtöpfe paßt nur selten eine ganze Terrinenform hinein. Deshalb wird man sie besser ins Wasserbad im Backofen setzen. Bei 200 Grad ist die Terrine in etwa einer halben Stunde fertig. Anschließend die Terrine im Backofen nachziehen und auskühlen lassen. In jedem Fall läßt man sie sich erst im Kühlschrank einen Tag setzen, ehe man sie anschneidet.

1
REHTERRINE

Für eine Form von 1 Liter Inhalt:
6 frische Feigen, ⅛ l Portwein,
350 g Rehfleisch, 60 g Entenstopfleber,
1 Ei, 1 Eigelb, 5 EL Öl,
¼ l Crème double, Salz, Pfeffer,
ein Schuß Wacholderschnaps,
10 dünne Scheiben »grüner« Speck

Die Feigen in einem Schälchen mit Portwein beträufeln und marinieren.
Das Fleisch durch den Wolf drehen, anschließend im Zerhacker fein pürieren, dabei nach und nach die weiteren Zutaten zufügen. Darauf achten, daß die Masse schön kalt bleibt. Sie kräftig abschmecken.
In die mit Speckscheiben ausgekleidete Form spritzen. Die abgetrockneten Feigen in die Mitte drücken. Den Speck über der Füllung zusammenfalten. Die Terrine garen.
Mit Feigen, Melonenspalten und einem Klecks Cumberlandsauce (aus Johannisbeergelee und Senfpulver) servieren.

2
KALBSKUTTELTERRINE

Für eine Terrinenform von 1 Liter Inhalt:
500 g Kalbskutteln, ca ½ l kräftig gewürzter Kalbsfond,
300 g gekochter Schinken,
5 EL Erdnußöl, 1 Ei, 1 Eiweiß,
5 EL Rahm, Salz, Pfeffer,
ca. 10 dünne breite Scheiben ungeräucherter »grüner« Speck

Die sorgfältig gereinigten Kutteln, falls dies der Metzger noch nicht erledigt hat, im Kalbsfond weich kochen und darin erkalten lassen. In schmale Streifen schneiden und auf einem Tuch ausgebreitet gründlich abtrocknen.
Für die Farce den Schinken mit Öl, ganzem Ei, Eiweiß und Rahm im elektrischen Zerhacker zu feinem Mus pürieren, dabei mit Salz und Pfeffer abschmecken.
Die Terrinenform mit den Speckscheiben auskleiden. Schinkenfarce und Kuttelstreifen lagenweise einschichten. Den Speck darüber zusammenfalten. Die Terrine im Dampf oder Wasserbad garen.
In Scheiben mit einem kleinen Salat anrichten. Hübsch dazu: ein weich gekochtes Wachtelei und ein Klecks Schnittlauchrahm.

2

3
GEMÜSETERRINE

Für eine Form von 1,5 Liter Inhalt:
ca. 1 kg Gemüse: etwa Möhren (Rüebli), Kohlrabi, grüne Bohnen, Kefen (Zuckererbsen) und Blumenkohl, 250 g gekochter Schinken, 2 Eiweiß, ⅒ l Erdnußöl, Cayennepfeffer, Salz, Pfeffer
Außerdem: 3 Zucchini

Die Gemüse putzen, in Würfel oder Streifen schneiden bzw. den Blumenkohl in kleine Röschen teilen, alles getrennt in Salzwasser blanchieren und abtropfen lassen.
Den Schinken mit Eiweiß und Öl im elektrischen Zerhacker fein pürieren. Mit Cayenne, Salz und Pfeffer würzen. Zucchini längs in dünne Scheiben hobeln. Blanchieren, die Terrinenform damit auskleiden. Die Schinkenfarce einfüllen und das Gemüse darin einbetten. Zum Schluß mit Zucchinischeiben abdecken. Die Terrine im Dampf oder Wasserbad garen.
Zum Servieren in fingerdicke Scheiben schneiden und zum Beispiel mit einem Gemüsesalat anrichten, der mit Tomatenvinaigrette angemacht ist.

1

3

1

TAUBENSÜLZE

Für eine Terrinenform von 1 Liter Inhalt:
100 g Entenstopfleber, ½ TL Salz, 4 Pfefferkörner, 2 Pimentkörner, 1 Stückchen Macis (Muskatblüte), 4 EL Madeira, 3 fleischige Tauben, Salz, Pfeffer, 4 EL Olivenöl, etwas Wurzelwerk (Möhre [Rüebli], Lauch, Sellerie), 300 g feste, kleine Pfifferlinge (Eierschwämme) und Steinpilze, 2 Schalotten, Kerbel, 5 Blatt Gelatine

Die sorgfältig entsehnte und gehäutete Leber mit den im Mörser zerstoßenen Gewürzen einreiben, mit Madeira übergießen und zugedeckt zwei Stunden ziehen lassen.
Inzwischen die Täubchen salzen, pfeffern und mit zwei Löffeln Öl begossen im 250 Grad heißen Ofen etwa 10 Minuten braten. Im ausgeschalteten Ofen noch weitere 15 Minuten ruhen lassen. Schließlich die Brüste und das Keulenfleisch auslösen. Haut und Knochen mit etwas Wurzelwerk zu einer Consommé auskochen.
Die Pilze in Scheibchen schneiden und mit den feingewürfelten Schalotten in den beiden verbliebenen Löffeln Öl dünsten; salzen und pfeffern. Mit gehacktem Kerbel mischen. Durch ein Sieb abtropfen lassen, den Pilzsaft auffangen. Mit Täubchenconsommé auf einen halben Liter strecken. Die eingeweichte Gelatine darin auflösen.
In die mit Klarsichtfolie ausgelegte Terrine Pilze, gewürfeltes Keulenfleisch und Entenleber einschichten, in die Mitte das Brustfleisch betten. Mit Fond auffüllen. Einen halben Tag kühlen und schnittfest werden lassen.
Seppi Hunkeler serviert die Taubensülze zusammen mit zwei kleinen Salaten: von Pfifferlingen und von Radieschen. Die Sülze beträufelt er mit Paprikavinaigrette.

2

REHLEBER AUF SELLERIE UND APFEL

Für vier Personen:
½ Sellerieknolle, 1 Apfel (Cox Orange), Zitronensaft, 2 EL Butter, Salz, Pfeffer, 5 EL Kalbsfond, 4 schöne Scheiben Rehleber, 2 EL Öl

Sellerie und Apfel in feine Streifen hobeln und sofort mit Zitronensaft beträufeln, damit sie sich nicht verfärben. In der heißen Butter andünsten, salzen und pfeffern, mit Kalbsfond beträufeln, nur kurz köcheln. Der Sellerie sollte noch Biß haben.
Die Leber pfeffern, im sehr heißen Öl rasch auf beiden Seiten scharf anbraten, dann neben dem Feuer fünf Minuten ziehen lassen. Erst dann salzen.
Den Sellerie auf vier Teller verteilen. Die Leberstücke jeweils darauf betten. Mit ein paar hauchdünnen Rotkohlstreifen, kurz gedünstet und mit Balsamicoessig gewürzt, dekorieren.

3

ZWETSCHGENTARTE

Die hier angegebene Menge reicht für eine Springform von 24 bis 26 cm Durchmesser oder für 6 kleine Portionskuchen.

Mürbeteig:
250 g Mehl, 165 g Butter, 35 g Zucker, 1 Prise Salz, 3 EL Wasser
Belag:
50 g gemahlene Mandeln, 750 g Zwetschgen, 2 EL Zucker, 100 g Aprikosenkonfitüre, 2 EL Wasser

Aus Mehl, Butter, Zucker, einer Prise Salz und etwas Wasser rasch einen festen Mürbeteig kneten. Zu einer Rolle geformt und in Folie gehüllt mindestens einen halben Tag kalt stellen, damit sich der Kleber entwickeln kann. Dünn ausrollen, den mit Backpapier bedeckten Springformboden damit auslegen. Teig mehrmals mit einer Gabel einstechen, damit er schön flach bleibt, und mit gemahlenen Mandeln bestreuen. Sehr akkurat mit Zwetschgenscheiben besetzen, diese mit Zukker bestreuen.
Im 270 Grad heißen Ofen etwa 30 bis 35 Minuten backen. Noch heiß mit Aprikosenkonfitüre einpinseln, die mit dem Wasser einmal aufgekocht und – falls noch Fruchtstücke sichtbar sind – durch ein Sieb gestrichen wurde.
Warm servieren, zum Beispiel mit Zwetschgenscheiben garniert und mit Zimt bepudert.

1
2
3

Still liegt der Mauensee im fahlen Morgenlicht, eine leise Brise kraust das Wasser. Auf der durch eine Brükke mit dem Land verbundenen Insel ragt ein trutziges Schloß durch die mächtigen Bäume. Nur von fern summt der Verkehr.
Schloß und See gehören der alten und bedeutenden Familie von Schuhmacher, die den einstigen Besitz der Hugenottenfamilie Pourtalès jedoch erst 1942 erwarb. Frau von Schuhmacher, eine höchst lebendige und rüstige alte Dame, residiert hier den Sommer über – den Winter verbringt sie in Zürich im Hotel Dolder. Berühmt und begehrt sind ihre sommerlichen Musikfeste.
Der Seppi Hunkeler sorgt dann für das leibliche Wohl der Gäste. Den eindrucksvollen Mittelpunkt des Buffets bildet der Schatz des Sees: Krebse! Schloßverwalter Walter Bieri verkauft dann eine Woche lang keinen einzigen Krebs, obwohl die durchschnittliche Tagesernte im Hochsommer etwa acht Kilogramm beträgt.
Die Tiere werden in Reusen gefangen, ein Fischköder lockt sie dort hinein. Mit dem Boot fährt Bieri jeden Morgen die Reusen ab, zieht sie hoch, holt die Krebse heraus und sorgt für einen neuen Köder. Ein mühsames Geschäft, das – auch Sommermorgen können empfindlich kalt sein – mächtig klamme Finger macht. Normalerweise werden die Krebse dann verkauft, an Freunde, Bekannte und Gastronomen der Umgebung, für 25 Franken/kg.
Doch die Ernte reicht nie aus, um alle Wünsche zu befriedigen: Die Mauensee-Krebse sind so besonders begehrt, weil sie überdurchschnittlich wohlschmeckend sind. Das Wasser des Sees ist eben noch sauber, auch wenn man in den letzten Jahren zunehmend Probleme mit der landwirtschaftlichen Düngung hat. Jetzt wird das win-

Die Schloßherrin von Mauensee, Charlotte von Schuhmacher, nimmt auch mit über 80 Jahren regen Anteil am Krebs- und Fischfang in ihrem 55 ha großen See, der durch künstliche Inselchen optisch aufgelockert wurde, und in dem sich kapitale Hechte und zarte Egli um die Wette tummeln. Einem Glas Wein und dem nach der Jagd von Seppi mit hierhergebrachten Burehamme *ist sie ebensowenig abgeneigt wie Walter Bieri. Die Krebse warten derweil in einem Becken mit frischem Quellwasser auf ihren feinschmeckerischen Liebhaber*

terliche Gülleverbot für die seenahen Wiesen auf das ganze Jahr ausgedehnt, die Stickstoffdüngung stark reduziert und kontrolliert. Es soll diesem kleinen See nicht so gehen, wie vielen großen, deren Sauerstoff von Algen aufgezehrt wurden.

Für die Hunkelers haben die Krebse aus dem Mauensee eine überragende Bedeutung – nicht nur auf der Speisekarte des »Adlers«. Die Krebse sind nämlich »schuld«, daß es dem Seppi und der Sylvia heute so gut geht: Ein Gast brachte ihnen vor 12 Jahren die ersten Krebse aus dem Mauensee mit. Um zu sehen, wie man sie anderswo zubereitet, fuhren sie an den *Lac d'Annecy* in die *Auberge du Père Bise* in Talloires/Savoyen. Sie fanden, daß ihre Krebse mindestens genausogut schmeckten wie dort, wo man sie mit größter Andacht genoß. So beschlossen sie, ihre Küche umzustellen, moderner und persönlicher zu machen und aus dem Dorfgasthaus ein Spitzenrestaurant, das nun seit über zehn Jahren floriert. Den Krebsen sei Dank!

Vom 1. Juli bis zum 30. September dauert die Saison, in dieser Zeit sind die Krebse munter und deshalb sauber. Danach werden sie müde und langsam, schlammen sich ein und bieten keinen Genuß mehr. Das ist auch gut so, meint Bieri, denn sonst würde der ärgste Feind der Krebse, der Mensch, die Tiere alle aufessen.

Dabei, klagt Seppi Hunkeler mit dramatischer Geste, haben sie doch schon Feinde genug: die *Bucheli*, wie die Bläßhühner heißen, Kormorane, Egli und Hechte – bei einem 2-kg-Exemplar haben sie einmal 22 Krebse im Magen gefunden. Schließlich die Fischreiher – die, so Seppi, sollte man schießen dürfen, denn sie schmeckten köstlich. Besonders zu Krebsen, lacht er laut, unschuldig und schelmisch . . .

1
KREBSE À LA NAGE

So schmecken Krebse einfach am allerbesten: klar und unverfälscht, ohne überdeckende Sauce. Dazu braucht man nur noch frisches Weißbrot. Und ein Täßchen, aus dem man den herrlichen Sud zum Schluß wie eine Suppe trinkt.

Für vier Personen:
¼ Sellerieknolle, 1 dicke Möhre (Rüebli), 1 Lauchstange, je 2–3 Dill- und Petersilienzweige, 2 EL Butter, ¼ l trockener Weißwein, ½ l Wasser, 2 kg Flußkrebse, Salz, Pfeffer, 1 Fleischtomate

Sellerie und Möhre in Julienne hobeln, den Lauch in feine Ringe schneiden. Jeweils ein Drittel davon, sowie jeweils gleich viel Petersilie und Dill beiseite legen. Den Rest mit den gehackten Kräuterstielen in der Butter andünsten. Mit Wein und Wasser auffüllen. Zehn Minuten köcheln.

Nacheinander die Krebse hineingeben, stets mit dem Kopf vornüber. Auf mildem Feuer fünf Minuten zugedeckt ziehen lassen. In eine große Schüssel füllen. Den Sud um knapp ein Drittel einkochen, mit Salz und Pfeffer abschmecken und erst zum Schluß das beiseitegelegte Gemüse, die Kräuter und die inzwischen gewürfelte Tomate zufügen. Nur eine Minute aufkochen, über die Krebse gießen und sofort auftragen. In Suppentellern servieren.

1

Beschwerlich ist das Leben der Bergbauern im unwegsamen Gebiet des *Napf*. Der Staat weiß das und unterstützt die Menschen, damit sie nicht abwandern, die Landschaft pflegen und ihren Charakter bewahren. Trotzdem sind, vor allem von ungünstig gelegenen, ärmeren Höfen, die Besitzer verzogen. Auf einem haben sich Anne und Dominique Monnot mit Töchtern eine neue Heimat geschaffen.
Hauptquelle für das tägliche Leben sind 32 Geißen und ein Bock, Darwin genannt und gar entsetzlich stinkend. Zu Ostern verkauft Dominique Monnot die im Winter geborenen *Gitzi*, die Kitze. Im Sommer macht er Käse: kleine, schmelzend zarte Käschen mit nussigem Geschmack. 50–60 Stück gibt's pro Tag, von März bis Ende September. Die Käse werden aus reiner Ziegenmilch hergestellt, Morgen- und Abendmilch wird getrennt erhitzt, nach Abkühlung mit Lab versetzt, nach zwölfstündigem Stehen geschnitten, nach weiteren 12 Stunden in eine Form gegeben, in der sie wiederum 12 Stunden abtropfen. Jetzt kommen die Käse für ½ Stunde ins Salzbad, dann trocknen sie an der sauberen Zugluft der Berge. Dominique verkauft sie auf Märkten und an Stammkunden.
Dominique ist Autodidakt, ein typischer 68er – als Aussteiger von der Kunstgewerbeschule versucht er zusammen mit seiner Frau Anne, ehemals Volksschullehrerin, ein alternatives Landleben. Die Perfektionierung seiner Käse: Fachzeitschriften und der Erfahrungsaustausch mit Kollegen sind unverzichtbare Hilfen, aber das echte Spitzenprodukt muß, je nach Lab, Temperatur, Luftfeuchtigkeit und Nahrung, an jedem Ort täglich neu entwickelt werden. Dominique läßt seine Tiere stets auf der Weide grasen – dann fressen sie nur das, was sie wirklich mögen: Die Milch wird delikater als bei Stallfütterung, wo sie alles durcheinander fressen müssen.

Auf dem großen Bild links zwei Tage alte, milde und schmelzende, rechts zehn Tage alte Ziegenkäse, die kräftiger schmecken. Seppi Hunkeler serviert die Käse am liebsten so, mit frischen Nüssen und Weintrauben. Das Geierschwand-Hüsli der Monnots liegt in einem engen Tal, in das winters vier Monate keine Sonne scheint. Dann gibt es mehrmals täglich die Spezialität der Bauern des Napf *und des* Entlebuch, *den »Kaffee Träsch«: ein ziemlich dünner, heißer Kaffee mit erstaunlich viel Birnen- oder Apfelschnaps (Träsch genannt)*

Luzern: Stadt zwischen Berg und See

Ziemlich genau im Herzen der Schweiz gelegen, eine Stadt mit gut 60000 Einwohnern, ein Handelsplatz, eine Einkaufsmetropole, eine Etappe mit den entsprechenden Hotels, gleichzeitig Ausgangsort für Ausflüge und Reiseziel. Luzern – ein fast magischer Klang nach Schweizerischem, nach Gediegenem, nach Heimat. Nach naturverbundener Schönheit ebenso wie nach bürgerlich handwerklicher Kunst. Bilder entstehen, von Urlaub, Seeblick, Dampfern und freundlichen, nicht bedrängenden Berggipfeln, von stiller Harmonie und lichten, heiteren Sonnenstunden.

Luzern heute – eine irgendwie selbstverständliche Stadt, in der das Alte mit dem Neuen eine fröhliche und unproblematische Verbindung einzugehen scheint. Da wird nicht gnadenlos alles so herausgeputzt, als sei es gestern erst entstanden, die Häuser dürfen vielmehr die Spuren ihrer Geschichte zeigen. Ein Hauch von südlichem *Laissez-faire* scheint über der Stadt zu liegen. Vielleicht kommt das daher, daß Luzern sich nicht der Reformation angeschlossen hat, sondern im Gegenteil Führerin der von den Jesuiten geprägten Gegenreformation wurde. Die katholischen Regionen der Schweiz mögen zwar im klassischen Sinn konservativer sein als die sich liberaler fühlenden Reformierten, aber sie scheinen dafür auch mehr Herz, mehr Lust am Leben und mehr Freude am ungezwungenen Umgang mit anderen Menschen zu haben. Vielleicht sind sie weniger auf den äußerlichen Erfolg, auf Reichtum und Geschäfte bedacht, mehr an ihrem ganz persönlichen, inneren Lebensglück interessiert? Jedenfalls herrscht eine angenehm offene Freundlichkeit auf den Straßen, in Läden, Beizen und Restaurants. Popper und Punks scheinen davon nicht weniger geprägt als die vielen alten Leute mit ihren von harter Arbeit gezeichneten, runzligen Gesichtern, aus denen gütige Augen wie um Verzeihung heischend blicken.

Luzern ist jung und alt zugleich, lebendig und doch wie beiläufig immer gedenkend der Geschichte und des Todes, seiner Heiligen und Helden sowie der Geschicke seiner Ahnen: Gibt es einen Luzerner, der nicht täglich über eine der beiden Brücken geht, die Kapellbrücke aus dem Jahre 1333 oder die Spreuerbrücke von 1408? Beide aus Holz und immer noch solide, vor allem aber reich geschmückt: mit Bildern aus der Geschichte der Stadt und dem Leben der Stadtheiligen Leodegar (von dem Luzern seinen Namen ableitet) und Mauritius die eine, mit einem Totentanz die andere. Gebrauchskunst aus dem 17. Jahrhundert, nicht einfach nur hehr, sondern gleichzeitig inbrünstig, belehrend und amüsant.

Luzern wurde nach Uri, Schwyz und Unterwalden die vierte Waldstatt, gehört also quasi zu den Vätern der Eidgenossenschaft. Als im 13. Jahrhundert der Sankt-Gotthard-Paß zu einem der wichtigsten Alpenübergänge ausgebaut wurde, gewann Luzern seine enorme Bedeutung für den Handel zwischen der Lombardei und dem Oberrhein. Teile der Stadtbefestigung, der Museggmauer mit den schönen, ganz unterschiedlichen Wachttürmen, zeugen von der einstigen Wehrhaftigkeit, welche die Waren und den Reichtum der Bürger und Zünfte zu schützen hatte.

Die Zünfte – natürlich tragen auch in Luzern die schönsten Häuser noch die Zunftnamen. In den meisten gibt es ein Wirtshaus oder Restaurant. Denn das Tafeln und Pokulieren gehörte zu den Zünften wie das Amen in die Kirche. Die berühmte Luzerner Spezialität, die »Chügeli-Pastete«, ist schließlich auch ein Zunftessen: Jeden 2. Januar wird in der *Zunft zu Safran* die echte Pastete serviert. Es handelt sich dabei um ein braunes Ragout von Schweine- und Kalbfleisch sowie Brätkugeln (daher der Name), mit Pilzen und Rosinen, kräftig gewürzt und in einem großen, kugelförmigen, kunstvoll verzierten Pastetenhaus aufgetragen. Ein aufwendiges Gericht, das sich für die moderne Gastronomie nicht eignet – und so ist die *Chügeli-Pastete* in der Präsentation zum Allerwelts-Pastetchen verkommen, und auch in geschmacklicher Hinsicht ging es ihr nicht gut: Fleischreste in weißer Pappsauce, aufgemöbelt durch ein paar Tiefkühlerbsen. In den meisten Gaststätten Luzerns steht sie auf der Karte, aber bestellen sollte man sie deswegen noch lange nicht!

Die Schönheit des Luzerner Landes bietet mannigfachen Trost: Der See und die Berge – Gütsch, Pilatus, Bürgenstock sowie die gegenüberliegende Rigi –, das Grün der hier nicht wilden, sondern träge dahinfließenden Reuss, das zarte Blau schneebedeckter Gipfel: Bilderbuchlandschaften …

Großes Bild: Schaut man an nebligen Herbsttagen vom Pilatus über den Vierwaldstätter See, so blickt man auf ein Nebelmeer, aus dem gerade noch der Bürgenstock herauslugt. An Föhntagen, wenn die Sicht klar ist, ein ganz anderer Eindruck! Luzern selbst macht es wenig aus, wenn die Sonne nur verhalten durch den Hochnebel dringt – es bleibt freundlich: eine menschliche Stadt

Zu Gast bei Marianne Kaltenbach

Kaum eine Schweizer Hausfrau, die nicht nach Rezepten von Marianne Kaltenbach kocht! Kaum einen Bereich der Küche hat sie ausgelassen, vielen Gegenden sich gewidmet: Der »Ächti Schwizer Chuchi«; der Seeländer und Tessiner Küche; spanischen, italienischen, französischen Rezepten; über Saucen, Fische, schnelle Gerichte, Mikrowelle und Gästebewirtung hat sie geschrieben. In Luzern betreibt sie das Restaurant »Zum Raben« und eine Kochschule.
Marianne Kaltenbach wohnt mit ihrem Mann, dem Graphiker Fritz Kaltenbach, in einer prachtvollen Jugendstilvilla etwas außerhalb von Luzern, oberhalb von Tribschen, wo Richard Wagner (der ja fast überall war, wo es schön ist) einige Sommer genoß. Neben einer mit allen technischen Raffinessen eingerichteten Versuchsküche, Büros und Ateliers gibt es die ebenfalls für die Arbeit nötige Bibliothek und eine auf das ganze Haus verteilte Sammlung von Küchen- und Eßgeräten. Durch diese Konzentration geht das Schreiben und Ausprobieren der Rezepte Hand in Hand, die Illustrationen von Fritz zu den Büchern von Marianne entstehen in einem Guß.
Das Kochen hat Marianne Kaltenbach schon von jeher Spaß gemacht, zu Hause wurde auf gutes Essen größter Wert gelegt. In Lausanne, wo sie bei ihrer Großmutter aufwuchs, bekam sie den Sinn für Qualität: Die Großmutter ging von Stand zu Stand, prüfte sorgfältig, faßte alles an – und die kleine Marianne schämte sich. Aber sie lernte so, wie der beste Salat aussieht, nach welchen Gesichtspunkten man Innereien auswählt, wie man Obst auf seinen Geschmack prüft. Heute, nach vielen Gesprächen mit Köchen und Produzenten, weiß sie besser Bescheid als viele Profi-Köche.
Alles zusammen, ihr Wissen, ihr hausfrauliches Geschick, ihre Fähigkeit, dies schreibend zu vermitteln, die persönliche Art ihrer Bücher und ihre Herzlichkeit machen den Erfolg der Marianne Kaltenbach aus!

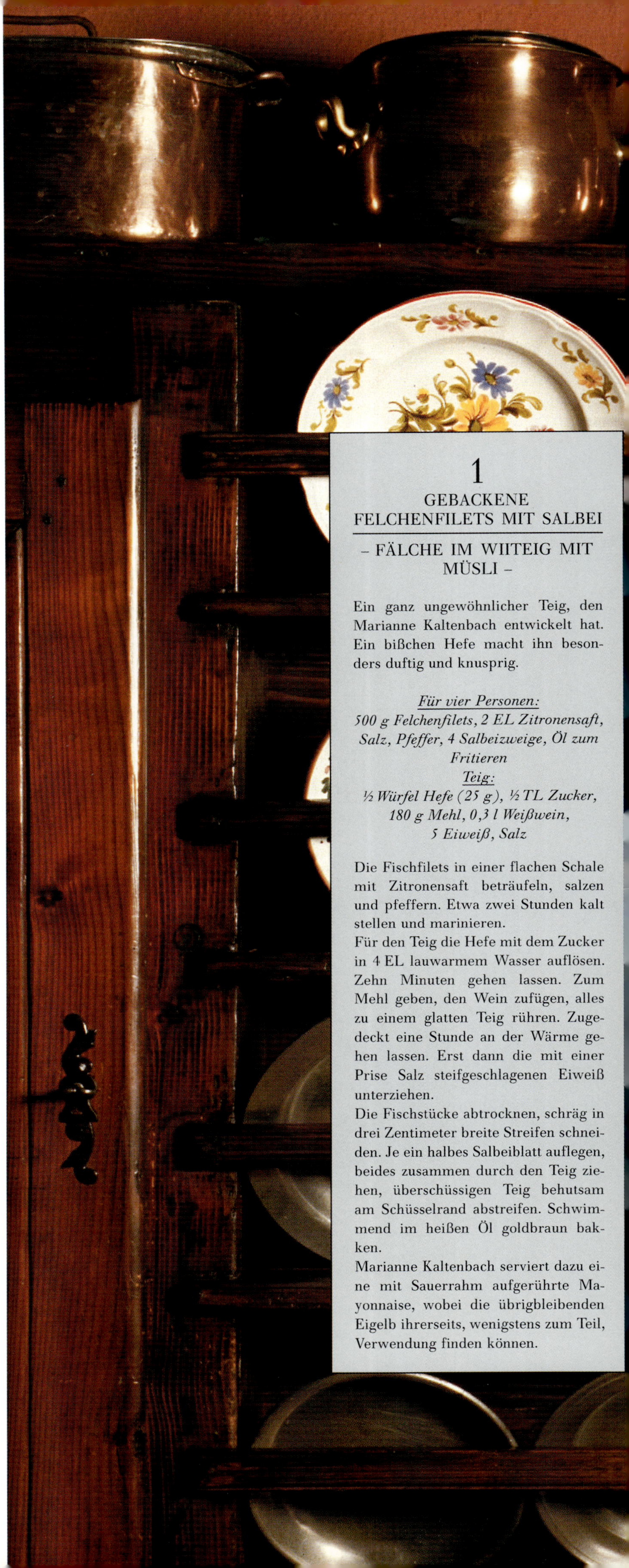

1
GEBACKENE FELCHENFILETS MIT SALBEI

– FÄLCHE IM WIITEIG MIT MÜSLI –

Ein ganz ungewöhnlicher Teig, den Marianne Kaltenbach entwickelt hat. Ein bißchen Hefe macht ihn besonders duftig und knusprig.

Für vier Personen:
500 g Felchenfilets, 2 EL Zitronensaft, Salz, Pfeffer, 4 Salbeizweige, Öl zum Fritieren
Teig:
½ Würfel Hefe (25 g), ½ TL Zucker, 180 g Mehl, 0,3 l Weißwein, 5 Eiweiß, Salz

Die Fischfilets in einer flachen Schale mit Zitronensaft beträufeln, salzen und pfeffern. Etwa zwei Stunden kalt stellen und marinieren.
Für den Teig die Hefe mit dem Zucker in 4 EL lauwarmem Wasser auflösen. Zehn Minuten gehen lassen. Zum Mehl geben, den Wein zufügen, alles zu einem glatten Teig rühren. Zugedeckt eine Stunde an der Wärme gehen lassen. Erst dann die mit einer Prise Salz steifgeschlagenen Eiweiß unterziehen.
Die Fischstücke abtrocknen, schräg in drei Zentimeter breite Streifen schneiden. Je ein halbes Salbeiblatt auflegen, beides zusammen durch den Teig ziehen, überschüssigen Teig behutsam am Schüsselrand abstreifen. Schwimmend im heißen Öl goldbraun backen.
Marianne Kaltenbach serviert dazu eine mit Sauerrahm aufgerührte Mayonnaise, wobei die übrigbleibenden Eigelb ihrerseits, wenigstens zum Teil, Verwendung finden können.

1

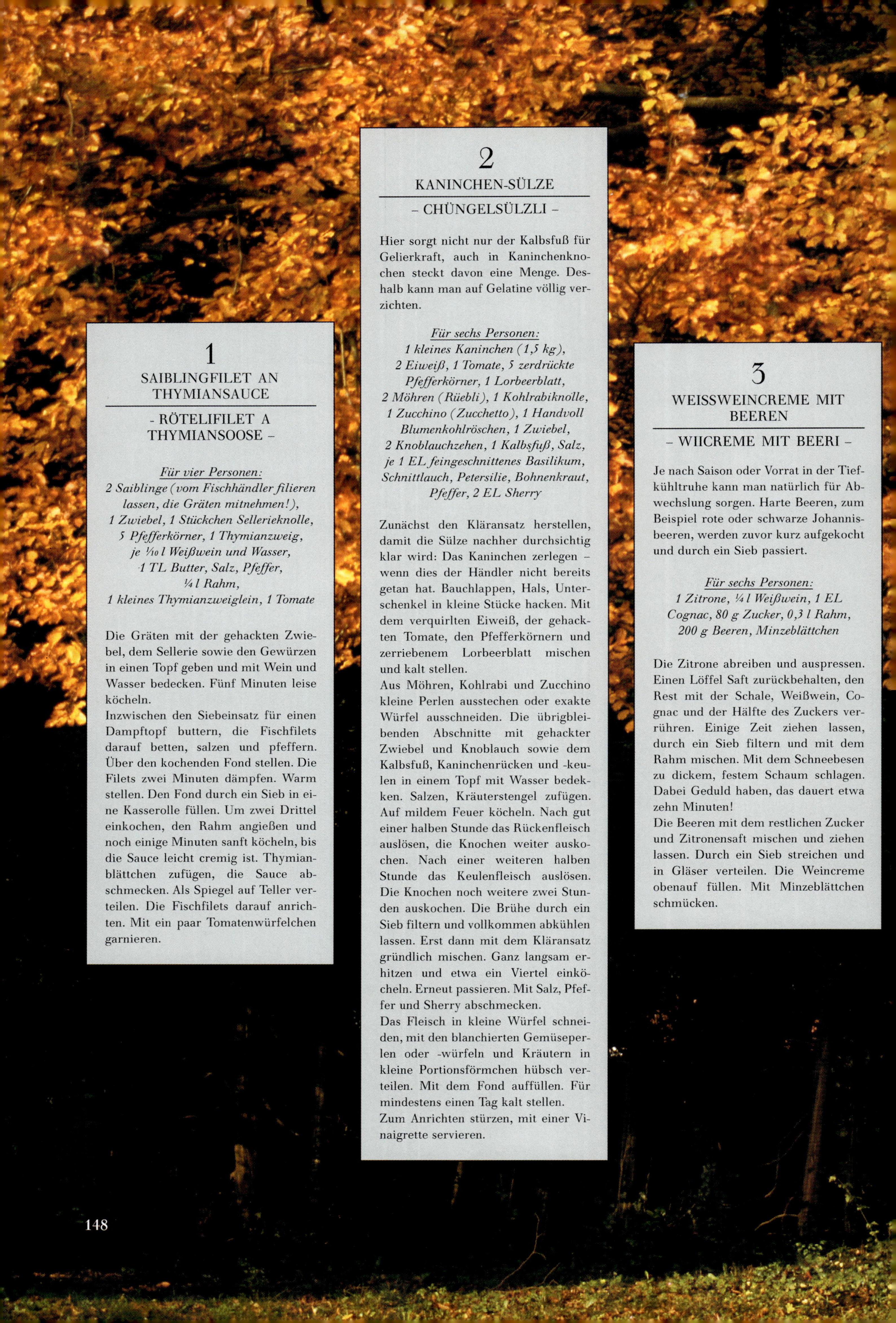

1

SAIBLINGFILET AN THYMIANSAUCE

– RÖTELIFILET A THYMIANSOOSE –

Für vier Personen:
2 Saiblinge (vom Fischhändler filieren lassen, die Gräten mitnehmen!), 1 Zwiebel, 1 Stückchen Sellerieknolle, 5 Pfefferkörner, 1 Thymianzweig, je ⅒ l Weißwein und Wasser, 1 TL Butter, Salz, Pfeffer, ¼ l Rahm, 1 kleines Thymianzweiglein, 1 Tomate

Die Gräten mit der gehackten Zwiebel, dem Sellerie sowie den Gewürzen in einen Topf geben und mit Wein und Wasser bedecken. Fünf Minuten leise köcheln.
Inzwischen den Siebeinsatz für einen Dampftopf buttern, die Fischfilets darauf betten, salzen und pfeffern. Über den kochenden Fond stellen. Die Filets zwei Minuten dämpfen. Warm stellen. Den Fond durch ein Sieb in eine Kasserolle füllen. Um zwei Drittel einkochen, den Rahm angießen und noch einige Minuten sanft köcheln, bis die Sauce leicht cremig ist. Thymianblättchen zufügen, die Sauce abschmecken. Als Spiegel auf Teller verteilen. Die Fischfilets darauf anrichten. Mit ein paar Tomatenwürfelchen garnieren.

2

KANINCHEN-SÜLZE

– CHÜNGELSÜLZLI –

Hier sorgt nicht nur der Kalbsfuß für Gelierkraft, auch in Kaninchenknochen steckt davon eine Menge. Deshalb kann man auf Gelatine völlig verzichten.

Für sechs Personen:
1 kleines Kaninchen (1,5 kg), 2 Eiweiß, 1 Tomate, 5 zerdrückte Pfefferkörner, 1 Lorbeerblatt, 2 Möhren (Rüebli), 1 Kohlrabiknolle, 1 Zucchino (Zucchetto), 1 Handvoll Blumenkohlröschen, 1 Zwiebel, 2 Knoblauchzehen, 1 Kalbsfuß, Salz, je 1 EL feingeschnittenes Basilikum, Schnittlauch, Petersilie, Bohnenkraut, Pfeffer, 2 EL Sherry

Zunächst den Kläransatz herstellen, damit die Sülze nachher durchsichtig klar wird: Das Kaninchen zerlegen – wenn dies der Händler nicht bereits getan hat. Bauchlappen, Hals, Unterschenkel in kleine Stücke hacken. Mit dem verquirlten Eiweiß, der gehackten Tomate, den Pfefferkörnern und zerriebenem Lorbeerblatt mischen und kalt stellen.
Aus Möhren, Kohlrabi und Zucchino kleine Perlen ausstechen oder exakte Würfel ausschneiden. Die übrigbleibenden Abschnitte mit gehackter Zwiebel und Knoblauch sowie dem Kalbsfuß, Kaninchenrücken und -keulen in einem Topf mit Wasser bedekken. Salzen, Kräuterstengel zufügen. Auf mildem Feuer köcheln. Nach gut einer halben Stunde das Rückenfleisch auslösen, die Knochen weiter auskochen. Nach einer weiteren halben Stunde das Keulenfleisch auslösen. Die Knochen noch weitere zwei Stunden auskochen. Die Brühe durch ein Sieb filtern und vollkommen abkühlen lassen. Erst dann mit dem Kläransatz gründlich mischen. Ganz langsam erhitzen und etwa ein Viertel einköcheln. Erneut passieren. Mit Salz, Pfeffer und Sherry abschmecken.
Das Fleisch in kleine Würfel schneiden, mit den blanchierten Gemüseperlen oder -würfeln und Kräutern in kleine Portionsförmchen hübsch verteilen. Mit dem Fond auffüllen. Für mindestens einen Tag kalt stellen.
Zum Anrichten stürzen, mit einer Vinaigrette servieren.

3

WEISSWEINCREME MIT BEEREN

– WIICREME MIT BEERI –

Je nach Saison oder Vorrat in der Tiefkühltruhe kann man natürlich für Abwechslung sorgen. Harte Beeren, zum Beispiel rote oder schwarze Johannisbeeren, werden zuvor kurz aufgekocht und durch ein Sieb passiert.

Für sechs Personen:
1 Zitrone, ¼ l Weißwein, 1 EL Cognac, 80 g Zucker, 0,3 l Rahm, 200 g Beeren, Minzeblättchen

Die Zitrone abreiben und auspressen. Einen Löffel Saft zurückbehalten, den Rest mit der Schale, Weißwein, Cognac und der Hälfte des Zuckers verrühren. Einige Zeit ziehen lassen, durch ein Sieb filtern und mit dem Rahm mischen. Mit dem Schneebesen zu dickem, festem Schaum schlagen. Dabei Geduld haben, das dauert etwa zehn Minuten!
Die Beeren mit dem restlichen Zucker und Zitronensaft mischen und ziehen lassen. Durch ein Sieb streichen und in Gläser verteilen. Die Weincreme obenauf füllen. Mit Minzeblättchen schmücken.

1
2
3

Von den Tugenden eines Gasthauses und bürgerlichen Wirtshaus Galliker Tafelfreuden

Kein Luzerner käme auf die Idee, unangemeldet im »Galliker« essen zu wollen. Er weiß, daß immer voll ist und daß die meisten Gäste es gar nicht eilig haben, ihren Platz zu räumen ... Gibt es eine bessere Empfehlung für eine Wirtschaft?

Peter Galliker führt das Haus in der vierten Generation, seine Mutter Anneliese steht am Herd und kocht ihre währschafte Frauenküche. Die ist so einfach und ehrlich, so bodenständig und rationell, daß jeder international ausgebildete Koch sich schämen müßte, wenn er seine umständlich verfertigten Restaurantgerichte mit ihrem ehrlichen Wirtshausessen vergleichen würde. Aber es ist wohl in der Schweiz nicht anders als in Deutschland, Österreich, Italien oder Frankreich, wenn auch die Eidgenossen selbst das kaum wahrhaben wollen: Die meisten Chefs der bürgerlich ausgerichteten Häuser haben offenbar wenig Verlangen nach einer wirklich guten Küche, mit frischen Zutaten, alles selbstgemacht. Wie wäre es sonst zu erklären, daß sie so lebloses Zeug auf den Tisch bringen, vielleicht nach den hoffnungslos veralteten Gesetzen und Anleitungen der gastronomischen Berufsschulen kochen, und nicht erkennen, daß man heute frischere Sachen essen, seinen Bedarf an Fertiggerichten nicht in einem gutbürgerlichen Haus decken, eben auch an alltäglichen, altüberlieferten Gerichten Freude haben will.

Im »Galliker« erinnert man sich jeden Tag von neuem, daß die bürgerliche Küche eine Küche der Frauen ist. Und jeden Tag gelingt der Beweis, daß es eine Menge Gäste gibt, die nicht bestellen, was sie gerade im Augenblick wollen, sondern die sich auf das freuen, was ihnen die Küche des »Galliker« zu bieten hat. Freilich: Die Spezialitäten wiederholen sich in festen Abständen – so gibt es Dienstag, Donnerstag und Samstag ein Tellerfleisch, mit Mark einen Franken extra!

Sicher ist es für die Schweizer Regionalküche nicht leicht, im Gasthaus zu bestehen, denn die meisten Gerichte entstammen einer bäuerlichen Kultur, haben lange Garzeiten und schmecken nur dann gut, wenn sie in größeren (in früheren Zeiten familiengerechten!) Portionen zubereitet werden: Ein eiliger Gast aber will seine Einzelportion, rasch und problemlos – oder ißt gleich eine Pizza, ein Tournedos, einen BigMac, ein Chop Suey. Oder man mag auswärts nicht bestellen, was daheim auf den Tisch kommt. Die große Gastronomie hat es da leichter, ihr persönlicher ausgerichtetes Angebot an den Mann zu bringen. Das ist, nach Ansicht von Marianne Kaltenbach, der Grund, weshalb so viele bürgerliche Häuser nur noch Schnitzel und Geschnetzeltes, Gegrilltes und Gratiniertes anbieten. Eine Verarmung der kulinarischen Alltags-Kultur, der durch die reichliche Verwendung von Ananas und Kiwi nicht abgeholfen wird.

Peter Galliker, Wirt aus Berufung, freut sich an seinen Gästen, ebenso Saaltochter *Alice, die seit 13 Jahren im Hause ist*

Beim »Galliker« sitzen an einem Tisch ein paar laute Männer, spielen Karten, trinken Bier und Wein, zwischendurch auch mal einen *Träsch,* einen Obstler. Einer von ihnen erzählt, daß er zweimal im Jahr für zwei Tage aus den USA in seine Heimat komme, dann einen ganzen Tag mit Freunden im »Galliker« verbringe und zu Mittag das esse, was ihm die Alice bringt. Mit dem Wirt und den beiden Büfettdamen sich unterhalte – die eine ist seit 28, die andere seit 40 Jahren im Haus! Anschließend jasse er ordentlich, genieße den Käsekuchen (der Kümmel dazu steht im Zuckerstreuer auf jedem Tisch!), werde immer heiterer und wanke schließlich trunken und zufrieden ins Bett. Für alle, die im »Galliker« arbeiten oder ein und aus gehen, ist dies eine ganz normale, auf jeden Fall eine höchst verständliche Wunscherfüllung ...

1
GEMÜSE-CONSOMMÉ

Für vier Personen:
1 l kräftige Fleischbrühe, 1 Lauchstange, 1 Möhre (Rüebli), Petersilie

In der Fleischbrühe den in feine Ringe geschnittenen Lauch und die in ebenso dünne Ringe geschnittene Möhre weich kochen. Mit reichlich gehackter Petersilie bestreut in Tassen servieren.

2
KÄS'KUCHEN

Ißt man als Vorspeise, als Imbiß oder kleines Abendessen, natürlich warm, eventuell sogar mit einem kleinen Salat. Auf jeden Fall wird dazu Kümmel serviert, den man sich nach Gusto darüberstreut – was die üppige Käsecreme bekömmlicher macht!

Für eine Springform von 26 bis 30 cm Durchmesser:
Salziger Mürbeteig (geriebener Teig):
250 g Mehl, 1 TL Salz,
180 g Butter, 1 Ei
Belag:
¼ l Rahm, 2 Eigelb, 4 Eier,
250 g geriebener Käse,
Salz, Pfeffer, Muskatnuß

Die Zutaten für den Teig rasch verkneten. Zu einer Rolle geformt und in Folie gepackt mindestens zwei Stunden, besser eine Nacht, kalt stellen und ruhen lassen. Schließlich ausrollen und eine gefettete oder mit Backpapier ausgelegte Form damit ausschlagen.
Die übrigen Zutaten verquirlen, sparsam salzen – der Käse bringt bereits Salz mit –, aber großzügig pfeffern und mutig mit Muskat würzen.
In die Form gießen. Im 220 Grad heißen Ofen etwa 35 bis 40 Minuten backen, bis der Teigrand braun geworden ist und die Oberfläche golden glänzt.

1

2

1
KALBSKOPF VINAIGRETTE

Für den Metzger ist es kein Problem, den Kalbskopf vom Knochen zu lösen, wenn Sie ihn rechtzeitig darum bitten. Vielleicht bindet er ihn auch gleich zu einer praktischen Rolle. Manchmal kann man Kalbskopf bereits vorgekocht kaufen, dann braucht man ihn in etwas Brühe nur noch zu erwärmen.

Für sechs Personen:
1 kg ausgelöster Kalbskopf, 1 Bund Suppengrün, 1 EL Pfefferkörner, je 1 TL Wacholderbeeren und Senfkörner, 2 Lorbeerblätter, 1 Zwiebel, Salz
Vinaigrette:
10 Cornichons, 2 hartgekochte Eier, 1 Zwiebel, je 1 Bund Petersilie und Schnittlauch, 4 EL Kapern, 3 EL Weißweinessig, 3 EL neutrales Öl, ½ TL Senf, Salz, Pfeffer

Den Kalbskopf in einem Topf mit Wasser bedecken, das geputzte, grob zerkleinerte Wurzelwerk, Gewürze, gehackte Zwiebel und Salz zufügen. Zwei bis drei Stunden leise köcheln, bis er weich ist.
Für die Vinaigrette Cornichons, Eier, Zwiebel und Kräuter fein hacken, mit den Kapern mischen und mit Essig, Öl, Senf und einem guten Schuß heißen Kochsud anmachen. Dabei salzen und pfeffern. Den Kalbskopf in Würfel schneiden und mit der lauwarmen Vinaigrette übergießen. Dazu Pellkartoffeln (Gschwellti) reichen.
Wichtig: Essiggürkchen (Cornichons) verwenden, nicht gezuckerte oder mit Süßstoff gesüßte Gewürzgurken!

2
RINDERSCHMORBRATEN

Auf die gute alte Art, mit einer dick eingekochten Bratensauce, deren Sämigkeit und Kraft von mitgeschmorten Kalbsknochen herrühren und nicht aus dem Beutel stammen. Damit das Fleisch zart und mürbe wird, muß der Braten eine gewisse Größe haben. Macht nichts, wenn etwas übrig bleibt: Kalt läßt er sich auf der Aufschnittmaschine hauchdünn aufschneiden – mit einer Vinaigrette, Remoulade oder Senfsauce ergibt das eine herrliche Vorspeise.

Für sechs Personen:
1,5 bis 2 kg Rindfleisch (Huft oder Schulternaht), 150 g Spickspeck, 3 EL Butter, 1 Zwiebel, 1 Knoblauchzehe, 1 Möhre (Rüebli), 1 Lauchstange, 2 Selleriestengel, 1 Scheibe dunkles Brot, Salz, Pfeffer, 1 Lorbeerblatt, 1 Gewürznelke, ¼ l Rotwein, ½ l Brühe, 50 g Butter

Das Fleisch mit dem in zentimeterstarke Streifen geschnittenen Speck spicken. In einem Bräter in der heißen Butter auf allen Seiten kräftig anbraten. Die gehackte Zwiebel, Knoblauchzehe, ebenfalls zerkleinerte Möhre, Lauch, Selleriestengel und zerkrümelte Brotscheibe zufügen und kurz mitrösten. Salzen, pfeffern, die Gewürze in den Topf geben. Mit Wein und Brühe ablöschen. Zugedeckt zwei bis drei Stunden bei 175 Grad im Backofen schmoren. Den Bratenfond abgießen, durch ein Sieb streichen und in einem kleinen Topf um etwa die Hälfte einkochen. Den Braten unterdessen im ausgeschalteten Ofen warm stellen. Die eiskalte Butter flockenweise mit dem Schneebesen in die Sauce arbeiten, abschmecken. Getrennt zum in Scheiben aufgeschnittenen Braten servieren. Dazu gehört *Kartoffelstock*, wie man in der Schweiz sagt, und gedünstetes Gemüse.

3
KARAMELKÖPFLI

Im italienischen Teil der Schweiz heißt das natürlich crema caramella und bei den Welschen crème caramel.

Für vier Personen:
½ l Milch, 100 g Zucker, 1 Vanillestange, 2 Eier, 4 Eigelb

Die Milch mit der Hälfte des Zuckers aufkochen. Das ausgekratzte Vanillemark und die miteinander verquirlten Eier und Eigelb unterrühren. Die Eier zuvor durch ein Sieb passieren, um die Hagelstränge aufzufangen.
Den restlichen Zucker mit zwei Eßlöffeln Wasser zum dunklen Karamel kochen. In vier Portionsförmchen verteilen. Darin schwenken, damit auch die Wände davon überzogen werden.
Die Eiermilch einfüllen. Die Förmchen im Wasserbad in den 160 Grad heißen Ofen stellen. Die Karamelköpfli eine halbe Stunde stocken lassen. Sie sind gar, wenn die Crème auf Fingerdruck leichten Widerstand bietet. Abkühlen lassen, am nächsten Tag stürzen – dabei wird der Karamel zur goldenen Sauce.
Wer mag, garniert noch mit Schlagrahm aus dem Spritzbeutel.

Nach dem Essen eine Runde »Jass«. *In der gemütlichen Gaststube vom* »Galliker« *fühlt man sich einfach wohl. Wie offenbar auch die Möwen auf dem First der Spreuerbrücke, die beide Reussufer verbindet.*

1

2

3

Der Jura – Kargheit und Armut, Fleiß, Präzision und Erfindungsgeist

Über die kahlen Höhen des Jura pfeift oft ein eisiger Wind: Die *Bise*. Es ist die unwirtlichste Region der Schweiz – viel Steine gibt's und wenig Brot! Und vor allem auch keinen Föhn, der in den Hochtälern der Alpen für angenehm warme Tage sorgt.

Von Genf bis an den Rhein verlaufen fast parallel mehrere Faltenketten, überragt von kargen Felskuppen, reich bewaldet, durchzogen von teilweise tiefen, schroffen Tälern, die ab und zu untereinander durch Quertäler, sogenannte *Klusen*, verbunden sind. Auf den Hochflächen ist Ackerbau kaum möglich, man hat sich deshalb auf die Milchwirtschaft und die Käserei verlegt.

Aus dem Gebiet der Freiberge, zwischen La-Chaux-de-Fonds und Délémont gelegen, kommt der *Tête de Moine*, der Mönchskopf. Er heißt so, weil der Abt des Klosters Bellelay ihn einst von seinen Bauern als Zehnten bekam: einen Käse pro Mönch, »par tête de moine«. Ein kleiner, fester, aber geschmeidiger, ziemlich fetter Käse, der am besten im Herbst und Winter schmeckt – er wird aus der frischen Sommermilch hergestellt und sollte etwa 3 Monate lagern. Seit vor wenigen Jahren die *Girolle* erfunden wurde, hat der Käse einen wahren Siegeszug erlebt: Mit einem drehbaren Messer schabt man rüschenartige Gebilde von der Oberfläche, die dekorativ aussehen und das duftige Aroma des Käses optimal zur Geltung kommen lassen.

Bekannter ist der *Vacherin Mont d'Or* aus dem im waadtländischen Jura gelegenen *Vallée de Joux*. Dieser delikate Weichkäse wird nur in der kühlen Jahreszeit hergestellt – einmal, weil man es früher unter natürlichen Bedingungen nicht anders konnte (Lagerung bei 14–17 Grad und hoher Luftfeuchtigkeit), zum anderen, weil die Kühe im Winter so wenig Milch gaben, daß diese nicht für einen »normalen« Käse, den großen Gruyère-Laib, reichte. Seit etwa 150 Jahren packt man diesen Käse in den Molkereien in Fichtenrinde, anschließend schickt man ihn zum sogenannten *Affineur*, der die Reifung in speziellen Räumen überwacht und dem Käse die notwendige Pflege angedeihen läßt (wie auf den Seiten 156/157 zu sehen). Das Verfahren scheint anfällig zu sein, denn als die Nachfrage nach der früher nur Kennern bekannten Spezialität immer größer wurde, zeigten sich 1985 die ersten Schwierigkeiten, 1987 kam es dann zum Eklat: Nachdem zunächst bei einzelnen Käsen, dann bei ganzen Serien die gefährlichen Listeriose-Bakterien auftauchten, hat man schließlich eine gesamte Jahresproduktion vernichtet. Mittlerweile hat man die Infektionsquellen beseitigt. Es gibt ihn wieder, den *Vacherin Mont d'Or*, benannt nach dem Bergrücken auf der Grenze zu Frankreich (wo der Käse auf fast dieselbe Weise hergestellt wird, jedoch direkt in der Schachtel reift und einfach *Mont d'Or* heißt).

Einer der größten und erfahrensten Affineure ist *Christian Golay* in *Les Charbonnières*. Nicht ein einziger seiner über 50 000 Käse war infiziert – aber er mußte sie alle auf die Müllkippe werfen. Ein Schlag, von dem sich Golay nur schwer erholen wird, wie alle Affineure, Bauern und Molkereien. Der Staat gab zwar Überbrückungsgelder, aber viele Existenzen bleiben bedroht …

Schlimm, aber für die Menschen hier oben nichts Neues. Der Jura ist die Wiege der Schweizer Uhrmacherei. Seit Anfang des 18. Jahrhunderts werden hier in Fabriken, aber ebenso in Heimarbeit, die genauesten und begehrtesten Chronometer der Welt hergestellt. Als in den 60er Jahren die Japaner den Weltmarkt überschwemmten, kam es zur größten Krise in der Geschichte des Landes: Tausende wurden arbeitslos, mußten umdenken, umlernen. Heute floriert die Uhrenindustrie wieder, und viele neue Elektronik-Unternehmen haben sich hier etabliert, weil sie die außerordentlichen handwerklichen Fähigkeiten und die Präzision der jurassischen Bevölkerung schätzen. Aber die Umstellung dauerte lang, und viele Menschen arbeiten nicht mehr in ihrem erlernten Beruf.

Am Südostfuß des rauhen Jura, zu den Seen von Neuchâtel (Neuenburg), Biel (Bienne) und zum Aaretal hin, wächst Wein und blüht die Landwirtschaft. Reiche Dörfer und Städte, stattliche Schlösser beherrschen das Land. Anders auf den Höhen des Jura, wo die Berner Bischöfe die arbeitsamen und frommen Wiedertäufer nicht aus Toleranz

ansiedelten, sondern weil sonst niemand dort ausharren wollte. Und nur selten findet man ein so großes Haus wie dieses am Lac de Joux *(kleines Bild), wo im Winter alles unter einer tiefen Schneedecke versinkt. Aus dem See sägte man früher Eisblöcke, die man bis in die 20er Jahre per Bahn nach Paris schickte, um die Eisschränke zu bestücken*

1

2

3

4

5

6

7

8

9

So sieht der berühmte Vacherin Mont d'Or aus, wenn er, zwei Tage alt, aus der Käserei entlassen wird: (1) Rund, flach, weiß, mit einem Gürtel aus Fichtenrinde. (2) Jetzt muß der Käse reifen. Nebeneinander auf Fichtenbrettchen gesetzt, wandhoch übereinandergestapelt, drei Wochen lang. Bei extrem hoher Luftfeuchtigkeit und einer möglichst gleichmäßigen Temperatur zwischen 14 und 17 Grad. Jedes Exemplar wird täglich mit Wasser abgebürstet und gewendet. (3) Langsam entwickelt sich eine feste, hellbräunliche Rinde. (4) Damit der ausgereifte Käse in die typischen Spanschachteln paßt, muß der Rindenring, der ihn umspannt, entsprechend zugeschnitzt und eingeritzt werden (5). Auch der Schachteldeckel wird eingepaßt (6 und 7). Vor dem Versand werden die Käse ein letztes Mal mit klarem Wasser gebürstet (8 und 9). So überstehen sie die Reise zum Verbraucher, ohne auszutrocknen. Viel Handarbeit ist nötig. Aber dafür ist der reife, unter der festen, ungenießbaren Rinde cremig weiche Vacherin mit Pellkartoffeln (»Gschwellti«) und einem kräftigen würzigen Rotwein wirklich etwas Besonderes! Feinschmecker freuen sich darauf den ganzen Sommer lang...

Die honiggelbe Perle am See: Neuchâtel

Kommt man von den garstigen, eisigen Jura-Bergen hinunter an die Jura-Seen von Neuenburg und Biel, tut sich eine andere Welt auf: Schmeichelnd und lind die Lüfte, sanft und schimmernd das Licht; Häuser und Menschen nicht mehr verschlossen, sondern zugänglich, offen; das Leben heiter, die Städte verspielt, kultiviert, fröhlich. Nicht ungebändigte Natur, sondern von Menschenhand gestaltete Landschaft – ein Gemälde aus Wasser und Gärten, von Feldern und Weinbergen, Städten und Schlössern, Dörfern und Kirchen. Dunkelblau der Himmel, zartblau der See, leuchtend grün das Weinlaub.

Und dazwischen die Farbe des Sandsteins von Neuchâtel oder Neuenburg: ein warmes, ockriges Gelb, das man mit Honig verglichen hat (welch Symbol des süßen Lebens!). Alexandre Dumas beschrieb nicht nur die Farbe, sondern auch eine welsche Üppigkeit, als er meinte, Neuchâtel wirke wie eine Skulptur aus Butter …

Beherrscht wird das Stadtbild von Kirche und Schloß, einst Sitz der *Grafen von Neuenburg*, nach mehrfachem Besitzwechsel ab 1504 der *Herzöge von Orléans-Longueville*. Deren bourbonische Lilien sind überall präsent, in ganz französischer Manier natürlich auch auf der stattlichen *Maison des Halles* von 1570, Mittelpunkt des ehemaligen Markt- und heutigen Geschäftsviertels. Heinrich II. hat, um die Bevölkerung für sich einzunehmen, 6000 l Wein aus einem Brunnen sprudeln lassen. Die wohlproportionierte *Collégiale*, die Stiftskirche, demonstriert in ihren verschiedenen Stilrichtungen die Baugeschichte der Stadt, von romanischen Anfängen über Gotik zu Renaissance, Barock und Klassizismus.

Eine französisch lockere, intellektuelle, freie Atmosphäre liegt über Neuchâtel, und fast friderizianisch mutet das ebenmäßig bescheidene Stadtbild an. Kein Zufall: Durch Erbschaft kam Neuenburg 1707 an das ferne Preußen, unter dessen Herrschaft es aufblühte und zu einem Zentrum der Aufklärung wurde – Jean-Jacques Rousseau fand in Stadt und Land Zuflucht. Napoleon gab es 1806 als Fürstentum an seinen Marschall Berthier, 1814 trat Neuchâtel als 21. Kanton der Eidgenossenschaft bei, doch erst 1857 verzichtete der preußische König auf seine Ansprüche.

Neuchâtel, lieblich-liebenswürdige Stadt zwischen Reben und See. Man hat manchmal das Gefühl, als seien hier die Uhren stehengeblieben – aber das bezieht sich nur auf das äußere Erscheinungsbild der Altstadt! Ansonsten stimmt das Gegenteil: In Neuchâtel wird im »Zeittresor« der Schweiz nach Bruchteilen von Sekunden gemessen! Die Uhren- und Elektronikindustrie nimmt eine überragende Stellung ein, vor allem auch in den Jura-Städten Le Locle und La Chaux-de-Fonds

Von schlechten Böden, mildem Klima

Durch die Berge des Jura ein wenig abgeschirmt vor den rauhen Nordwinden, durch die Wasserfläche der Seen mit wärmendem Sonnenlicht bespiegelt, durch ihren Dunst und herbstliche Nebel vor kühlen Nächten, späten oder frühen Frösten geschützt: die raren Weine der Juraseen. Karg sind die Verwitterungsböden, aber nicht arm an aromabildenden Mineralstoffen. Die Weine von Neuenburger, Bieler und Murtensee besitzen einen eigenwilligen Charakter, eine ausgeprägte Frucht, sind rassiger und spritziger als die vom Genfer See, dafür freilich ohne deren Feuer und Körper. Der größte Teil fällt auf die weißen Weine aus der Chasselas-Rebe (Gutedel), immer mehr Riesling Silvaner (Müller-Thurgau) und Pinot Chardonnay. Seltener ist der Rotwein, hier ausschließlich aus dem Blauburgunder gekeltert. Im Neuenburgischen gibt es eine besondere Varietät, nach dem Ort

Großes Bild: Weit schweift der Blick über die Schafiser Weinberge auf den Bieler See und die Petersinsel. Auf den kleinen Bildern Hans Maurer, Kellermeister, und Jean-Paul Ruedin, Verwalter vom »Hôpital Pourtalès« sowie die alte Presse im Kelterhaus, das früher dem Kloster Trub im Emmental gehörte. Wichtigste Rebsorte ist die weiße Chasselas, die wenig Säure bringt,

guten Weinen und dem besten Zweck

Cortaillod benannt. Weitere berühmte Weinorte im Kanton *Neuenburg* sind *St-Aubin*, *Colombier*, *Auvernier* und *Cressier* – hier wachsen die Weine des *»Hôpital Pourtalès«*. Das von der bedeutenden Neuenburger Hugenottenfamilie gestiftete Bürgerspital sollte durch ein Weingut regelmäßige Einnahmen haben – und das ist wahrlich gelungen. Die Weine des Gutes werden immer am letzten Montag des Februars versteigert und erzielen Spitzenpreise. Diese dienen dann als Preisbarometer für die anderen Erzeuger.
Im Kanton Bern bereits liegen die Weinberge der Orte *Schafis* und *Twann* am Bieler See. Neben ortsansässigen Winzern besitzen Berner Institutionen die besten Lagen.
Schließlich verfügt noch ein dritter Kanton an den Juraseen über Weinberge: Der *Vully* vom Murtensee wächst im Freiburgischen!

wie man es in der Schweiz liebt. Die Rotweine reifen in 60 bis 90 Jahre alten Holzfässern. Als Spezialität preßt man einen Rosé, seiner Farbe wegen »Rebhuhnauge«, Œil de Perdrix, *genannt. Der Pelikan, Wappen der Pourtalès und Symbol der Barmherzigkeit. Die* Maison Vallier *in Cressier gilt als einer der schönsten Herrensitze in Neuchâtel*

Hauch der Geschichte: Murten

Freilich ist die Zeit nicht spurlos vorübergegangen an dieser Stadt von nur etwa 5000 Einwohnern. Winzig, ist man versucht zu sagen. Aber so klein und unbedeutend ist Murten denn doch nicht: Nur wenige Orte vermitteln einen so perfekten, geschlossenen Eindruck von einer spätmittelalterlichen Stadt. Schloß, Stadtmauer und Tore sind vollkommen erhalten, die Marktstraße mit ihren Laubengängen, Erkerhäusern und Innenhöfen … Ein Vergnügen, durch die Stadt zu schlendern, die mit viel Sinn für die originalen Materialien, die althergebrachten Proportionen, das richtige Maß und dem nötigen, die Patina nicht verderbenden Aufwand restauriert worden ist. Kein

Denkmalamt muß hier vorschreiben, wie was zu machen ist: Jeder hat noch seine eigene, im Gemeinsinn und der Geschichte verwurzelte Vorstellung von den Dingen. Man weiß einfach, daß in ein Fachwerkhaus kein Panoramafenster gebrochen werden darf.

Selbstverständlich haben die Läden unter den Lauben eine moderne Gestaltung gefordert. Aber ihre Einrichtung geschah beiläufig, angenehm unauffällig. Man trumpft nicht auf mit dem Neuen, sondern versucht, es harmonisch im Alten zu integrieren.

Überhaupt ist in der Schweiz ja ein lebendiges Geschichtsbewußtsein, eine Liebe zur eigenen Vergangenheit zu bemerken, die in weiten Teilen Europas verlorenging: Veränderungen im wirtschaftlichen und sozialen Leben der Industriegesellschaft haben zum Verlust von Traditionen geführt, zwei Weltkriege konnten in Jahrhunderten Gewachsenes schnell und gründlich zerstören, der Nationalsozialismus hat in Deutschland alle überlieferten Wertbegriffe unbrauchbar gemacht. Die Schweiz blieb in den Kriegen zwar neutral, doch die wirtschaftliche Entwicklung ging an ihr nicht vorüber. Aber die Schweizer haben eine keinem anderen Land vergleichbare Geschichte; ein unbedingtes, archaisches Freiheitsbedürfnis, in wiederholten, blutigen Kämpfen ausgetragen, nach innen wie nach außen; schwierige, fast überall von einer feindlichen Natur beherrschte Lebensbedingungen, die ein hilfsbereites Zusammenstehen aller Menschen nötig machten; Vertrauen auf Gott und die Richtigkeit ihres Glaubens, sei er nun katholisch oder reformiert. So blieb ein stolzes Traditionsbewußtsein am Leben, das alle Bereiche des Daseins umgreift. Die Äußerungsformen erscheinen manchmal etwas lächerlich, doch auf den zweiten Blick macht der Verlust der eigenen Geschichte betroffen. Man könnte neidisch werden ob so intensiv die Vergangenheit atmender Orte wie Murten.

Jeder Schweizer, auch wenn er noch nie dort war, kennt Murten: Hier wurde, nachdem er sich nach der verlorenen Schlacht von Grandson am Neuenburger See wieder gesammelt hatte, Karl der Kühne von Burgund im Jahre 1476 durch die eidgenössischen Truppen vernichtend geschlagen. Die Schweizer hatten ihren Ruf, die besten Soldaten zu sein, wieder einmal bestätigt.

Ist Murten/Morat im Kanton Freiburg/Fribourg, eine Stadt der alemannischen oder der welschen, der deutsch- oder der französischsprachigen Schweiz? Keines von beiden und beides zugleich! Die Namen der Menschen scheinen zu verraten, daß es eine alemannische Überzahl gibt.

Ein Blick in die Läden: Da kann man in der Bäckerei-Konditorei »Zum Buttergipfel« *Nidelkuchen* (»Nidel« heißt hier die süße Sahne), Nußgipfel, Schnägge oder Vanillebrötli kaufen. Die Linzer Torte sieht durchaus deutsch, der Aprikosenkuchen aber sehr französisch aus. In einer *Boucherie chevaline* preiswertes Pferdefleisch, in der normalen Metzgerei das Fleisch so schön zugerichtet wie im Paradies selbst: halbe, ausgelöste Schweinsköpfli, Hasen- und Rehpfeffer, allerlei herrliches Geflügel und ein paar Hirne, wie gemalt ...

Man lebt eben einfach gut in Murten,

Murten: Liebenswerte, unprätentiöse Idylle verschachtelter Dächer, von Türmen, Wehrgängen, Wirtschaften und Laubengassen

Sonnenuntergang über dem Seeland (Bieler See mit Petersinsel), dem heutigen Gemüsegarten der Schweiz: Durch die Absenkung des Wasserspiegels der Seen von Neuchâtel, Biel und Murten um jeweils etwa zwei Meter legte man 1868–1878 riesige Moorgebiete trocken und gewann wertvolles Ackerland in den Kantonen Bern, Neuchâtel und Freiburg. Alfred Meyer allerdings hat seine Gärtnerei im Hügelland, zieht neben Blumen und Zierkürbissen so ziemlich alles, was eßbar ist: Kraut, Rüben und sein Lieblingsgemüse, Patissons *oder Kapuzinermützen*

wenn auch gewiß nicht über die Verhältnisse. Aber man weiß, wieviel Wert man auf die Qualität der alltäglichen Dinge legen muß! Man sucht hier nicht die ausgefallenen Genüsse, sondern pflegt eine bodenständige Küche, liebt das Sauerkraut wie die Berner (siehe Seiten 168/169), hat aber an welschen Weinen auch Geschmack. Man liebt die althergebrachten Produkte der Region: den köstlichen Fisch aus dem ergiebigen See, freilaufendes Bauern-Geflügel, Eier und Käse, wirklich gute Kartoffeln, Kraut, Rüben und anderes Gemüse.

Alfred Meyer, Gärtner aus dem nahen *Courlevon,* kommt seit über 40 Jahren mittwochs und samstags auf den Murtener Markt, wie vor ihm schon seine Mutter und Großmutter. Nur im Winter, wenn die Temperatur nicht über minus 5 Grad steigen will, bleibt er zu Hause, weil ihm dann sein Gemüse erfriert. Aber, so sagt er, sein Gemüse halte ihn jung, darauf kann er nicht verzichten: Sellerie und *Rüebli* (Möhren), Fenchel und *Nüssli* (Feldsalat), Zwetschgen und *Poires à botzi* (die kleinen Holzbirnen der Gegend, die im Ganzen in Wein pochiert werden), Tomaten, Porree (Lauch) und *Patisson* (Kapuzinermütze). Und er kann sich nicht vorstellen, nicht reden zu können mit den Leuten! Es gibt hier wohl keinen Menschen, den er nicht kennt, keine Hausfrau, die er nicht duzt. Geht jemand vorüber, so plaudert er mit ihm, ruft ihm zumindest etwas zu – da kann man dann staunen über die Mischung zwischen deutschen und französischen Brocken, grammatikalischen Mischformen, Sätze, in denen er von Wort zu Wort die Sprache wechselt. Aber: Es versteht ihn jeder …

1
GEFÜLLTER PATISSON
– KAPUZINERMÜTZE –

Die Füllung paßt auch zu Zucchini oder Schmorgurken. Sie haben allerdings eine etwas kürzere Garzeit.

Für vier Personen:
1 mittelgroßer, reifer Patisson,
1 altbackenes Brötchen, 1 Zwiebel,
2 Knoblauchzehen, 1 EL Butter,
500 g Hackfleisch, 1 Ei, Salz, Pfeffer,
1 Handvoll Kräuter: Petersilie,
Thymian, Salbei und Kerbel,
3 EL Olivenöl, 2 große Tomaten,
2 Knoblauchzehen, ⅛ l Brühe

Den Patisson schälen, oben quer eine Kappe abschneiden, alle Kerne herausschaben.

Das eingeweichte, gut ausgedrückte Brötchen, die gewürfelte, in Butter gedünstete Zwiebel und Knoblauchzehen mit dem Hackfleisch und dem Ei mischen. Mit Salz, Pfeffer und gehackten Kräutern würzen. Den Patisson damit füllen, die Farce schön aufhäufen, damit alles hineinpaßt. Den Patissondeckel wieder aufsetzen.

In eine Gratinform setzen, mit Öl übergießen und zunächst eine halbe Stunde im 220 Grad heißen Ofen braten. Schließlich die gewürfelten Tomaten mit dem gehackten Knoblauch zufügen sowie die Brühe angießen. Eine weitere halbe Stunde schmoren.

Wie eine Torte in Stücke schneiden, mit dem in der Form gesammelten Saft beträufeln und zusammen mit einem Salat servieren.

2
PATISSON-GRATIN
– ÜBERBACKENE KAPUZINERMÜTZE –

Für vier Personen:
1 mittelgroßer Patisson (ca. 800 g),
4 große, reife Fleischtomaten,
4 Knoblauchzehen, 1 Zwiebel,
3 Basilikumstengel, Salz, Pfeffer,
4 EL Olivenöl, 4 EL geriebener Käse

Den Patisson halbieren, schälen und die Kerne herauskratzen. Beide Hälften quer in Scheiben schneiden und in einer flachen Gratinform dachziegelförmig ausbreiten.

Die Tomaten häuten, entkernen, ihr Fleisch grob hacken und mit dem durch eine Presse gedrückten Knoblauch, der feingewürfelten Zwiebel und dem in Streifen geschnittenen Basilikum mischen. Über die Patissonscheiben verteilen, alles salzen, pfeffern und mit Olivenöl beträufeln.

Bei 220 Grad eine Stunde backen. Zehn Minuten bevor der Gratin fertig ist, mit geriebenem Käse bestreuen, der noch goldbraun werden soll.

Patisson, Kürbchen oder Kapuzinermütze: Stellt dieselben Ansprüche an Boden und Klima wie Zucchini, ist also leicht bei uns zu ziehen. Ganz junge Früchte macht man wie saure Gurken ein, die vollreifen werden besser geschmort

1

2

Fährt man von Murten in Richtung Bern, macht linker Hand ein stattliches Gebäude auf sich aufmerksam: Kürbisse und Krautköpfe stapeln sich zu einladenden Pyramiden, sauber gearbeitete Fässer und Bottiche aus Holz hängen an der Hauswand. Zwei Schilder – das eine für die Küferei, in die man durch eine Glastüre auf die wunderschönen, museumsreifen Geräte blickt, das andere weist auf eine Fabrik hin, die sich im hinteren Gebäude befindet: Sauerkraut von Hermann und Trudi Egger. *Ein kleiner, handwerklicher Betrieb, in dem das Kraut hergestellt wird, wie früher zu Hause: Nur 50 000 kg werden produziert, ohne jegliche Konservierungsstoffe und Bleichmittel. Die Kohlköpfe kommen von ausgewählten Vertragsbauern, die nur nach engen Vorgaben düngen und gegen Schädlinge spritzen dürfen. Die Krautköpfe werden geputzt, dann zerstört ein Bohrer den harten Strunk im Inneren. Auf dem Hobel schneiden sie blitzscharfe Messer in Streifen, die lagenweise mit Salz (2% sind im Herbst nötig, im Winter kommt man mit 1,5% aus) in 6 bis 8 Tonnen fassende Becken geschichtet und mit einem 3 t schweren Gewicht beschwert werden, damit die Gärung schneller vonstatten geht. Nach drei Wochen ist das erste, besonders wohlschmeckende Kraut fertig. Marie Burla, unverzichtbare Mitarbeiterin, packt es zum Verkauf in mit Plastiktüten ausgelegte Kartons – für Restaurants und Händler; Hausfrauen bringen ihre eigenen Töpfe mit. Auf dieselbe Art stellt man Sauerrüben her – eine Spezialmaschine hobelt dazu die sich auf einem Dorn drehenden Rüben in spaghettifeine Streifen. Die sauren Rüben ißt man mit frischem Speck.*

1

GEDÜNSTETES SAUERKRAUT

Frisches Sauerkraut braucht nicht gewässert zu werden, es ist mild und duftet angenehm säuerlich. Erst gegen Ende des Vorrats, wenn das Kraut einige Monate lang in seiner Lake gelegen hat, könnte es möglicherweise zu salzig geworden sein und ein milderndes Bad nötig haben.

Für vier Personen:
1 große Zwiebel, 1 Apfel, 1 EL Schweineschmalz, 1 kg Sauerkraut, 0,1 l trockener Weißwein, 0,1 l Brühe, je 5 Wacholder- und Pfefferbeeren, 2 Lorbeerblätter, Salz

Die gehackte Zwiebel und den geraffelten Apfel im heißen Schmalz andünsten. Das Kraut zerzupfen und darüberschichten. Wein und Brühe angießen, Gewürze zufügen, sparsam salzen. Etwa eine Stunde köcheln.
Als Bett für heiße Würste, gepökeltes Schweinefleisch, gekochtes Rindfleisch oder für die *Berner Platte* (Seite 236) verwenden. Falls etwas übrig bleibt, wird daraus eine:

2

SAUERKRAUT-RÖSTI

Man nimmt ebensoviel gekochte Kartoffeln vom Vortag, wie man Sauerkraut hat, reibt sie auf der Röstiraffel (Reibe) in Streifen und läßt sie in der heißen Pfanne im aufschäumenden Schweineschmalz unter gelegentlichem Wenden sanft bräunen. Dabei salzen, pfeffern und, wenn vorhanden, feingewürfelten Speck darüberstreuen. Das Sauerkraut gut ausdrücken und mit den Kartoffeln mischen. Zum flachen Kuchen formen und auf beiden Seiten schön braun rösten.

1

2

»Real« in Liechtenstein: über die unsichtbare Grenze nach Vaduz

Es erscheint als Anachronismus, das kleine Land zwischen Rhein und Vorarlberg. Wie ein zufälliges, im Rheintal vergessenes Überbleibsel der Kleinstaaterei, Relikt eines Feudalismus, der rundum, in der Schweiz und Österreich, längst und gründlich »abgeschafft« wurde ... Ein unabhängiges Fürstentum, bekannt durch das klug wirtschaftende Herrscherhaus, dessen großartige Gemäldegalerie, minimale Steuern und ganz außergewöhnliche postalische Aktivitäten: Briefkastenfirmen und Briefmarken.

Die Vorfahren des Fürsten kauften 1699 und 1712 das heutige Staatsgebiet, das 1719 zu einem reichsunmittelbaren Fürstentum erhoben wurde. Politisch und wirtschaftlich lehnte man sich zunächst der habsburgischen

Felix Real, Sohn Martin: handwerkliches Können als Voraussetzung für Kochkunst

Monarchie an. Nach dem ersten Weltkrieg schloß Liechtenstein eine Währungs-, Zoll- und Postunion mit der Schweiz, wodurch die wirtschaftliche Entwicklung mitbestimmt wurde: Ein bescheidener Fremdenverkehr, wenig verschmutzende Industrie und die erwähnten, zwar keinen Dreck verursachenden, aber nicht immer ganz sauberen Briefkästen.

Und in der Hauptstadt Vaduz, unter dem mächtigen Schloß, das *»Real«* mit dem Restaurant *»au premier«*, ein veritabler Wallfahrtsort für Feinschmecker. Und zwar seit den fünfziger Jahren, als Felix Real mit seiner Frau Theresia, einer Hotelierstochter aus dem Zillertal, das neu errichtete Haus übernahm: zwölf Zimmer, ein einfaches Restaurant im Erdgeschoß und – eben *au premier*, in der ersten Etage – das Restaurant für die große Kochkunst.

Felix Real – das ist sein richtiger, kein Künstlername! – ist einer der Grandseigneurs der internationalen Kochkunst. In die Welt war der Sohn und Enkel von Gastronomen hinausgezogen, hat in Basel, Lausanne, Luzern und Paris gelernt, wo er im berühmten *Maxim's* die höheren Weihen der Kochkunst erhielt. Dann ging's zurück in die Heimat, wo Pionierarbeit zu leisten war: Es gab zwar Wirtshäuser in Liechtenstein, aber keine Gastronomie. Felix Real kann sich rühmen, sie geschaffen zu haben – und fast alle, die heute im Lande kochen, sind durch seine Schule gegangen.

Höhepunkt seiner beruflichen Laufbahn war für Felix Real die Ausrich-

1
SALAT ISABELLE

Der Lieblingssalat von Tochter Isabelle, daher der Name!

Für vier Personen:
200 g Entenstopfleber, 2 EL Öl, Salz, Pfeffer, 100 g Nüssli-oder Feldsalat, eine Handvoll Chicoréeblätter, 3 EL Walnußkerne, 3 EL Obstessig, 2 EL Erdnußöl, 2 EL Rahm

Die Leber in Würfel von zwei Zentimetern Kantenlänge schneiden. Rasch im sehr heißen Öl rundum kroß anbraten, salzen und pfeffern. Auf einem Teller zugedeckt fünf Minuten ziehen lassen. Feldsalat, in Längsstreifen geschnittener Chicorée und Nüsse mit der cremig aufgeschlagenen Marinade aus Obstessig, Erdnußöl und Rahm anmachen. Auf Tellern anrichten und die Leberwürfel darauf verteilen.

2
VADUZER RIESLINGSUPPE

Für vier Personen:
⅜ l kräftige Fleischbrühe, ⅜ l Vaduzer Riesling, 0,1 l Rahm, 1 Eigelb, Salz, Pfeffer, Muskat
Einlage:
100 g pochiertes Kalbsbries (Milke) frischer Dill

Brühe und Wein fünf Minuten köcheln, das mit der Sahne verquirlte Eigelb unterrühren und unter stetem Schlagen mit dem Schneebesen heiß und dicklich werden lassen – auf keinen Fall richtig kochen, weil sonst das Eigelb gerinnt! Mit Salz, Pfeffer und Muskat würzen. Das Bries in kleine Würfel schneiden und darin erwärmen. Mit Dill bestreut servieren.

1

2

Von seinem Vater hat Felix Real gelernt, wie man den Weinberg bestellt, die Trauben pflegt und einen guten Wein keltert. Seine Vaduzer Rieslingsuppe kocht er mit seinem eigenen RieslingSylvaner *= Müller-Thurgau, der hier angenehm geradlinig und nicht zu blumig schmeckt*

tung der 2500-Jahr-Feier von Persepolis für den damals herrschenden Schah: 600 geladene Gäste wurden eine Woche lang in prunkvoll ausgestatteten Zelten mit morgenländisch-märchenhaftem Luxus verwöhnt – eine logistische Aufgabe, die nur ein Könner wie Felix Real leisten konnte, der sechs Sprachen beherrscht und eine internationale Brigade von 32 Köchen zu Höchstleistungen zu motivieren vermag.

Im eigenen Restaurant geht es vergleichsweise ruhig und kontinuierlich zu: Seit 29 Jahren ist ihm sein Küchenchef Karl Armbrecht unentbehrlich, seit sechs Jahren assistiert, entlastet und erneuert Sohn Martin. Dazu junge Leute aus aller Welt – ein ebenso harmonisches wie selbstverständlich ehrgeiziges, das Handwerk mit künstlerischem Sinn erfüllendes Team. Und als getreue Untertanen hoffen sie, daß die fürstliche Familie weiterhin ein- bis zweimal die Woche zu ihnen zum Essen kommt …

1

HUMMER MIT LIMONENNUDELN

Für vier Personen:
2 lebendfrische Hummer, Salz,
2 EL Olivenöl, 100 g Butter,
je 1 Stück Möhre, Sellerie und Lauch,
1 Schalotte, ½ Knoblauchzehe,
einige Petersilienstengel,
3 EL Noilly Prat (trockener Wermut),
2–3 Stengel Zitronenthymian,
1 Portion hausgemachte Nudeln
(Rezept Seite 186), 1 Limone

Die Hummer kopfüber in kochendes Salzwasser werfen, drei Minuten köcheln, dann im Sud abkühlen lassen.
Das Fleisch aus dem Panzer brechen. Die kleingehackten Schalen im sehr heißen Öl kräftig anrösten, die Hälfte der Butter zufügen sowie das kleingewürfelte Wurzelwerk, Schalotten, Knoblauch und Petersilienstengel. Mit Noilly Prat beträufeln, die abgestreiften Thymianstengel zufügen, alles mit Wasser knapp bedecken. Auf etwa ¼ l einkochen. Durch ein sehr feines Sieb filtern. Mit der restlichen Butter (einen Löffel für die Nudeln zurückbehalten) luftig aufmixen. Mit Salz und Pfeffer abschmecken. Die ausgebrochenen Hummerstücke darin behutsam erwärmen.
Die mittlerweile gekochten Nudeln in etwas Butter schwenken, mit Limonensaft und Limonenzesten würzen und auf Tellern anrichten. Die Hummerstücke daneben verteilen und mit Sauce überziehen. Mit Thymianblättchen bestreuen und sofort auftragen.

2

HIRSCHKALBRÜCKEN MIT PREISELBEEREN UND WEISSER POLENTA

Mais ist im vorderen Rheintal, wie auch in den südlicheren Regionen der Alpen, das wichtigste Getreide, sozusagen Grundnahrungsmittel. Der weiße Mais ist eine besondere, hier beliebtere Variante – er gilt als feiner im Geschmack als der übliche gelbe.

Für vier Personen:
800 g ausgelöster Hirschkalbrücken am Stück, Salz, Pfeffer, 2 EL Öl,
0,2 l Wildfond, 0,1 l Rotwein,
4 EL Preiselbeerkompott
Polenta:
50 g Butter, 100 g geriebener Parmesan,
200 g weißer Maisgrieß,
1 l Wasser,
Butter fürs Blech und zum Braten

Das Fleisch mit Salz und Pfeffer einreiben. Im heißen Öl rasch rundum anbraten. Dann in Folie gepackt im 100 Grad heißen Ofen 20 Minuten ziehen lassen.
Den Bratensatz mit Fond, Wein und Kompottflüssigkeit loskochen. Um die Hälfte reduzieren. Mit Salz und Pfeffer abschmecken, die Preiselbeeren darin erwärmen.
Für die Polenta Butter, Parmesan und Maisgrieß ins eben aufkochende Wasser rühren. Unter Rühren zehn Minuten zum dicken Brei kochen. Sparsam salzen, nach Geschmack pfeffern. Auf ein mit gebuttertem Backpapier ausgelegtes Blech streichen und auskühlen lassen. In Quadrate schneiden oder hübsch ausstechen. Beidseitig in heißer Butter braten.
Das Fleisch quer in dünne Scheiben schneiden und auf Tellern anrichten. Den Saft in die Sauce rühren, sie rund ums Fleisch gießen. Die Polenta daneben setzen. Dazu passen Rosenkohl und Pfifferlinge (Eierschwämme).

Zum Hirschkalb paßt Felix Reals Beerliwein, *ein Spätburgunder*

2

3

BIRNEN IN BLÄTTERTEIG

Eine komplizierte Kreation, wie man sie eigentlich nur im Restaurant zubereiten kann, wo die verschiedenen Bestandteile des Desserts einfach vorhanden sind: pochierte Birnenstücke – zwischen Blätterteigdeckeln, der obere ist mit Karamel überglänzt. Angerichtet auf einer Sauce aus Birnenpüree, verziert mit Himbeermark und über und über bestreut mit gemahlenen Pistazien und Schokoraspeln. Zwischen zwei akkurat abgestochenen Nocken aus mit Birnengeist parfümiertem Schlagrahm sitzt ein Löffel Birnensorbet.

Sein mächtiger
Gewürztraminer
begleitet perfekt
die Hummernudeln

1

3

Malans: Einst betriebsame Poststation, heute stilles Weinschmeckerziel

Behäbig bettet sich das Dorf an den Berghang, schmiegt sich harmonisch in die Weingärten. Die stattlichen Häuser gruppieren sich um kleine Plätze, breite Treppen, schmale Straßen, auf denen zum Glück nicht mehr viel Verkehr herrscht. Bis vor hundert Jahren war das ganz anders: Durch Malans brauste, wie durch alle Städte und Dörfer auf der rechten Seite des Alpenrheins, der Verkehr zwischen Deutschland und Italien.

Das war schon zu Zeiten der alten Römer so, die *Curia Rhaetorum*, Chur, zur Hauptstadt der ersten rätischen Provinz machten. Die älteste Stadt der Schweiz, seit 5000 Jahren dokumentiert, kontrollierte den Zugang zu den wichtigsten Alpenpässen. Heute wird sie auf der Autobahn umfahren.

Diese Schlüsselstelle hat Chur Reichtum, aber auch Unruhe gebracht: Durch die Jahrhunderte erkämpften immer wieder andere Mächte die Kontrolle. Die Bischöfe von Chur waren Fürsten und mächtige Landesherren, verloren aber ihre Macht, weil sie mit Habsburg sympathisierten: Im 14. und 15. Jahrhundert finden sich verschiedene Gruppierungen zu drei Bünden zusammen, die sich wiederum 1471 zusammenschließen und mit der Eidgenossenschaft liieren. Als 1523 Chur von Johannes Comander reformiert wird, breitet sich der neue Glaube rasch aus, doch das 1512 eroberte Veltlin, Teile Churs und eingesprengte Herrschaften bleiben katholisch. Nach anfänglicher Toleranz bringen Gegenreformation und Dreißigjähriger Krieg heftige Auseinandersetzungen. Aus dem Religionskrieg wird ein Machtkampf zwischen Bündner Familien, geschürt von Österreich und Frankreich. Conrad Ferdinand Meyer hat die blutige Story in seiner Bündnergeschichte *»Jürg Jenatsch«* drastisch beschrieben.

Erst durch Napoleons Neuordnung Europas entstand, der Schweiz als Kanton angeschlossen, das heutige *Graubünden*.

1815 geht das Veltlin an die damals österreichische Lombardei verloren. Seither verfügt Graubünden nur noch über *eine* bedeutende Weinregion, das Rheintal. Chur ist bekannt für seinen *Schiller*, ein Rosé mit etwas Weißweinanteil, berühmter aber sind die Rotweine und *Süßdrucke* der soge-

nannten *»Bündner Herrschaft«*, zwischen Liechtenstein und Landquart.
Heute verläuft die Autobahn in der Ebene. Früher machten im Weindorf Malans die Postkutschen Station – in 16 Relais-Stationen mit Wirtshaus und Stallungen. Denn der Talgrund war bis ins 19. Jahrhundert hinein sumpfig und unpassierbar. So führte die Straße, von Liechtenstein kommend, am nördlichsten Weinort *Fläsch* vorbei über einen kleinen Paß, die *Luziensteig* nach *Maienfeld*, *Jenins* und *Malans*, immer am Hang sich windend, mal steigend, mal fallend. Durch Wiesen und Obstgärten, Weinberge und Wälder – eine gleichzeitig erhabene und idyllische Landschaft: Weltbekannt durch die »Heidi« von *Johanna Spyri*.
Dann wieder geht's vorbei an mächtigen Schanzen, die an die blutige Geschichte erinnern. Und immer wieder Burgen und Schlösser: Die bedeutendsten Familien des Landes haben in dieser gesegneten Gegend ihren Sitz, die von Salis, von Moos, von Sprecher und von Planta. Im maienfeldischen Schloß Salenegg stehen Zitronenbäume im Garten, in Malans gab es ebensoviel Gärtnereien wie Gasthöfe. Und den Stammsitz der Planta, das in einem Barockgarten aus über 200 Jahre alten Buchsbaumhecken gelegene Schloß Bothmar, das immer noch von der Familie bewohnt wird.
Die berühmtesten und begehrtesten Weine von Malans sind die *Süßdrukke:* Roséweine, gewonnen aus der edlen Burgunderrebe, die schon seit langem hier eingeführt ist. Süßdruck bedeutet dabei, daß der Saft von den Schalen gepreßt wird, solange er noch süß ist, man den Wein also nicht auf den Schalen vergären läßt, wie das für Rotwein geschieht. Die Schalen geben wenig Farbstoff ab, der Wein bleibt hell. Außerdem bewahrt er eine fruchtige Säure und Frische, enthält wenig Gerbstoffe. Angenehm zu trinkende Weine, elegant und doch gehalt-

Das schmucke Malans: Schloß Bothmar in seinem barocken Buchsbaumgarten; die stattliche Ratsstube mit einem Fayence-Ofen aus dem Jahre 1690; Weinberge unterhalb des Falknis-Massivs; herausgeputztes Bürgerhaus

voll: Obwohl die besten Weine zwischen 520 und 600 m Höhe wachsen, gelangen sie in den meisten Jahren zu hoher Reife. Und zwar dank des Föhns, der im Herbst die Trauben geradezu kocht und den Zuckergehalt auf über 100 Grad Oechsle hochtreibt. Die Lese findet spät statt, meist erst Mitte November.
In den letzten Jahren hat ein Malanser Winzer von sich reden gemacht mit anderen, ganz neuen Weinen: Thomas Donatsch, der mit seiner Frau Heidi die Gastwirtschaft »Zum Ochsen« führt und in vierter Generation den Weinbaubetrieb leitet. Er ist ein erklärter Burgunder-Fan und hat mit großem Erfolg begonnen, gehaltvolle und hochklassige Rot- und Weißweine zu erzeugen. Dabei ging er eigene Wege, die ihm unter den ortsansässigen Kollegen so manches Kopfschütteln beschert haben: Aus Frankreich brachte er sich Blauburgunderklone mit, die aus Gesichtspunkten der Qualität und nicht der Menge gewonnen wurden. Seine Holzfässer kommen ebenfalls aus Frankreich, erstklassige Eiche, sorgsam behandelt und ausgebrannt, damit eine Kohleschönung stattfindet und der begehrte Vanilleton entsteht. Geschwefelt wird wenig – nur 12 bis 15 mg sorgen für bekömmliche Weine, die dank eines hohen Gerbsäuregehaltes (von sich aus oder aus den Eichenholzfässern) eine lange Entwicklung haben und sich ausgezeichnet frisch halten. Eine elegante, fruchtige Säure allerdings liebt

Gasthaus »Zum Ochsen« in Malans

Den Bündner Teller gibt es immer: das köstliche Bündnerfleisch, luftgetrockneter Schinken, Wurst, Käse

Thomas Donatsch bei Weißweinen ebensowenig wie die meisten seiner Landsleute – der biologische Säureabbau scheint ihm unverzichtbar.
Aber nicht nur der Ausbau der Weine, genauso der Anbau der Reben richtet sich ganz auf Qualität: Gründüngung wird im 3,5 ha großen Familienbetrieb schon seit 30 Jahren praktiziert, in den letzten Jahren wurde die zusätzliche Düngung um 90% reduziert, was die Reben zwingt, tiefer zu wurzeln, sich besser und vollständiger zu versorgen, und sie gleichzeitig widerstandsfähiger macht. Angeschnitten wird auf einen zunächst größeren Ertrag, damit die Pflanzen ordentlich in Arbeit kommen; erst im Spätsommer werden dann Krüppeltrauben und zuviel Behang ausgeschnitten, so daß alle Kraft den besten Trauben zugute kommt. Da Insektizide nur angewendet werden, wenn es unbedingt nötig ist, funktioniert auch in dieser Hinsicht die Abwehrkraft der Reben. Einzig gegen einen zu früh eintretenden Befall mit den gefährlichen Botrytis-Pilzen geht Donatsch rigoros vor.
Kommt die Botrytis als Edelpilz aber spät, so freut er sich und scheut sich keineswegs, eine edelfaule Auslese nach Art eines Sauternes zu machen. Wie er überhaupt allen Experimenten gegenüber aufgeschlossen ist, einen meursaultartigen Weißwein aus der Chardonnayrebe keltert, in säurereichen und zuckerarmen Jahren einen champagnerähnlichen Sekt herstellt und je nach Lesegut am liebsten im einen Jahr nur Süßdruck, im nächsten Jahr nur burgundergleiche Rotweine machen würde.
Aber das geht nicht so ohne weiteres, denn seine Kundschaft verlangt in allen Jahren alle Arten von Wein. Und in seiner Wirtschaft, wo es jeden Tag die berühmte Bündner Gerstensuppe mit Bohnen gibt und eine Bündner Platte, braucht er ja auch die entsprechende Vielfalt. Ansonsten kann man noch Spiegelei mit Schinken bestellen, eine Bratwurst oder ein *Faustbrot:*

1
GERSTENSUPPE

Dieser deftige, *urchige* Eintopf gilt als die Bündner Spezialität für ausgehungerte Skiläufer und Wanderer. Jede Hausfrau und jedes Gasthaus hat, versteht sich, ein eigenes Rezept dafür. Heidi Donatsch bereitet Gerstensuppe immer gleich im Riesentopf zu.

Für zwölf hungrige Personen:
je 250 g weiße und braune Bohnenkerne sowie grobe Graupen (Rollgerste), Salz, 100 g durchwachsener Speck, je 2 Möhren (Rüebli) und Lauchstangen, ½ Sellerieknolle, 1 Schinkenknochen, ½ l trockener Weißwein, 3 l Brühe, 4 Lorbeerblätter, Pfeffer, Muskat

Bohnen miteinander, die Graupen wegen ihrer kürzeren Garzeit in einem zweiten Topf über Nacht einweichen. Im Einweichwasser gar kochen, gleich zu Beginn salzen. Den feingehackten Speck auslassen und das gewürfelte Gemüse darin andünsten. Graupen, Bohnen und den Knochen zufügen. Wein und Brühe angießen. Die Lorbeerblätter zufügen und mit Pfeffer und Muskat würzen. Eine halbe Stunde köcheln (von Zeit zu Zeit umrühren), bis sich alles gut gemischt hat und die Gemüse weich sind.

Die gemütliche Gaststube des »Ochsen«: der passende Rahmen für bäuerliches Essen und den Wein des Hausherrn

Zur täglichen Kellerarbeit gehören angenehmerweise die Proben: Thomas Donatsch, der seit Jahren jeden Franken in seinen Keller steckt, denn der Ausbau in Eichenholzfässern ist nicht billig. Diese Sorgen hat Adolf Boner in seinem Completerkeller (großes Bild) nicht: Er verwendet nur alte Fässer

Die belegte Semmel heißt anschaulich *Eingeklemmt's*. Die Brat- oder geräucherten Bauernwürste sticht man vor dem Essen an: Damit's nicht spritzt, legt man eine Scheibe Brot auf die Wurst und sticht durch sie hindurch!
Donatsch-Weine kann man kaufen, wenn man sich früh genug meldet und einen guten Draht zum Hausherrn hat. Nur im Gasthaus dagegen gibt's das, was auf der faszinierenden Weinkarte steht – es fehlt kaum ein großer französischer Wein, wobei die Preise moderat sind, so daß sich eine ausgedehnte Probe lohnt.
Im »Ochsen« trifft man nicht selten Adolf Boner, einen anderen Malanser Winzer, der eine rare Spezialität kultiviert, den Completer. Eine wahrscheinlich von den Römern ins Land gebrachte Rebsorte, deren Anbau jedenfalls bis ins Jahr 1227 zurückverfolgt werden kann. Von den 270 Hektar Rebfläche der Hauptorte in Graubünden (davon sind 95% mit Blauburgunder bepflanzt) entfallen aber nur noch 27 ar auf den Completer. 20 ar davon sind im Besitz von Boner, sämtlich in der hervorragenden, für ihre Qualität berühmten Completerhalde südlich von Malans, selbst muschelförmig nach Süden orientiert. Und das ist gut so, denn die Completertraube reift langsam und braucht mindestens 100 Grad Oechsle, um zu gelingen, 110–115 Grad sind besser. Dann besitzt der Most immer noch die unwahrscheinlich hohe Säure von 25 bis 30‰, was einen besonderen Ausbau nötig macht: Adolf Boner verzichtet auf chemische Entsäuerung und läßt den Wein sieben Jahre im Holzfaß reifen. Dabei baut sich die Säure ab, der Wein bekommt einen Duft von Nußschalen/Nußblättern und erinnert entfernt an guten Sherry. Der Completer ist stets ganz trocken, gärt unerklärlicherweise völlig durch. Nur selten, etwa 1983, beschert die Natur eine Auslese mit 150° Oechsle.
Die wird dann, wie der Completer immer, ein Fest begleiten. Denn man gönnt sich nicht oft eine Flasche – Adolf Boner, größter Completer-Winzer, erntet nicht mehr als 300 pro Jahr. Fürwahr eine Rarität!

Der Stolz von Malans, der Completer, braucht ein langes Faßlager, um seinen Charakter zu entwickeln – der Wein von Adolf Boner (rechts) aus der Completerhalde schlägt dann im Mund das legendäre »Pfauenrad«, bleibt lange auf der Zunge

Auf 1000 Meter Höhe: Kräuter, Blumen und Salat

Die Straße im Landquarttal führt in Richtung Davos langsam aber stetig bergan. Auf halber Strecke etwa, bei Saas, erreicht sie fast die 1000-Meter-Grenze. Und trotzdem findet sich auf dem Sonnenhang eine Gartenpracht, wie man sie hier nicht vermutet. Eine gepflegte Gärtnerei, mit Beeten, in denen reihenweise Blumen wachsen, riesige Gewächshäuser. Heidi Doran, die Gärtnerin, mit pfiffigem Lächeln und in grüner Schürze, wirkt wie einem Bilderbuch entstiegen. Sie ist hier aufgewachsen und hat die Freude an Pflanzen und Blumen, die Liebe zu Kräutern und Gemüse sozusagen in die Wiege gelegt bekommen. Statt Betthupferl gab's für sie und ihre Geschwister stets Salat. Und auch heute noch kann sich Heidi Doran nichts Besseres vorstellen als eine Riesenschüssel davon, kunterbunt gemischt und angemacht mit sämtlichen Kräutern, die der Garten bietet. Fleisch spielt im Speisezettel kaum eine nennenswerte Rolle – obwohl der Bruder auf seinem Bauernhof sein Vieh anständig füttert. Da gibt's allenfalls mal eine Wurst von dem Metzger in Davos, der mit Doran'schem Majoran würzt, weil er so wunderbar intensiv schmeckt. Denn hier oben, nahe der Vegetationsgrenze, entwickeln die Pflanzen ein besonders kräftiges Aroma. Das Klima mit den langen kalten Wintern und nur kurzen Sommern macht es nicht leicht, doch trotzdem werden, im Gewächshaus überwinternd, die Zitronen reif. Heidi Doran führt die Gärtnerei zusammen mit ihrem spanischen Ehemann aus Cadiz. Sie beliefert während der Sommersaison die Restaurants im ganzen Tal mit Kräutern, Gemüse und Blumen.

1
BUNTE SALATSCHÜSSEL

Salat ist Heidi Dorans Lieblingsessen: Sie ißt ihn jeden Tag, auch zweimal, wenn der Garten in üppiger Pracht steht. Und natürlich sieht ihr Salat immer wieder anders aus. Heute zum Beispiel so:

Für zwei bis sechs Personen
(je nachdem, wie extrem sie dem Salat zugetan sind):
2 Kopfsalate, 1 schlanke Gurke,
3 reife Tomaten, zwei Handvoll Kräuter, wie Basilikum, Majoran, Thymian und Petersilie
Marinade:
Saft einer Zitrone, 2 EL Apfelessig, Salz, Pfeffer, 5 EL gutes Salatöl

Den Kopfsalat putzen, die Gurke mit der Schale grob raffeln, die Tomaten in Stücke schneiden. Zusammen mit den gehackten Kräutern in eine geräumige Salatschüssel füllen. Mit der Marinade, die mit dem Schneebesen cremig geschlagen wurde, übergießen.

Im Gewächshaus wird jeder Platz genutzt: unter den Tomaten wächst Feldsalat. Aber Blumen sind Heidi Doran Liebstes

1

Aus Strohblumen werden im Winter leuchtendbunte Sträuße. Schnittmangold ist wichtig für Capuns, *eine Bündner Spezialität (das Rezept steht auf Seite 212), und Dillblüten braucht man zum Einlegen der süßsauren Gurken*

Elfie Casty: Köchin aus Liebe

Es fing damit an, daß die Krankenschwester Elfie den flotten Tschiery kennenlernte, Besitzer des *»Landhaus«* in Davos, einer Art ländlichem Restaurant mit rustikaler Bar. Aber, bei aller Liebe, diese Art von Gastronomie gefiel ihr ganz und gar nicht. Und so wurde umgebaut. Anschließend verfügte man dann zwar über ein schönes Restaurant, hatte aber kein Geld mehr für einen Koch. Also stellte sich Elfie an den Herd. Es gab *Fondue bourguignonne*, Pfeffersteak und Filetgulasch (fast zwei Tonnen Filet wurden damals pro Wintersaison verbraucht) – eine Küche, die nicht viel Arbeit macht, Anfang der siebziger Jahre schick war und dem Zeitgeist entsprach. Man rannte den beiden die Bude ein, und sie schufteten sich die Seele aus dem Leib. Und trotzdem – Elfie Casty war dieser Erfolg nie so ganz geheuer. Sie war unzufrieden, wenn sie auch nicht wußte, warum.

Bis sie eines Tages im Drei-Sterne-Restaurant von Alain Chapel in Mionnay erlebte, was *»große Küche«* sein kann. Ein Schlüsselerlebnis. Eine zehntägige Reise durch elf Drei-Sterne-Restaurants Frankreichs folgte. Und erneut wurde im *»Landhaus«* umgebaut. Es dauerte nicht lang, da hatte sich Elfie Casty an die Spitze der Schweizer Gastronomie emporgekocht. Als Autodidaktin wurde sie zwar zunächst von den professionellen Kollegen mißtrauisch beobachtet, dank ihrer hingebungsvollen Neugier, ihrer Zähigkeit, ihrer Begabung und Fertigkeiten, und nicht zuletzt dank ihres Charmes, jedoch bald in den Kreis der hochdekorierten Weißmützen aufgenommen. Sie war auf deren Hilfe auch dringend angewiesen. Denn das Kochenkönnen allein genügt eben nicht, um ein Restaurant erfolgreich zu führen. Da muß man erst einmal die Organisation, das Beschaffen der Zutaten, den Umgang mit dem Personal und, natürlich, mit den Gästen lernen. Gottlob folgte der gute Tschiery den Höhenflügen seiner Frau in geradezu konge-

Elfie Casty stammt zwar aus Baden bei Zürich, aber in die eindrucksvolle Kulisse ihrer Wahlheimat Prättigau (mit der Schesaplana im Hintergrund) paßt sie eigentlich viel besser. Die Menschen hier sind freiheitsdurstig und voll Tatendrang

nialer Weise und kümmerte sich um den Weinkeller und die Beratung der Gäste. Elfie Casty wurde mit Auszeichnungen überhäuft – sie bekam zum Beispiel den selten außerhalb Frankreichs verliehenen *Ordre du Merit Agricole.* Ihre Kochkurse, ihr Kochbuch, das sie im Eigenverlag herausgab, waren auf Anhieb ein umwerfender Erfolg ... Eines Tages wurde diese rasante Entwicklung durch ihre ohnehin nie besonders robuste Gesundheit gebremst.

Eine Pause war nötig, Ruhe, das *»Landhaus«* wurde zum großen Bedauern aller Fans verkauft, und die Castys zogen talabwärts, nach Klosters. Aber natürlich war Elfie Casty unfähig zur Muße. Sie schrieb zunächst einmal ein zweites wunderschönes Buch, das die Verkaufszahlen des ersten noch übertraf. Und sie begann wieder mit Kochkursen. Jeweils sechs Teilnehmer konnten ihr eine Woche lang jeden Nachmittag bei der Zubereitung eines sechsgängigen Menüs zuschauen, Fragen stellen, mithelfen, lernen, wie man kocht, wie man sich organisiert, den Tisch deckt, kurz – ein perfekter Gastgeber zu sein.

Und weil Elfie Casty einfach nicht mit halber Kraft fahren kann, war abzusehen, daß der Ansturm auf ihre Kochschule eines Tages ihre Kräfte übersteigen würde. Sie mußte schließen. Zu ihrem größten Bedauern, weil sie Menschen liebt und ihr viel daran liegt, ihre leidenschaftliche Liebe zum Kochen, zu einer ehrlichen, natürlichen, perfekten Küche, weiterzugeben. Klarzumachen, daß es nicht um Moden geht, sondern darum, erstklassige Produkte mit genau der Ehrfurcht und Sorgfalt zuzubereiten, die ihnen zusteht.

Sie tut das jetzt in einer regelmäßigen Sendung im Schweizer Fernsehen und arbeitet natürlich an weiteren Büchern. Aber, bedauert sie wehmütig, es ist nicht dasselbe, es fehlt eben der persönliche Kontakt.

1

SAIBLINGFILET AUF GEMÜSEVINAIGRETTE

Für vier Personen:
1 kleine Möhre (Rüebli), 1 Stück Sellerieknolle, 1 dünne Lauchstange, Salz, 1 kleine Schalotte, 1 EL Weißweinessig, 3 EL bestes Olivenöl, 1 EL Brühe, Pfeffer, 4 Saiblingfilets, Salz, Pfeffer, 1 Dillzweig

Möhre und Sellerie schälen, auf dem Gemüsehobel zuerst in feine Streifen, dann mit der Hand quer in winzige Würfel schneiden. Den Lauch ebenfalls winzig würfeln. In einem Sieb für eine Minute in kochendes Salzwasser tauchen, gründlich abtropfen, mit der feingeschnittenen Schalotte mischen und mit einer Marinade aus Essig, zwei Eßlöffeln Öl, Salz und Pfeffer anmachen.

Die Fischfilets salzen und pfeffern. Im restlichen Olivenöl in einer beschichteten Pfanne rasch auf beiden Seiten braten.

Die lauwarme Gemüsevinaigrette auf vier Tellern verteilen. Jeweils ein Filet obenauf betten und mit einem Dillzweiglein schmücken.

1

1
HAUSGEMACHTE NUDELN MIT GESCHMOLZENEN TOMATEN

Für vier Personen:
Nudeln:
200 g Mehl, ½ TL Salz, 2 Eier, 2 EL Olivenöl, 2 EL Wasser
Sauce:
500 g reife Tomaten, 2 EL Olivenöl, Salz, Pfeffer, frisches Basilikum. 2 EL Butter, 2 EL frisch geriebener Parmesan

Aus den Zutaten mit den Händen rasch einen festen, aber elastischen Nudelteig kneten. Ihn dann zu einer Kugel geformt, in Folie gehüllt, mindestens zwei Stunden kalt stellen, damit sich der Kleber entwickeln kann. Dadurch läßt sich der Teig besser verarbeiten, und die Nudeln bekommen mehr Biß.
Schließlich entweder mit der Hand portionsweise hauchdünn ausrollen oder dies zwischen den glatten Walzen der Nudelmaschine tun. Die Teigbänder anschließend in schmale oder breite Nudeln schneiden. In reichlich Salzwasser knapp garen. – Vorsicht: das dauert höchstens zwei Minuten.
Die Tomaten überbrühen, häuten, entkernen und fein würfeln. Im heißen Öl durchschwenken, dabei salzen und pfeffern.
Die Nudeln abgießen, mit Butter und Käse so lange mischen, bis sie glänzen. In tiefen Tellern anrichten. Die geschmolzenen Tomaten darauf verteilen. Mit Basilikum dekorieren.

2
REHMEDAILLONS MIT PETERSILIENGEMÜSE UND PFIFFERLINGEN

Für vier Personen:
1 ausgelöstes Rehrückenfilet, Salz, Pfeffer, 2 EL Traubenkernöl, je 5 EL Rotwein und Portwein, 0,2 l Wildfond, 1 EL Holundergelee
Beilage:
250 g krause Petersilie, Salz, 2 EL Butter, eine Spur Knoblauch, Pfeffer, Muskat, 2 EL süße Sahne, 250 g kleine Pfifferlinge (Eierschwämme), 1 EL Öl, etwas Zitronensaft

Das Fleisch in Medaillons von je zwei Zentimetern Stärke schneiden. Salzen, pfeffern, im heißen Öl rasch auf beiden Seiten anbraten und in Folie gepackt nachziehen lassen.
Das Bratfett wegkippen, den Bratensatz mit Wein, Portwein und Wildfond los- und um zwei Drittel einkochen. Zum Schluß mit Holundergelee, Salz und Pfeffer würzen.
Die Petersilienblätter – ohne Stiele gewogen und gut gewaschen – in Salzwasser blanchieren, eiskalt abschrekken, damit sie schön grün bleiben, und fest ausdrücken. In einem Löffel Butter, die mit etwas gehacktem Knoblauch gewürzt ist, dünsten, dabei salzen, pfeffern und mit Muskat würzen. Zum Schluß die Sahne einrühren.
Die Pfifferlinge putzen, in der restlichen Butter mit dem Öl zusammen sehr heiß schwenken. Salzen, pfeffern und mit Zitronensaft würzen.
Die Medaillons auf Tellern anrichten, die Sauce darum herumgießen. Petersiliengemüse daneben setzen und die Pilze darauf anrichten.

3
BROMBEERSUPPE

Für vier Personen:
400 g reife Brombeeren, je 5 EL Brombeer- und Cassis-Likör und Portwein, 0,1 l Rotwein, 50 g Zucker, ¼ Zimtstange, 1 Gewürznelke, abgeriebene Schale einer halben Orange, 4 EL Crème double

Die Brombeeren in einem Sieb sanft überbrausen und abtropfen.
Die restlichen Zutaten, bis auf die Crème double, in einem Topf aufkochen. Die Beeren darin fünf Minuten ziehen lassen. Mit einer Schaumkelle herausheben und in tiefen Tellern anrichten. Den Saft dick einkochen und über die Beeren verteilen. Zum Schluß die Crème double darüberfließen lassen.

1

2

3

WINTER

Von Schneefreuden und Stadtleben, wärmenden Schüsseln und kräftiger Kost

Ofenheiß: geschmortes Lamm mit Gemüse

Maloja: Der Wurstmacher

Laax: Eine Bündner Köchin

Luftgetrocknet: Fleisch, Würste, Schinken

Innereien: das Beste vom Kalb

Im Wallis: mühevolles Bergbauernleben

Corpaato: kochendes Gesamtkunstwerk

Metropole Zürich: auch für Pralinen

John Ehrat von der »Alten Post«: Räucherlachs & Bündner Küche

Wer kommt schon auf die Idee, inmitten eines Skigebiets einen erstklassigen Lachsräucherer zu suchen? Der, den man in Klosters finden kann, hat seine Fertigkeit tatsächlich seiner Heimatregion zu verdanken. Denn nur weil in den siebziger Jahren der Sommer rund um Klosters eher ruhig war, konnte es sich der leidenschaftliche Angler John Ehrat leisten, das Angebot eines befreundeten Bankers anzunehmen, während der Sommermonate dessen Gästehaus in Norwegen zu betreuen und so ganz nebenbei dem eigentlich viel zu teuren Sport der Lachsfischerei zu frönen. Und natürlich ist John Ehrat viel zu sehr Koch mit Leib und Seele, als daß er sich nicht dafür interessiert hätte, was die norwegischen Fischer mit ihrem Fang anstellten.

Ihr Räucherlachs schmolz geradezu auf der Zunge, erinnerte in nichts an die oft ziemlich trockenen Scheiben, die er bis dahin kannte. Nach sechs Jahren Sommerfrische war ihm kein Trick, kein Geheimnis mehr fremd. Und seither gibt's in Klosters einen Räucherlachs, wie man ihn sich zarter und delikater einfach nicht vorstellen kann. Seine selbstgebastelte Anlage wurde anfangs belächelt. Aber inzwischen verschickt er sein Produkt bis nach Stockholm und München an befreundete Gastronomen, die seine Qualität zu schätzen wissen. Die frischen Lachse kommen per Luftfracht aus Norwegen. Es sind Zuchtlachse, auf deren Güte er sich verlassen kann, die in kühlen Gewässern sich langsam haben entwickeln können, nicht zu fett sind, aber auch nicht zu mager. Denn darauf kommt es an. Und noch etwas ist bemerkenswert: John Ehrat schneidet seine Lachshälften nicht, wie man das meistens sieht, schräg in papierdünne Scheiben, sondern, wie er das den norwegischen Fischern abgeguckt hat, einfach quer in fast zentimeterstarke Tranchen. »Wahrscheinlich«, vermutet er, »hat man diese dünnen Scheiben erfunden, weil auf diese Weise der teure Lachs länger vorhält. Doch dick geschnitten schmecken sie einfach unvergleichlich viel besser!«

Aber John Ehrat ist nicht seiner Lachse wegen im weiten Umkreis bekannt. Auch seine Tierliebe gilt als legendär. Hinter dem Gasthaus ist in Gehegen eine ganze Menagerie untergebracht: Enten, Hühner und Gänse. Und Lämmer! Fast alle landen eines Tages natürlich im Bratrohr. Die Gänse allerdings dienen vorwiegend als Wächterinnen. Sie sollen auf die wertvollen Lachse im Räucherhäuschen aufpassen. »Hast Du Bienen und Schaf', leg' Dich nieder und schlaf. Abere schlaf nit so lang, der G'winn Dir entgang!« lacht Annina, die gute Miene zum ruhelosen Ehemann macht und die Seele des ganzen Betriebes ist. Überhaupt herrscht hier eine Herzlichkeit, eine Fröhlichkeit unter den Mädchen in Küche und Restaurant, die ansteckend wirkt, und die auch den wildfremden Gast sich unverzüglich ganz heimisch fühlen läßt.

In der dunkel getäfelten Beiz' gleich neben dem Eingang sitzen die Ortseinwohner. Und manchmal, wenn gar zu viel Betrieb ist und auch der allerletzte Platz von Fremden beansprucht wird, dann werden sie im Hinterstübchen plaziert und alle wissen, »heut' ist's umsonst«, und keiner ist bös'.

Aber niemals wird der John Ehrat über seinem Lachs die bodenständige Küche der Region vernachlässigen. Dafür sind ihm die Bündner Rezepte mit ihrer ganzen Geschichte einfach viel zu wichtig. Und für ein gutes *Schafverdämpf* oder einen ordentlichen *Bekkibraten aus dem Stotzen* (der Keule – Rezepte auf den Seiten 194/195) läßt er die sogenannten feinen Sachen lieber stehen. Und wenn ein Gast bedauert, daß er schon lange keinen guten Kalbskopf mehr gegessen hat, dann gibt es für ihn kein größeres Vergnügen, als ihm einen Kalbskopf zu servieren, wie er ihn sich besser einfach nicht wünschen kann.

John Ehrat, seine Frau Annina, die »Alte Post« in Klosters-Aeuja und die Räucherei: Birken- und Eschespäne, weniger von der Buche, ergeben einen aromatischen Rauch, der nicht wärmer als 26 Grad sein darf

John Ehrat kann sich auf seinen norwegischen Lieferanten verlassen: Die frisch geschlagenen Fische sind zwölf Stunden später bei ihm und bereits eingesalzen. Lachse aus einer guten Zucht zieht John Ehrat Wildlachsen vor, die unkontrolliert lange unterwegs und so auf Alter und aufgenommene Nahrung nicht überprüfbar sind. Rosafarbenes Fleisch deutet auf chitinhaltiges Futter mit viel Krebstieren hin. Blasse Fische sind mehr mit Hering und anderem Fisch gefüttert worden. Aber, sagt John Ehrat, bei einer Blindprobe schmeckt man keinen Unterschied. Entscheidend für den Geschmack ist vielmehr ein ausgewogener Fettanteil: Ist er zu hoch, tropft das Fett beim Räuchern heraus, geht dem Fleisch verloren und hinterläßt es ebenso trocken wie bei Fischen, die von vornherein zu mager sind. Das Räuchermehl darf keine Rinden und dadurch Harze enthalten, ebenso ist natürlich Nitritsalz verpönt. Und: Erst fünf Tage nach dem Räuchern hat der Lachs seinen vollen Wohlgeschmack, die perfekte Konsistenz erreicht. Bis dahin hält man ihn gut verpackt im Kühlschrank frisch

1

1
RÄUCHERLACHS MIT SPINAT

Die Kombination schmeckt umwerfend gut. Man muß nur den kräftigen Winterspinat dafür nehmen oder sommers den dunkelgrünen Freilandspinat, mit dem erdigen, intensiv würzigen Aroma.

Für vier Personen:
16 Tranchen Räucherlachs,
500 g Spinat, Salz, 3 EL Haselnußöl,
2 EL Sherryessig

Die Lachstranchen auf den Tellern hübsch anrichten. Den Spinat verlesen, alle Stiele abknipsen, die Blätter in kochendes Salzwasser werfen und sofort wieder abgießen. Eiskalt abschrecken. So behält der Spinat nicht nur seine Farbe, sondern auch die Vitamine. Zwei Löffel Öl in einer Pfanne erhitzen, die Spinatblätter darin schwenken. Das restliche Öl und den Essig erst neben dem Feuer untermischen. Lauwarm neben dem Lachs anrichten und servieren.

Die Lachse, 4 bis 5 Jahre alt und etwa fünf Kilo schwer, kommen per Luftfracht in Eis verpackt an und werden natürlich unverzüglich verarbeitet

Die Lachsseiten werden mit einer Mischung aus wenig braunem Zucker und reichlich Salz eingerieben und schließlich in den Rauch gehängt

Sie werden filiert, mit einem exakten Schnitt von der Mittelgräte befreit. Die 26 Seitengräten zupft man sodann mit der Pinzette heraus

Den fertigen Räucherlachs schneidet man nicht wie gewohnt schräg in dünne Scheiben, sondern nach norwegischer Fischerart quer in Tranchen

Das Mittelstück ist das beste der gesamten Seite. Man sollte es am besten pur, vielleicht mit etwas Zitronensaft beträufelt, genießen

1

LAMMSUPPE MIT GERSTE

Ein herrlicher, ganz leichter, klarer Eintopf, mit Würfeln von gesottenem Lammfleisch, buntem Gemüse und kernigen Graupen.

Für vier bis sechs Personen:
1 Lammhals mit seinen Knochen, 1,5 l Lamm- oder Rindfleischbrühe, 1 Zwiebel, 1 Knoblauchzehe, 1 Thymianzweig, 1 Nelke, Salz, 1 Bund Suppengrün, 60 g grobe Gerste (Graupen), je 50 g in winzige Würfelchen geschnittene Möhren (Rüebli) und Sellerie, je 100 g ebenfalls kleingehackter Lauch und Wirsing (Wirz), Schnittlauch, Kerbel oder Petersilie

Den in Stücke geschnittenen Lammhals in der kalten Lammbrühe aufsetzen, gehackte Zwiebel, Knoblauch und Suppengrün sowie die Gewürze zufügen. Zugedeckt sanft gut eineinhalb Stunden köcheln, bis das Fleisch gar ist. Herausnehmen, vom Knochen lösen und in kleine Würfel schneiden.
Die Brühe durch ein Sieb filtern, zurück in den Topf füllen, die Gerste darin weich kochen. Für die letzten fünf bis zehn Minuten die Gemüsewürfelchen und zum Schluß das Fleisch zufügen.
Verschwenderisch mit gehackten Kräutern bestreut in Suppentellern servieren.

2

CHURER BECKIBRATEN

Das »Becki« ist eine flache schwere Bratenpfanne aus blinkendem Kupfer, wie sie früher in jeden gutbürgerlichen Haushalt gehörte. Denn sie war für den großen, holzbefeuerten Herd das einzige und ideale Kochgeschirr. Der klassische Sonntagsbraten wurde darin zubereitet, vom Lamm oder, außerhalb der Saison, auch vom Schwein. Jede moderne Bratenreine oder Bratenpfanne tut es heute natürlich auch. Sie sollte allerdings über einen gut schließenden Deckel verfügen.

Für sechs Personen:
1 Lammkeule oder -schulter, jeweils entbeint, Salz, Pfeffer, 2 EL Butter, 1 mit Lorbeerblatt und 2 Nelken gespickte Zwiebel, 300 g Weißkohl (Kabis), 100 g Sellerieknolle, 200 g Möhren (Rüebli), 100 g weiße Rübchen (Narets), 400 g Kartoffeln, 2 Knoblauchzehen, 1 Bund Petersilie, ½ l gute Brühe oder Lammfond, ¼ l Rotwein

Das Fleisch salzen, mit Pfeffer einreiben, in einen flachen, breiten Schmortopf legen, mit Butterflöckchen besetzen. Zunächst im 180 Grad heißen Ofen etwa 30 Minuten ohne Deckel anbraten. Auf 140 Grad herunterschalten. Gleichzeitig die Zwiebel in die Reine geben, den Braten mit Rotwein begießen und den Deckel aufsetzen. Nach einer weiteren Stunde das mittlerweile geputzte und gewürfelte Gemüse mit dem geschälten Knoblauch rund um den Braten verteilen. Salzen und pfeffern sowie mit Brühe oder Fond übergießen. Zugedeckt noch gut etwa eine Stunde sanft schmoren. Es kommt auf eine Viertelstunde mehr oder weniger nicht an, wenn man für die letzte Zeit die Temperatur auf 100 Grad herunterschaltet.
Die Gemüse und den quer zur Faser in dünne Scheiben geschnittenen Braten auf einer vorgewärmten Platte anrichten. Mit Petersilie schmücken. Den Bratenfond durch ein Sieb filtern, wenn nötig, noch etwas einkochen und getrennt dazu servieren.

3

LAMMRÜCKEN AUF KAPUZINERSALAT

Der leuchtendgrüne Salat mit dünnen schmalen Blättern, die ein bißchen an Löwenzahn erinnern, ist bei uns noch nicht sehr verbreitet, unter dem Namen Kapuzinerbart oder -salat aber in Feinkostgeschäften immer öfter zu finden. Wenn nicht, nimmt man einfach Feldsalat (Nüsslisalat) oder auch Frisée.

Für vier bis sechs Personen:
2 EL Pinienkerne, 1 Scheibe Weißbrot, 2 EL Butter, 1 Knoblauchzehe, 400 g ausgelöstes Lammrückenfilet, Salz, Pfeffer, 2 EL Öl, 200 g Kapuziner- oder Feldsalat, je 5 EL Sherryessig und Olivenöl Extra vergine

Die Pinienkerne in der leeren heißen Pfanne unter ständiger Bewegung goldbraun rösten. In einem Schälchen beiseite stellen. In derselben Pfanne das in winzige Würfel geschnittene Weißbrot golden braten, dabei die Butter und die durchgepreßte Knoblauchzehe zufügen. Aufpassen, daß die Knoblauchcroûtons nicht zu dunkel werden.
Das Fleisch salzen und pfeffern und in heißem Öl rundum kroß anbraten, dann neben dem Feuer zugedeckt oder in Folie gehüllt ziehen lassen, damit es durch und durch rosa wird.
Den Salat sehr vorsichtig durch die Marinade aus Salz, Pfeffer, Essig und Öl ziehen, sofort gründlich ausschütteln und auf Tellern verteilen. Das Fleisch schräg in dünne Scheiben schneiden und hübsch daneben setzen. Mit der restlichen Marinade beträufeln. Die gerösteten Pinienkerne und Brotcroûtons darüberstreuen und sofort servieren.

1

2

3

Engadin Touristen und

In der Mitte der Alpen, von Bergketten abgeschirmt, zwischen Nord und Süd, liegt das Hochtal des Inn, das Engadin. Italien und Finnland seien hier zusammengekommen, meinte der Wahl-Engadiner Friedrich Nietzsche. Wolkenloser, leuchtendblauer Himmel, klare Luft und starke Sonneneinstrahlung: mediterrane Leichtigkeit in fast 2000 m Höhe! Eine einzigartige Hochgebirgslandschaft, touristisch erschlossen seit dem 19. Jahrhundert, als Dichter, Maler und globetrottende Engländer die Alpen entdeckten.
Freilich spielte sich damals alles zwischen Juni und September ab. Dann begaben sich die wohlhabenden Individualisten in die Höhe, um die kühle, reine Bergluft zu genießen und der drückenden Hitze des Tieflands, den schmutzigen Backöfen der Städte zu entfliehen. Sommerfrische war angesagt. Im Herbst, wenn die Lärchen ihr flammendes, von den Frösten entfachtes Gold gen Himmel recken, war der Spuk vorbei, und die winterliche Natur breitete ihr unberührtes Weiß über die Wiesen und die zugefrorenen Seen. Bis der Hotelier Johannes Badrutt, Gründer der Hotelier-Dynastie, die mit dem *Kulm* und dem *Palace* die feinsten Häuser am Platz besitzt, eine Wette abschloß: Daß es in St. Moritz auch im Winter schön ist, die Sonne dann genauso intensiv scheint und man bei Minusgraden im Hemd draußen sitzen kann.
Er gewann diese Wette gründlich, wie man weiß. Holte zunächst die spleenigen Engländer und Amerikaner, später auch den russischen Hochadel und die internationale Finanzwelt hierher. Pferderennen auf dem zugefrorenen See, luxuriöse Schlittenpartien, sportliches Rodeln und das ebenso exclusive wie halsbrecherische Skeleton, die fein näselnd Curling genannte, gemessene Abart des Eisstockschießens – das alles gibt es noch. Doch heute bildet der Ski-Marathon von Maloja nach Zuoz das herausragende Ereignis des Winters, und Hunderttausende von ganz normalen Skiläufern verstopfen die Abfahrten von Corvatsch, Corviglia und Diavolezza.
Die Touristen suchen und finden den sicheren Schnee bei herrlichem Son-

zwischen Gebirgsbauern

nenschein, klarer und trockener, erholsamer, belebender Luft – und der Winter hat keine Zeit mehr, das Land in wohltuendes Schweigen zu hüllen. Nachdem das einst verschlafene Dorf St. Moritz zum Tummelplatz der internationalen Prominenz geworden war, wo so mancher Jet-Setter sein Haus zu besitzen beliebt, erfuhr es in den letzten Jahren den Einbruch der Massen: *Moritz*, ein populäres Zentrum des Wintersports. Der Club Mediterranée hat ebenso Einzug gehalten wie die internationalen Reiseveranstalter. Exclusivität gibt es nur noch in privaten Chalets und den Nobelhotels, deren Türsteher mit Argusaugen das gemeine Volk erspähen und hochnäsig zurückweisen.

Die alteingesessenen Bewohner des Engadin mußten der Entwicklung folgen: Über 60 Prozent von ihnen verdienen heute ihren Lebensunterhalt im Dienste des Tourismus. Landwirtschaft ist in dieser Höhenlage natürlich ohnehin nicht so intensiv zu betreiben wie im Flachland oder im leichter zugänglichen und fruchtbareren Emmental – ohne kräftige finanzielle Unterstützung vom Staat könnten die Milchbauern nicht auskommen. Die Subventionen gelten natürlich längst nicht nur der Produktion, sondern ebensosehr der Landschaftspflege.

In den geschlossenen Ortschaften des Oberengadin findet man zwar noch einige Viehtränken auf dem Dorfplatz, manchen Misthaufen vor dem stattlichen Haus. Dennoch ist die beschwerliche Landwirtschaft trotz aller Subventionen auf dem Rückzug – die Höfe werden nur noch von den Alten umgetrieben, deren Kinder und Enkel lieber Discjockeys, Skilehrer oder Pistenraupenfahrer werden.

Allerdings verdienen sie dann damit das Geld, das sie, die meisten erfüllt von Stolz auf ihre eigenständige Kultur, für die teure Erhaltung ihrer prachtvollen Häuser brauchen. Man hat heute nicht mehr die Wahl zwischen einer ländlichen Idylle der Bauern oder dem mondänen Tourismus der Städter: Beides bedingt sich gegenseitig und kann nur, behutsam in Einklang gebracht, eine gemeinsame Zukunft haben.

Sils Maria: Nietzsche, vie
eine gemütliche Zirbelstub

Von *Majoria*, romanisch für Meierei, leitet sich Maria ab. Und ursprünglich war es das wohl auch, die Meierei auf den Matten, romanisch *Seglias*, kurz *Segls*, schließlich zu Sils verschliffen. Ein entzückender Ort! Das muß auch Nietzsche so empfunden haben, für ihn war Sils der »lieblichste Winkel der Erde« – sieben erquickende Sommer verbrachte er hier. Sein Haus ist heute als kleines Museum hergerichtet. Natürlich war es nicht *sein* Haus, er wohnte hier als Sommerfrischler bei der Familie Durisch, die außerdem einen Kolonialwarenladen betrieb, wo man, wie Nietzsche nach Hause schrieb, »englische Biskuits, Cornedbeef, Tee, Seife und eigentlich alles mögliche kaufen konnte ...« Auf des großen Philosophen Spuren sind auch andere Dichter und Denker nach Sils Maria gekommen. Wer in seinen Werken oder Briefen den Ort einer Erwähnung gewürdigt hat, ist im Museum verewigt. Thomas Mann, Marcel Proust, Hermann Hesse, Jean Cocteau oder Pablo Neruda. In Sils Maria hat Nietzsche seinen Zarathustra entdeckt. Es war im ersten Sommer, den er hier verbrachte, wie er selber schreibt: »Ich ging an jenem Tag am See von Silvaplana; bei einem mächtigen, pyramidal aufgetürmten Block unweit Surlej macht ich Halt. Da kam mir dieser Gedanke ...«

Den Felsblock im Wasser kann man heute noch besichtigen, wenn er auch vielleicht nicht auf jeden jenen heiligen Zauber ausstrahlt. Nicht mehr bewundern kann man die »Alpenrose«, jenes komfortable, elegante Hotel, in dem Nietzsches wohlhabende Vereh-

Sils Maria ist eine idyllische Oase inmitten einer umtriebigen Wintersportregion. Mit Pferdeschlitten statt Autos in den Straßen und mit vom Schnee zugewehten Gartenzäunen. Hoch droben thront das »Waldhaus«, ein stattlicher Hotelpalast aus der

astfreundliche Geschwister, nd eine herrliche Conditorei

rerinnen logierten, das ihm aber zu kostspielig war. Leider ist das einst prächtige und stattliche Haus seit ein paar Jahren zum Spekulationsobjekt verkommen und bröckelt, zugenagelt und halb zerfallen, vor sich hin.
Bildschön, voller Leben und gemütlich hingegen ist die »Chesa Marchetta« der Geschwister Godly. (Das ch als Zischlaut, wie *Tsch,* ausgesprochen, nicht auf italienische Art als *K.*) Direkt am kleinen Hauptplatz, im weißgekalkten Engadinerhaus, dessen Fenster mit den typischen Sgraffiti umkränzt sind, verbirgt sich eine wunderschöne Gaststube, rundum mit warmem Zirbelholz getäfelt, *Arven,* wie man hier sagt, und winzig klein. Gerade eben vier Tische haben Platz. An die sich, »mit Gewalt«, wie Christina Godly lacht, zur selben Zeit immerhin schon bis zu 29 Menschen gedrängt haben. Das ist für ein Gasthaus nicht eben viel an Räumlichkeit. Und weil erheblich mehr Gäste kommen möchten, als man setzen kann, hat man jetzt auch noch in die ehemalige Küche einen Tisch hineingequetscht. Gekocht wird seither irgendwo im Keller, aber das Essen ist wie eh und je: einfach, ehrlich, ohne jeden Firlefanz. Engadiner Küche, mit ihren Einflüssen aus Italien und bäuerlichen Traditionen. Würste und Schinken sind selbstgemacht. Eier, Milch und gute Hühner stammen aus der eigenen Landwirtschaft, die von den beiden Brüdern Godly betrieben wird. Die Schwestern Christina und Maria kümmern sich neben dem kleinen Gasthaus noch um die angeschlossene Pension mit 20 Betten.

guten alten Zeit. Und in der winzigen Zirbelstube der »Chesa Marchetta« kann man sich abends von den Geschwistern Godly (die Schwestern auf dem Bild oben, ein Bruder rechts daneben) mit allem verwöhnen lassen, was Küche und Keller hergeben

1
SALTIMBOCCA MIT SPINATKNÖPFLI

Für vier Personen:
Spinatknöpfli:
300 g Mehl, 2 Eier,
100 g blanchierter, gehackter Spinat,
ein Schuß Wasser oder Milch, Salz,
2 EL Butter, 2–3 EL frisch geriebener
Käse (Sbrinz oder Parmesan)
Saltimbocca:
4 dünne Schnitzel aus der Kalbskeule,
4 schöne Scheiben Kalbsleber, Salz,
Pfeffer, Mehl zum Bestäuben,
8 hauchdünne Scheiben roher
Schinken, 16 schöne Salbeiblätter,
Butter zum Braten

Aus Mehl, Eiern, Spinat und soviel Wasser oder Milch wie nötig einen dickflüssigen Teig rühren. Salzen und eine halbe Stunde quellen lassen. Dann durch ein Knöpflisieb in kochendes Salzwasser drücken. Oben schwimmende Knöpfli sind gar. Mit einer Schaumkelle herausfischen, abtropfen und warm stellen. Vor dem Servieren mit heißer Butter und geriebenem Käse mischen.
Für die Saltimbocca die Kalbsschnitzel und Leberscheiben salzen und pfeffern. In Mehl wenden, gut ausschütteln, damit nur ein hauchdünner Film davon haftenbleibt. Jede Scheibe mit Schinken und Salbei belegen, notfalls mit Zahnstocher sogar feststecken. In heißer Butter auf beiden Seiten sanft braten.
Wer Sauce mag, kocht den Bratensatz noch mit einem Schuß Weißwein und Kalbsfond los. Abschmecken und heiß über die Saltimbocca gießen.

2
PLAINS IN PIGNA

Genau übersetzt heißt das »Ofen voll«. Gemeint ist ein tiefes Backblech, dicht bedeckt mit allen möglichen Zutaten. Hauptsächlich Kartoffeln, aber auch Speck, Gemüse aller Art, auch Reste. Und zum Schluß reichlich Käse, mit dem das Gericht knusprig überbacken wird. Ein allgemeingültiges, exaktes Rezept gibt es also nicht. Die Schwestern Godly servieren Plains als Beilage und machen ihn so:

Für vier Personen:
600 g rohe Kartoffeln,
je 70 g Speck- und Wurstwürfel,
5 EL Rahm (süße Sahne), 2 EL
Maismehl, Salz, Pfeffer, Muskat,
100 g Butter für die Form und für
Flöckchen, ca. 75 g geriebener Käse

Die Kartoffeln auf der groben Röstiraffel reiben. Mit den Speck- und Wurstwürfeln vermischt in einer flachen Gratinform verteilen. Sahne mit Maismehl verquirlen, salzen, pfeffern, mit Muskat würzen und darübergießen. Mit Butterflöckchen besetzen und Käse bestreuen. Im 200 Grad heißen Ofen eine gute Stunde backen.

3
PREISELBEER-KOMPOTT

Von September bis Oktober werden Preiselbeeren gesammelt und für den Winter eingekocht. Mit ein paar solcher Gläser im Vorrat hat man immer ein herrliches Dessert im Haus, das überhaupt keine Arbeit mehr macht: Einfach ein Klecks doppelt fetter Sahne drauf (Crème double) – fertig!

Für ca. 10 Einmachgläser à 250 g:
2 kg Preiselbeeren, 1 kg Birnen,
½ l Rotwein (Veltliner), 700 g Zucker,
1 Zimtstange, 4 Nelken,
1 EL schwarze Pfefferkörner

Die Beeren mit den in Schnitze geschnittenen geschälten Birnen, Rotwein und Zucker in einem großen Topf langsam aufkochen. Die Zimtstange zufügen. Die übrigen Gewürze in einem kleinen Säckchen zufügen, damit sie sich leichter wieder herausfischen lassen. 10 Minuten köcheln. Dann heiß in heiß ausgespülte Twist-off-Gläser füllen. Sie sofort verschließen. Nach dem Abkühlen ist im Glas ein Vakuum entstanden – weiteres Sterilisieren ist nicht mehr nötig.

4
MUSKATBLÜTENEIS

Klingt verblüffend und schmeckt auch so – schließlich ist Macis oder Muskatblüte kein Gewürz, das in Desserts häufig vorkommt. Aber es paßt, wie folgendes Rezept beweist, vorzüglich!

Für vier Personen:
½ l Milch, 150 g Zucker, reichlich
Muskatblüte (lieber am Stück als
gemahlen), 4 Eigelb, 0,3 l Rahm

Die Milch mit der Hälfte des Zuckers aufkochen, Macis zufügen. Ein paar Minuten ziehen lassen.
Inzwischen die Eigelb und den restlichen Zucker mit dem Handrührer dick und cremig schlagen. Die nochmals aufgekochte Milch durch ein Sieb zufügen. Zurück in den Topf schütten. Unter ständigem Schlagen heiß und dicklich werden lassen, aber nicht kochen. Dann im kalten Wasserbad unter Rühren abkühlen lassen, bevor die steifgeschlagene Sahne untergezogen wird. Im Gefrierer fest werden lassen.
Christina Godly serviert dazu einen Klecks Marmelade aus getrockneten Aprikosen und etwas Honig.

Zum Plains in Pigna serviert man in der Chesa Marchetta deftige Bratwurst, gedünsteten Fenchel und Spinat

1

3

2

4

Im Engadin wachsen keine Nüsse – und doch ist die *torta di nusch* das Nationalgebäck. Bereits im 16. Jahrhundert hatten die Engadiner in Italien, vor allem in Venedig, einen hervorragenden Ruf als Konditoren und Zukkerbäcker. Später wanderten sie auch nach Frankreich, England und Rußland aus. Hatten sie genügend Geld in der Fremde verdient, kamen sie mit ihren süßen Geheimnissen um Nüsse, Mandeln und Schokolade zurück in ihre Heimat, bauten sich ein Haus, und ihre Kinder und Kindeskinder genießen heute diese Leckereien.
Einige Konditoren brachten es besonders weit: *Josty* in Berlin wußte Heinrich Heine nicht genug zu rühmen – deren prächtige Familien-Villa in Sils Baselgia, heute das Hotel Margna, beweist den damaligen immensen wirtschaftlichen Erfolg.
Um so erstaunlicher, daß ein paar Schwaben den Spieß umdrehten und ihrerseits im Engadin ihr Glück suchten – und fanden: Neben den *Hanselmanns*, deren Stamm-Café in St. Moritz alltäglich umlagert ist, die Familie *Schulze*, in deren wunderschönem Art-Deco-Café in Sils Maria Stammgäste wie Durchreisende beglückt werden. Natürlich mit Engadiner, nicht mit schwäbischen Spezialitäten …

1
ENGADINER NUSSTORTE

Für eine Springform von 26 cm Durchmesser:
Teig:
350 g Mehl, 250 g Butter, 200 g Zucker, 1 Prise Salz, 1 Ei
Füllung:
200 g Zucker, 380 g Walnußkerne, knapp 0,2 l Rahm, 3 EL Honig, 1 Eigelb

Aus den angegebenen Zutaten rasch einen Mürbteig kneten. In Folie verpackt mindestens eine halbe Stunde kühl stellen und ruhen lassen.
Inzwischen den Zucker zum hellblonden Karamel kochen. Die gehackten Nüsse mitrösten, Rahm angießen und Honig unterrühren. Gründlich durchmischen und abkühlen.
Zwei Drittel des Teigs dünn ausrollen, eine gefettete Springform damit ausschlagen. Die Nußfüllung darin verteilen. Aus dem restlichen Teig einen passenden dünnen Deckel schneiden, auflegen und rundum gut festdrücken. Die Oberfläche mit verquirltem Ei einpinseln. Nach Belieben verzieren. Den Kuchen bei 180 Grad etwa eine Stunde backen.

Conditorei Patisserie Schulze, Tea-Room, Bäckerei *lautet der volle Titel des 1923 vom Ehepaar Schulze gegründeten Cafés, heute geführt von der Enkelin* Alma Peer

Spezialitäten des Hauses: Silserkugeln *(Trüffelschokolade und Marzipan-Baiser mit Schokoladenüberzug)* und Juliersäulen *(feines Mandelpraliné in Mandelhülle)*

Jetzt ist die fünfte Generation an der Reihe: Alma Peers Enkelin Rita Weicht *mit* Butschellas, *Gebäck aus Butterteig und Weinbeeren, überstäubt mit Zucker*

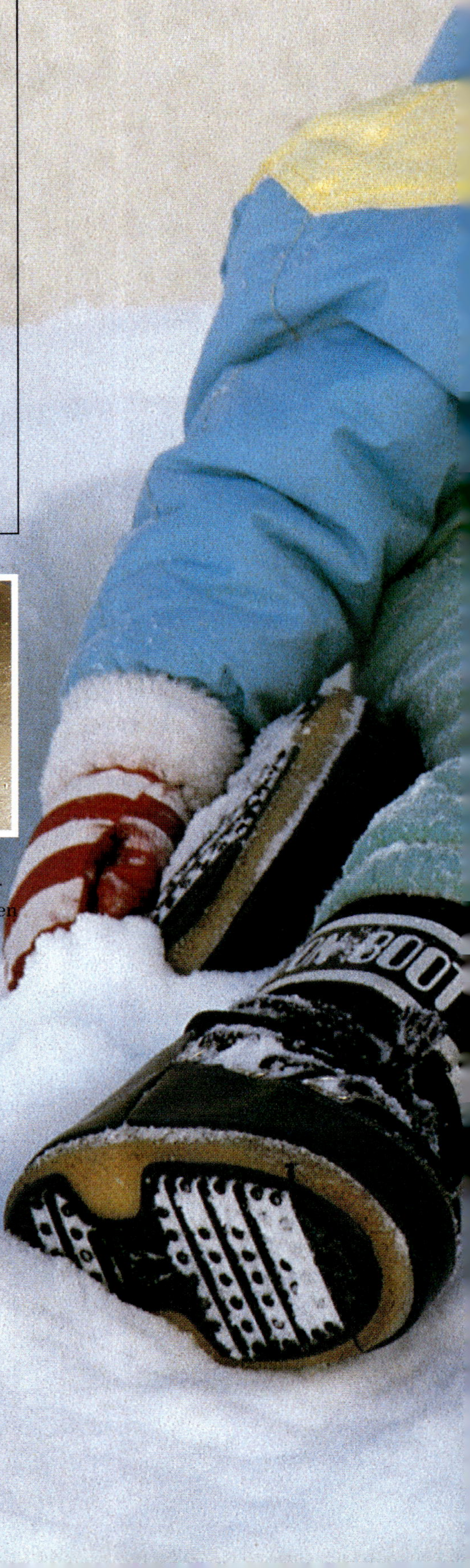

1

Über den Berninapaß fährt ein Zug, der Bernina-Express, der allerdings zur Freude aller Eisenbahnfans der Welt dem zweiten Teil seines Namens nicht allzuviel Ehre macht. Immerhin erreicht die höchste Bahnlinie Europas 2234 Meter Höhe ohne Zahnräder. Bei Celerina, wo auf einem Hügel die Kirche mit dem vom Blitzschlag gespaltenen Turm ein Zeichen setzt, verläßt der Zug das Inntal in Richtung Süden, fährt am malerisch gelegenen Pontresina vorbei, läßt den Ausblick ins Val Roseg und auf den gewaltigen Morteratsch-Gletscher genießen, hält an der Diavolezza-Seilbahnstation, zieht am aufgestauten Lago Bianco entlang, führt hinab zur Alp Grüm

Puschlav: von

(2091 m) mit herrlichem Ausblick und Alpengarten, weiter hinunter in wilden Windungen, Schleifen und Kehren nach Poschiavo (nur noch 1014 m hoch), dem Hauptort dieser östlichsten und, abgesehen von den Serpentin-Brüchen, ärmsten der drei italienisch sprechenden Regionen Graubündens, die sich dem Veltlin zu öffnet (die beiden anderen: das Bergell in Richtung Comer See und das ans Tessin grenzende Misox).
Spätestens hier glaubt man sich in Italien, wenn dies in Wirklichkeit auch noch ein Weilchen dauert. Aber der

Eis zum Wein

Caffè in den Bars schmeckt südlicher, die Unterhaltungen klingen lebhafter, die Farben scheinen froher. Besonders im sogenannten *Spaniolenviertel,* wo von in spanischen Diensten ergrauten Söldnern maurisch anmutende Häuser errichtet wurden.

Die Unwetter des Jahres 1987 haben hier besonders wild gewütet, haben Häuser weggeschwemmt, Straßen und Ackerland zerstört. Innerhalb von 48 Stunden sind damals neun Zentimeter Gletschereis geschmolzen, was der schier unglaublichen Schneehöhe von zehn Metern entspricht. Wahrlich keine hausgemachte, sondern eine Naturkatastrophe!

Der Zug zuckelt nun am Lago di Poschiavo vorbei, nach Brusio hinunter, über das sehenswerte Spiralviadukt, schließlich an die Grenze bei Campocologno, wo Tabak wächst.

Noch weiter unten gedeiht dann der berühmte *Veltliner* – aber erst bei Tirano, wirklich in Italien. Obwohl viele Schweizer den Veltliner als einen eigenen Wein ansehen, zumal das heute lombardische *Valtellina* einige Jahrhunderte den Bündnern gehörte und viele Weinberge sich in Schweizer Besitz befinden. Auf den oft nicht in Italien, sondern im Poschiavo abgefüllten Flaschen braucht im übrigen für die Schweiz keine italienische Herkunft angegeben zu werden!

Unter den Puschlaver Bergen die ehemaligen Stallungen der Poststation von La Rösa, *an deren Hauswand den Gast »O sole mio« grüßt. In buntem Schmuck der Kirchturm von* San Carlo

Maloja: Heidi-Idyll, der Schinkenmacher und ein vergessener Hotelpalast

Wenn sich durch die untergehende Sonne die schattigen Talseiten lila färben und darüber die Bergspitzen von den letzten Lichtstrahlen entzündet sind, kann man verstehen, warum es den Künstler Segantini hierher, auf die Höhen des Maloja, gezogen hat. Er brauchte dieses Licht, pastellfarben und zugleich kristallklar, flimmernd und leuchtend, vom winterlichen Weiß, überstrahlt vom unwirklichen Blau des Himmels bis zum strotzenden Grün und Gelb sommerlicher Wiesen eine Bandbreite bietend, wie er sie sonst nirgends zuvor gefunden hatte. Nur in der »strengen, unerbittlichen Welt der Berge« fand er, wie er sagte, die Erfüllung. Wenn er auch zugleich darunter litt, »in einem abgeschiedenen Bergdorf zu leben, umgeben von Schnee und Gläubigern ...« Der unbändige Freigeist ist hierher geflohen, nachdem die Graubündener Behörden ihn aus Savognin zu vertreiben drohten. Er hatte sich geweigert, Steuern zu zahlen, sich als Bürger einzufügen. Am Ende der Hochebene von St. Moritz zeigten sich die Behörden gnädiger und sogar bereit, die wilde Ehe mit der Mutter seiner vier Kinder, Bice Bugatti, anzuerkennen. Segantini starb, gerade 41jährig, auf dem Höhepunkt seines Erfolges. In Maloja, wo er begraben ist, feiert man ihn mit einem kleinen Museum in seinem ehemaligen Atelier.

Als Segantini 1894 in Maloja eintraf, war der früher lediglich im Sommer von einigen Bergeller Bauern bewohnte Flecken erst seit wenigen Jahren »entdeckt«: Ein ehrgeiziger Belgier, Graf Camille de Renesse, wollte an dieser Stelle einen eleganten Kurort etablieren. Leider war er bereits an dem ersten Bauwerk, einem ebenso prächtigen wie riesigen Hotelpalast, pleite gegangen, so daß aus den hochfliegenden Plänen nichts wurde. Immerhin: Das solide gebaute, stattliche Anwesen steht noch als Zeuge dieser Zeit und wird als Kindererholungsheim genutzt ...

Wenn man etwa auf der Höhe des vergessenen Palasthotels die Straße ins Bergell nach rechts verläßt und eine schmale Hohlgasse nach oben nimmt, landet man nach ein paar Windungen in einem flachen Tal, an dessen Saum ein neueres Haus steht, neben dem sich einige Katen in den Schnee dukken. Hier lebt der Schinkenmacher Renato Giovanoli, der mit seinem dunklen Schlapphut aussieht, als ob er dem Heidi-Roman entnommen sei. »Ja«, lacht er, »deshalb wurde auch Mitte der siebziger Jahre hier der Heidi-Film gedreht.« Er schüttelt immer noch, nach so langer Zeit, den Kopf, wenn er an diese verrückten Filmleute denkt, die nicht glauben konnten, daß er seine Würste und seinen Schinken nicht nur für den Film, sondern immer auf die althergebrachte Weise produziert. Steinbockschinken, zum Beispiel, der unerhört wür-

zig und intensiv schmeckt, und so selten geworden ist, weil nur noch 600 Steinböcke pro Jahr erlegt werden dürfen. Renato Giovanoli macht Leber- und Blutwürste, so würzig, wie man sie nirgends sonst mehr kosten kann; seine Salami, Salsiz und Coppa, der Beinschinken, Nußschinken und Speck schmecken kernig, sind voller Kraft. Um nichts in der Welt möchte er sein Leben ändern. Hier, wo die Uhren einfach anders gehen, wo sogar der Wind verkehrt weht, der verrückte Malojawind, der talabwärts, statt wie üblich, talaufwärts bläst, weil er im Bergell als aufbrausender Talwind nach oben drängt und durch die schmale Lücke des Malojapass' seinen Ausweg sucht und findet. Hier paßt er her, auch wenn er manches Mal gefragt wird, an welchem Tag denn eigentlich hier Sommer sei. Sogar im August kann das Thermometer unter null Grad sinken. Und 20 Minusgrade sind im Winter ganz normal. Verständlich, daß einer, der hier geboren ist, damit glücklich ist. Aber daß Renato Giovanoli sogar eine Frau gefunden hat, die das erträgt, ist kaum zu glauben. Doch seit fast 20 Jahren lebt die Belgierin Bea Giovanoli, Mutter seiner vier Kinder, mit ihm glücklich und zufrieden auf dem Pilahof.

Für damalige Verhältnisse war das Prachthotel Palace mit jedem Luxus ausgestattet. Heute reicht der Komfort gerade noch für anspruchslose Ferienkinder. Dabei ist die Umgebung mit Gletschermühlen und Innquelle abwechslungsreich und wunderschön

Vor der Hauswand baumelt unter einem Vordach wie eine Schlaraffenlandgirlande ein stattlicher Vorrat an Schinken und Würsten. Hier trocknen und reifen sie in der klaren, eisigen Luft des Maloja und erlangen die begehrte, typische Würze

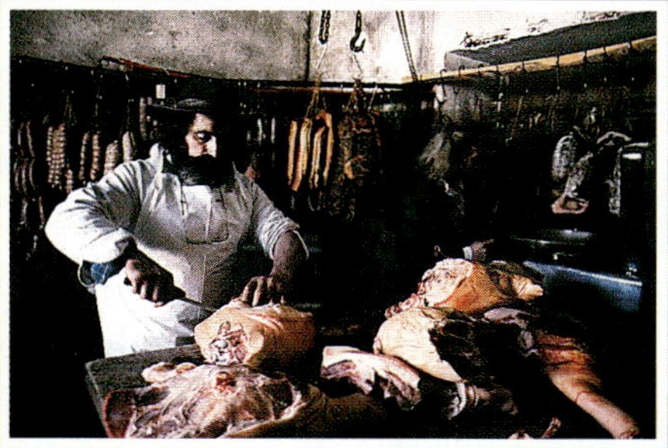

Renato Giovanoli, genannt Pila, weil er auf dem Pila-Hof lebt, ist so urig, wie er aussieht. Er wirtschaftet nach dem Rezept der Vorfahren. Aus Überzeugung. Und mit Erfolg! Das Fleisch, das er zu Schinken und Würsten verarbeitet oder auf Bündner Art trocknet, stammt von glücklichen Viechern, die anständiges Futter zu fressen gekriegt und daher kerniges, festes, wohlschmeckendes Fleisch angesetzt haben.
Schinken und Speck werden zum Trocknen aufgehängt und im Frühling zum Schutz vor Fliegen in Leinensäcke eingenäht. Wenn sich beim ausgereiften Schinken das Salz an der Oberfläche kristallisiert, ist er kaum mehr von dem Gneißschiefer zu unterscheiden, der die Gegend prägt. Die Würste reifen sechs bis acht Wochen und hängen dabei, auch im Winter, im Freien unterhalb der Dachtraufe. Hauchdünn aufgeschnitten schmecken sie dann einfach unglaublich gut!

Die Veraguths und ihre ehrliche, ursprüngliche Küche

»Früher hat man vor Weihnachten seine eins bis zwei Schweine geschlachtet. Und dann war es was Besonderes, zum Fest ein Rippchen zu essen, ein Kotelett oder eine frische Wurst. Aber mit dem Reichtum und dem Wohlstand heute ist eigentlich alles ärmer geworden, weil alles stets im Überfluß verfügbar geworden ist.« Hilda Veraguth sagt das wehmütig, und sie weiß, daß es unmöglich ist, das Rad der Geschichte zurückzudrehen. Sie will das auch nicht. Natürlich ist auch in ihren Augen neuzeitliche Bequemlichkeit und Technik eine erfreuliche Errungenschaft. Aber sie sieht nicht ein, warum *modernen Zeiten* auch zugleich der gute Geschmack geopfert werden soll.

Deshalb findet in ihrer Küche sozusagen eine Gegenbewegung zum gleichmacherischen Einheitsessen statt. Und der Erfolg beweist, daß sie damit völlig richtig liegt: Bis vor kurzem führte sie zusammen mit Ehemann Hans eine Skihütte oberhalb von Laax, die ausschließlich per Ski, Skilift oder zu Fuß erreichbar war. Die Hütte galt unter feinschmeckenden Skiläufern als heißer Tip.

Hans ist eigentlich Metzger und versteht herrliche Salsiz zu produzieren. Hilda kocht mit aller Sorgfalt und nur besten Zutaten die ganz einfachen, sogenannten Arme-Leute-Gerichte, die man sonst nirgendwo mehr serviert bekommt, weil sie zwar wenig kosten, dafür aber zeitaufwendig sind. Sie sind deshalb heute ein größerer Luxus als die erlesensten Delikatessen.

15 Jahre haben die beiden da oben geschuftet, während der Saison, von November bis Ostern, ohne Wochenende, ohne Pause – wenn unwegsam hoher Schnee lag, konnten sie nicht einmal abends nach Hause fahren. Die Plackerei hat sich gelohnt. Inzwischen haben Veraguths im Tal ein Restaurant eröffnet: *»Da Carnetg«*, in Sagogn. Das Haus wirkt behäbig, als stünde es schon seit hundert Jahren. Dabei ist es eben erst fertiggestellt. Ganz aus Holz, das sandgestrahlt und gebürstet, einen goldbraunen Farbton hat, als hätten Jahrzehnte daran genagt. Die Stube ist mit gebleichtem *Föhrenholz* getäfelt, wie Kiefer hierzulande heißt. Natürlich sitzen in der *Beiz,* gleich neben dem Eingang, die Einwohner des Orts und fühlen sich daheim.

Hilda Veraguth ist zwar im Hotelfach ausgebildet, hat aber das Kochen nie gelernt. Zum Glück, ist man versucht zu sagen, vielleicht hätte sie dann ihre ursprüngliche Bauernküche aufgegeben. Wie so viele ihrer Kollegen, die in ihren dörflichen Gasthäusern und *Beizen* nicht mehr selber kochen, sondern nur noch Vorgefertigtes auftischen, aus Cellophan gepackt und in der Mikrowelle aufgewärmt.

Bei Veraguths wird alles frisch gekocht, das Birnenbrot noch selbst gebacken, auch die Salsiz natürlich hausgemacht. Hans hat sein Rezept verraten: 10 kg Rindfleisch, 8 kg Schweinefleisch und 3 kg Rückenspeck – das ist wichtig, betont er, denn mit Bauchspeck werden die Würste schmierig und rasch ranzig – läßt man grob gewürfelt über Nacht in einem halben Liter Rotwein marinieren und würzt mit 3 Knoblauchzehen, 50 g Salz und reichlich Pfeffer. Für die schöne Farbe nimmt er lieber Zucker statt Nitrit. Das Fleisch wird durch den Wolf gedreht und gründlich durchgeknetet, bevor man es in Därme füllt und für eine Nacht in sanften Rauch hängt. Bevor die Würste dann eine zweite Nacht geräuchert werden, packt man sie in Holzpressen, wo sie ihre typische eckige Form erhalten. Schließlich läßt man sie noch drei, vier Wochen an der Luft trocknen, bevor man sie verspeist.

1
MALUNS

Ein Kartoffelgericht aus alter Zeit. Man hat früher Milchkaffee dazu getrunken, Apfelmus und ein Stück Bergkäse dazu gegessen. Wie die meisten sogenannten Arme-Leute-Essen muß es mit besonderer Sorgfalt und Geduld zubereitet werden. Dann aber ist es eine heute geradezu luxuriöse Delikatesse.
Die Kartoffeln dafür sollten zwei, besser sogar noch drei Tage vorher gekocht und bei Zimmertemperaturen, nicht im Kühlschrank gelagert werden, damit sie vollkommen abgebunden haben und wirklich absolut trokken sind.

Für vier bis sechs Personen:
1 kg gekochte Kartoffeln, 300–400 g Mehl, 20 g Salz, 100 g Butter

Die Kartoffeln auf der Röstiraffel reiben. Mit so viel Mehl mischen, daß sie völlig trocken wirken. Je mehliger die Kartoffeln sind und je länger abgebunden, desto weniger Mehl ist nötig.
Eine große Eisenpfanne mit etwas Butter ausstreichen. Die geriebenen Kartoffeln darin unter geduldigem Rühren rösten, bis sie wie goldene Flöckchen glänzen. Die restliche Butter haselnußbraun werden lassen, über die Kartoffelflöckchen träufeln, gut mischen und unverzüglich servieren. Statt Apfelmus reicht Hilda Veraguth sanft in Butter gedünstete Apfelschnitze dazu.

Hilda Veraguth auf dem Balkon des neuen Hauses, das jedoch auf die gleiche Weise wie vor hundert Jahren erbaut worden ist. Der warme Holzton ist nicht ganz nature, Handwerkskunst hat nachgeholfen! Der Blick auf die schneebedeckten Gipfel des vorderen Rheintales allerdings ist tatsächlich die eindrucksvolle Kulisse

Hans Veraguth, der Metzger, ist stolz auf seine Salsiz, die luftgetrockneten Würste, die mit ihrer eckigen, flachen Form für Graubünden typisch sind. So gut wie seine schmecken sie jedoch nicht überall. Warum, versteht man, wenn man hört, was drin ist: Erstklassiges Fleisch und Fett, mit aller Mühe und Aufmerksamkeit verarbeitet

Die Zutaten für Capuns: Spätzle-Teig, Kräuter, kleine Würfel von Schinken und Wurst, außerdem Mangoldblätter

1
CAPUNS SURSILVANS

Dafür braucht man die kleineren Blätter des Schnittmangolds. Er ist zarter als der Stielmangold, dessen Blätter man halbieren und blanchieren müßte, wollte man sie für dieses Gericht verwenden. Im Frühjahr oder Sommer kann man auch die festen Blätter vom Freilandspinat nehmen.

Für vier Personen:
400 g Mehl, 4 Eier, je 1/8 l Milch und Wasser, 1 TL Salz, 100 g roher Schinken (in 3 mm dicken Scheiben), 100 g Salsiz (Bündner Hartwurst), 1 Bund Petersilie, 1 Bund Schnittlauch, ca. 40 Blätter vom Schnittmangold, 50 g Bauchspeck
Sauce:
2 Schalotten, 1 EL Butter, je 1/4 l Brühe und Rahm, Salz, Pfeffer

Mehl, Eier, Milch, Wasser und Salz mit dem Schneebesen zu einem glatten Teig schlagen, der Blasen wirft. Zugedeckt mindestens eine Stunde, besser einen ganzen Tag, quellen lassen, bevor Schinken und Salsiz, jeweils fein gewürfelt, sowie die gehackten Kräuter untergerührt werden.
Die Mangoldblätter jeweils mit einem Eßlöffel Teig füllen. Die Pakete sofort dicht nebeneinander in einen flachen, breiten Topf oder eine tiefe Pfanne setzen. Mit heißem Salzwasser knapp bedecken. Etwa zehn Minuten leise köcheln.
Inzwischen für die Sauce die gewürfelten Schalotten in der Butter weich dünsten. Brühe und Rahm angießen. Um die Hälfte einköcheln. Mit Salz und Pfeffer abschmecken.
Die Capuns in tiefen Tellern anrichten, mit Sauce übergießen und mit den inzwischen knusprig ausgebratenen Speckstreifchen bestreuen.

2
PIZOKELS

Für vier bis sechs Personen:
400 g Mehl, 100 g Roggen- oder Buchweizenmehl, 4 Eier, 0,1 bis 0,2 l Wasser, Salz, 1 EL Öl, 2–3 mittelgroße Kartoffeln, 1 große Zwiebel, 50 g Butter, 50 bis 70 g Reibkäse

Aus Mehl, Eiern, Wasser, Salz und Öl einen luftigen Teig schlagen, der Blasen wirft. Mindestens eine Stunde, besser noch einen halben Tag, ruhen lassen.
Die geschälten Kartoffeln würfeln, in einem großen Topf mit Salzwasser garen. Den Teig portionsweise auf ein Brett streichen, über den Topf halten und mit einem Messer oder Teigschaber Spätzli direkt ins Wasser schaben. Sobald die Pizokels oben schwimmen, sind sie gar. Mit einer Schaumkelle herausheben, dabei auch die Kartoffelwürfel mitfassen, abtropfen lassen und auf einer Platte anrichten.
Mit in Butter gerösteten Zwiebelringen und Reibkäse bedecken und sofort servieren.
Dazu gehört unbedingt ein grüner, säuerlich angemachter Salat!

Den Stiel der Blätter abschneiden. Den Spätzle-Teig mit allen übrigen Zutaten gründlich verrühren

3
FRÜCHTEBROT
– PETTA CUN PERA –

Für zwei Laibe:
Teig:
500 g Mehl, 150 g Roggenmehl, 25 g Butter, 1/2 l Milch, 20 g Hefe, Salz
Füllung:
500 g Dörrbirnen, 200 g Trockenfeigen, 100 g Haselnüsse, 200 g Walnußkerne, 200 g Rosinen, 200 g Zitronat und Orangeat, je 1 TL gemahlener Zimt, Koriander und Nelke, 1/10 l Obstler
Milch zum Bepinseln

Für den Teig das Mehl in eine Schüssel häufen, in die Mitte eine Vertiefung drücken, dort hinein die in der zerlassenen Butter und etwas lauwarmer Milch aufgelöste Hefe gießen. Mit etwas Mehl vom Rand verrühren. Diesen Vorteig zugedeckt eine halbe Stunde gehen lassen. Erst dann salzen und alles zum geschmeidigen Teig kneten. Nochmals eine Stunde gehen lassen.
Inzwischen Dörrbirnen und Feigen kleinschneiden, mit den grobgehackten Nüssen, Rosinen und feingewürfeltem Zitronat und Orangeat mischen, würzen und dabei mit dem Schnaps gründlich durchfeuchten. Unter zwei Drittel des Teiges arbeiten. Das letzte Drittel dünn ausrollen. Aus der Teigmasse zwei Laibe formen. Jeweils mit einem Stück ausgerolltem Teig einhüllen, mit der Naht nach unten auf mit Backpapier ausgelegte Bleche setzen. Die Oberfläche mit Milch einpinseln.
Im 200 Grad heißen Ofen zunächst eine halbe Stunde, dann bei 180 Grad 80 bis 90 Minuten backen.

Mit einem Holzlöffel kräftig schlagen, bis alle Zutaten eingearbeitet sind, der Teig glänzend wirkt und Blasen wirft

Jeweils eine Portion Füllung auf ein Mangoldblatt setzen. Von der Stielseite her zum Päckchen rollen

Mit dem Messer die dicke Blattrippe einritzen, damit sich das Päckchen nicht wieder von selbst öffnet

Sialm: Bindenfleisch und Bündner Speck

Da geht man in eine Bündner *Stüva,* eine gemütliche Wirtsstube, und bestellt einen *Bündner Teller.* Auf den gehören Würste, *Salsiz,* Schinken, Speck und das berühmte, gepökelte und in der Bergluft getrocknete Rindfleisch, das allgemein *Bündner Fleisch* genannt wird, aber präziser *Bindenfleisch* heißt: *Bündner Fleisch* darf sich jedes in Graubünden gepökelte und getrocknete Fleisch nennen, das *Bindenfleisch* ist immer vom Rind.
So weit, so gut – doch jetzt trifft der Kenner erst die persönliche Auswahl, denn der *Stotzen,* wie die Rinderkeule (Schlegel) genannt wird, verfügt über drei sehr verschiedene Fleischpartien, die aber alle als Bindenfleisch verkauft werden: Das beste Produkt liefert das *Eckstück* (im Schinkenbild: rechts, aufgeschnitten), das auch genauso aussieht – eckig, stark und gedrungen, das Fleisch makellos und ohne Sehnen, die Farbe hellrot. Etwas flacher und durchwachsener dann die *Unterspälte* (Bild: Mitte unten), nicht ganz so zart und etwas dunkler. Das

In der ehemaligen Schule hat die Fleischtrocknerei angemessene Unterkunft gefunden: Leci Sialm »erzieht« sein Fleisch!

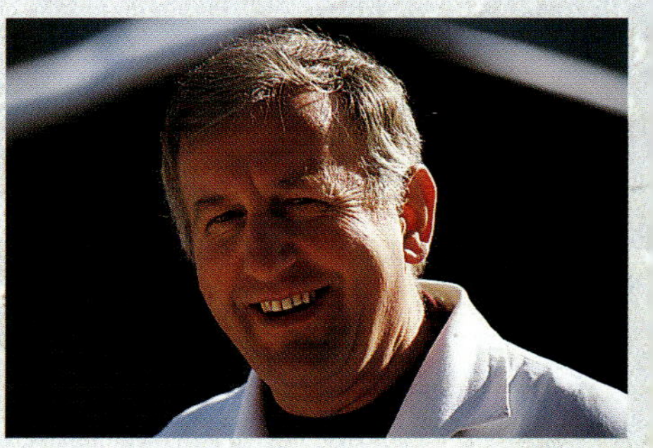

dritte Stück wird wegen seiner länglichen Form *Fisch* (Bild: Mitte oben) genannt – es ist oft etwas salzig.

Das wichtigste Merkmal ist unsichtbar – die Herkunft. Ganz klar, daß ein Produkt aus einem handwerklichen Betrieb, aus bestem Fleisch unter den optimalen natürlichen Bedingungen gereift, bedeutend besser schmeckt als billige, in Klimakammern möglichst schnell hergestellte Fabrikware.

Eine der besten Adressen ist die *Fleischtrocknerei Sialm* in Segnes oberhalb Disentis im Vorderrheintal. 80 bis 100 Tonnen Fleisch werden hier pro Jahr gereift, darunter bis zu 1500 köstliche Beinschinken. Weil die Geschwister Leci und Ursulina Sialm ausschließlich auf natürliche Reifeprozesse bauen, wird nur von September bis April gearbeitet – im Sommer wird es im Salzkeller zu warm, der fein-nussige Geschmack des Fleisches ginge verloren. Hierfür ist natürlich auch die trockene, saubere Gebirgsluft zuständig, die durch die halb geöffneten Jalousien im Trockenhaus strömt. Bei Frost werden die Läden vorgeschlagen, und naht der schlimmste Feind, der Nebel, schließt man die Fenster!

Die Sialms produzieren ausgezeichnetes Bindenfleisch, aber noch bekannter sind sie für ihren würzigen Speck, den zarten Rohschinken (im Bild: links) und vor allem den Beinschinken, der ein unvergleichlich volles Aroma besitzt, weil er am Knochen, der Seele des Schinkens, reift.

Nach dem Pökeln und Trocknen hat ein Beinschinken 40%, Bindenfleisch sogar 50% seines ursprünglichen Gewichtes verloren. Es ist selbstverständlich, daß diese Konzentration, optische Verwandlung und geschmackliche Verfeinerung ihren Preis hat!

Bindenfleisch: Rindfleischstücke kommen mit Salz, Pfeffer und Rötemittel für drei Wochen in einen Bottich. Die 8–10%ige Lake steht am Ende über dem Fleisch

Beinschinken: Die ganzen Schlegel werden trocken eingesalzen, mit Pfeffer und Wacholder gewürzt. Erst ganz zum Schluß wird die Lake mit Wasser aufgefüllt

Rohschinken: Die beste Partie aus dem Schlegel, ohne Knochen, leicht aufzuschneiden. 4 bis 5 mal wird er gepreßt, bis er die rechteckige Form hält

Knochenschinken: Sie werden zwischen Brettern gepreßt, damit man später das Fleisch besser abtrennen und aufschneiden kann. Reifezeit: 8 bis 12 Monate

Die Eisenbahn: Notwendigkeit und Luxus

In keinem Land der Welt hat die Eisenbahn eine auch nur annähernd so große Bedeutung wie in der Schweiz. Und nirgends funktioniert sie so perfekt wie hier, obwohl die Bedingungen schwieriger sind als anderswo. Die Eisenbahn in der Schweiz: Da gibt es einmal die Schweizerischen Bundes-Bahnen (SBB), die für die wichtigsten Verbindungen zwischen den großen Städten und im internationalen Verkehr zuständig sind. Daneben regionale, kantonale und kommunale Strecken, die manchmal sogar privat betrieben werden. Immer pünktlich, immer sauber, oft schneller als das Auto und vor allem auch auf den Nebenstrecken ausreichend häufig, um attraktiv zu sein.

Für die verkehrsmäßige Erschließung der Schweiz war die Bahn von immenser Bedeutung. Manche Regionen konnten sich erst durch sie entwikkeln, andere wurden in angenehmen Etappen erreichbar. So verkürzte beispielsweise die Albula-Bahn die Reisezeit von Thusis nach St. Moritz von 11 Stunden (mit der Pferdekutsche) auf 2½ Stunden. Kurorte wie Davos und Arosa hätten ohne Bahn niemals entstehen können, zumal in Graubünden ein totales Verbot von Autos (1900 bis 1925) hinzukam.

Infolgedessen ist die Rhätische Bahn auch die am besten ausgebaute: Die fast 400 Streckenkilometer mit 118 Tunnels (mit insgesamt 40 km Länge) und 499 Brücken (mit insgesamt 12 km Länge) erschließen alle wichtigen Regionen: Von der Schweiz und Österreich her das Rhein- und Inntal, eine Verbindung dazwischen, ins Puschlav und nach Italien über den Bernina. Schließlich von Disentis aus mit der Furka-Oberalpbahn (großes Bild) aus dem Rhein- ins Reusstal nach Andermatt: im Winter die weitaus schnellste Möglichkeit, aus dem Surselva ins Mittelland zu kommen. Autos werden über den Oberalp nach Anmeldung huckepack angehängt.

Glacier-Express: *Luxus für Zug-Fans, von St. Moritz nach Zermatt. Geschulte Leute, gutes Essen und schräge Gläser, damit der Wein nicht herausschwappt*

Andermatt *lebte vom Durchgangsverkehr über den wichtigsten Paß der Schweiz, den St. Gotthard. Seit unter ihm der längste Straßentunnel der Welt durchgestochen wurde, ist die Stadt aus dem Brennpunkt der Schweizerischen Verkehrsverbindungen gefallen. Einerseits genießt Andermatt die ungewohnte Ruhe, mußte andererseits aber neue Attraktionen entwickeln, um überleben zu können – zum Beispiel als Touristen-Zentrum, das alle Sportarten und spektakuläre Ausflüge anbieten kann. Aus unruhigen Etappenhotels wurden bequeme Ferienpensionen. Und die großen, mächtigen Blockhäuser, an deren Außenwänden man die Zimmerunterteilung erkennen kann, beherbergen nicht mehr Fuhrleute, sondern Familien, Jugendgruppen und Schulklassen*

Goms: Goethe auf der Durchreise

Voller Sorge, ob das Wetter hält und die Überquerung der Furka noch möglich sein würde, reiste Goethe im November 1779 von Brig nach Münster. Es gelang, dank mutiger Führer, unter Aufbietung aller Kräfte: zu Fuß, bis zu den Hüften in den Schnee sinkend, ohne zeitraubende Rast und Mahlzeit. Heute führt eine Straße hinauf, im Sommer über den Paß, auf jeden Fall bis nach Oberwald, wo die Autos bahnverladen werden, um nach 20 Minuten auf der anderen Seite in Realp herauszukommen. Goethe war 12 Stunden unterwegs.
Das Goms, wie das Tal der jungen, ungestümen Rhône zwischen Oberwald und Brig heißt, hat seinen ländlichen Charakter bewahren können. Die vom Wetter gedunkelten Holzhäuser fügen sich harmonisch, aber gleichzeitig den menschlichen Willen zum Trotz gegen die abweisende Natur bezeugend, in die heroische Landschaft. Die Leute sind hart und mutig, stellen den Großteil der päpstlichen Schweizergarde. Im Winter, wenn die Kühe im Stall stehen, ist's einsam, wie Goethe bemerkte.
Drei Spezialitäten gibt es hier: Das *Gsottus*, einen mächtigen Eintopf mit Trockenfleisch, *Raclette* und *Fondue*. Für die Raclette legte man einst den Käse ans Kaminfeuer und schabte mit einem Messer die geschmolzene Oberschicht ab. Heute haben wenig romantische, elektrische Raclettegrills das echte Feuer in den Gasthäusern verdrängt. Die Fondue konnte sich eher behaupten, allerdings serviert man abenteuerliche Varianten – doch gilt: je einfacher, desto besser!
Was der alte Rat Goethe seinerzeit gegessen hat, wissen wir nicht. Er nächtigte in Münster bei einem Herrn von Riedmatten aus der bedeutenden Walliser Familie, die reihenweise Bischöfe und Politiker stellte. 1894 wurde das Anwesen vom »Oberen Gasthaus«, einer Poststation, übernommen, heißt heute »Hotel Croix d'Or et Poste« und kann in Anspruch nehmen, Goethe beherbergt zu haben.

1
GOMSER FONDUE

Wir wollen uns dem Streit, wer nun wirklich die (den oder das) Fondue erfunden hat, gar nicht erst anschließen. Die Neuenburger, Freiburger, Walliser oder Waadtländer melden alle irgendwie Ansprüche darauf an. Wir haben im Gomser Tal Fondue probiert und folgendes Rezept notiert:

Für vier Personen:
1 Knoblauchzehe,
600 g geriebener Käse (Gomser Käse),
0,3 l Weißwein, 3 TL Speisestärke,
2 Gläschen Kirschwasser, Muskatnuß,
Pfeffer aus der Mühle

Mit der Knoblauchzehe den *Caquelon* ausreiben. (Das typische bauchige Kochgeschirr, früher war es meist aus Ton, heute findet man es häufiger aus emailliertem Gußeisen, das die Hitze noch besser speichert und leitet.)
Den Käse unter Rühren im Wein auflösen. Die mit Kirschwasser verquirlte Stärke unterrühren. Die Käsecreme mit Muskat und Pfeffer abschmecken.

1

Fondue-Essen *will gelernt sein: Kleine Brotbrocken auf lange Gabeln spießen, in die Käsemasse tauchen und aufpassen, daß die Würfel nicht verlorengehen – das kann eine Runde Schnaps oder Wein kosten! Unten: das dörfliche Münster*

Heidawein aus Visperterminen

Visperterminen: Ein Walliser Bergort, karg, wasserarm, erst seit wenigen Jahrzehnten mit dem Auto zu erreichen. Kleine Viehzucht, aussterbende Bauernhöfe. Aber eine ungeheure Besonderheit: Hier liegen, nach Süden ausgerichtet, die höchsten Rebgärten Europas, beginnend bei etwa 700 m und hinaufreichend früher bis 1300, heute noch immer bis 1100 Meter.

Daß in dieser Höhe überhaupt noch Wein gedeiht, liegt in der Besonderheit des Klimas und der Böden begründet: Die Sonneneinstrahlung in der Höhe ist stärker als unten im Tal, dadurch erwärmt sich der steinige Boden kräftig, gibt nachts die schützende Wärme ab. Außerdem regnet es extrem wenig, der trockene Boden erwärmt sich leichter als ein feuchter. Allerdings muß im Sommer bewässert werden, wofür einst mit mutig an Felswänden entlanggelegten Leitungen aus ausgehöhlten Baumstämmen (Bisses) Wasser herangeführt wurde; heute wird mit elektrischen Pumpen beregnet. Im Frühjahr und Herbst spendet der heftig das Vispatal herunterblasende Föhn wertvolle Wärme. Schließlich schützen rundum hohe Berge die empfindlichen Reben vor rauhen Nord-, West- oder Ostwinden. Die Parzellen der meisten Winzer sind klein, weil hier Realteilung herrschte. Deshalb haben sich heute viele Freizeitwinzer zusammengeschlossen zur Genossenschaft, nur wenige, etwas größere Gärten besitzende Einzelwinzer keltern und bauen ihren Wein selbst aus.

Die Spezialität von Visperterminen ist der *Heida* – wahrscheinlich so benannt, weil in der Lage »zum Heiden« erstmalig angebaut: Es ist eine Abart des Traminers, möglicherweise bereits im 13. Jahrhundert hierher gekommen. Sein Aroma ist nicht sehr ausgeprägt, die Säure verhalten. Ansonsten gibt es Chasselas (Fendant), Riesling × Sylvaner, Sylvaner, Gamay und Pinot Noir (meist als Rosé = Œuil de perdix), nur selten noch Resi, Humagne und Muskateller.

Kulinarischer Gipfel: »Fletschhorn« in Saas Fee

Einfaches ist für Irma Dütsch ebenso wichtig wie das sogenannt Feine: Geschmolzener Käse und Kartoffeltarte und delikater Salat aus Forellen

Stolze 1800 Meter hoch liegt Saas Fee, schützend umgeben von mächtigen Viertausendern, die einen »gewaltigen, silbrigen Rahmen« bilden, wie es der Wahl-Saaser Carl Zuckmayer beschrieben hat. Bis Anfang der fünfziger Jahre war der Ort nur per Maultier zu erreichen. Heute muß der Reisende sein Auto vor dem Ortseingang in einer riesigen Garage parken und sich fortan zu Fuß oder per Elektro-Taxi fortbewegen. Das Fehlen dieses Statussymbols schafft eine ganz eigene Atmosphäre, die sich im Waldhotel »Fletschhorn« wie selbstverständlich fortsetzt.
Irma Dütsch, die zusammen mit Ehemann Jörg das Haus seit vierzehn Jahren führt, wurde zur »besten Köchin der Schweiz« gekürt, denkt aber nicht daran, sich deshalb als Star feiern zu lassen. Sie kocht mit Leib und Seele und mit allem Temperament, das ihr in beträchtlichem Maß zur Verfügung steht. Sie schielt dabei nicht auf Sterne, Kochmützen und andere Auszeichnungen (über die sie sich dennoch selbstverständlich als Anerkennung freut), sondern interessiert sich mehr dafür, ob ihre Gäste zufrieden sind. Ihr Ausspruch »Ich habe noch nie Gäste gesehen, die Punkte gegessen haben«, ist bereits Legende. Und wenn man sie nach der Hierarchie in der Küche fragt, lacht sie vergnügt und sagt: »Wir sind alle *Koch*, da brauchts keine Namen.« Geradezu spielerisch geht ihr und den beiden Mitarbeitern in der Küche die Arbeit von der Hand. Da wird gelacht, gescherzt, fällt kein lautes Wort, und wie nebenbei entstehen die herrlichsten Gerichte, bildschön angerichtet und trotzdem nicht prätentiös oder zum Selbstzweck stilisiert. Immer einfach und klar, möglichst aus Produkten und nach Ideen, die mit der Region verbunden sind. »Diese Mini-Gemüse aus Thailand?« entrüstet sich Irma Dütsch, »da müßt' ich mich ja schämen!« Sie, die auf einem Bauernhof im Gruyère aufgewachsen ist, weiß um die Würde anständiger Zutaten und fühlt sich verpflichtet, ihnen die Sorgfalt angedeihen zu lassen, die ihnen zusteht.
Es ist vor allem deswegen solch ein Vergnügen, bei Irma und Jörg Dütsch zu Gast zu sein, weil man spürt, mit welch großer Begeisterung sie Gastgeber sind.

1

TARTE SAVIÈSANNE

– KARTOFFELTARTE NACH ART VON SAVIÈSE –

Eine Art Kartoffelpie: außen Blätterteig, innen Kartoffeln, Lauch und Käse, gewürzt mit etwas Speck. Eine Spezialität aus der Savièse, einem Tal oberhalb von Sion. Der goldbraune Kuchen sieht bildschön aus und schmeckt umwerfend gut. Im *Fletschhorn* gibt es oft ein Tortenstück davon als Amuse bouche zum Aperitif. Im Grunde ist es natürlich eine ganze Mahlzeit, vor allem, wenn man noch einen grünen Salat dazu ißt.
Irma Dütsch verwendet übrigens sogenannten Halbblätterteig, den sie natürlich selber macht. Er wird nur halb so oft zusammengeschlagen und wieder ausgerollt, als sonst bei Blätterteig üblich. Man kann aber auch fertigen Blätterteig aus der Tiefkühltruhe oder vom Bäcker nehmen.

Für eine flache Kuchenform von 21 Zentimetern Durchmesser:
250 g Halbblätterteig,
200 g Kartoffeln, 150 g Lauch,
30 g durchwachsener Speck,
150 g Raclettekäse in Scheiben,
Muskat, Salz, 1 mit etwas süßer Sahne (Rahm) verquirltes Eigelb

Den Teig auf bemehlter Arbeitsfläche dünn ausrollen, zwei Kreise ausschneiden: einen vom Durchmesser der Kuchenform, den anderen 10 Zentimeter größer. Mit dem größeren Kreis die Form ausschlagen, den Rand dabei überstehen lassen.
Kreisförmig die in sehr dünne Scheiben geschnittenen Kartoffeln darauf anordnen. Darüber eine Mischung aus feinen Lauchstreifen und winzigen, sanft ausgebratenen Speckwürfelchen verteilen. Obendrauf die Käsescheiben legen. Mit dem zweiten Teigkreis abdecken, rundum die Teigstücke gut zusammenkniffen. Mit einem runden Ausstechförmchen ein »Kaminloch« hineinstechen, damit Dampf entweichen kann. Die Oberfläche schließlich mit Eigelb einpinseln. Wer mag, zieht mit einer Gabel noch hübsche Muster.
Die Tarte im 180 Grad heißen Ofen etwa 35 Minuten backen, bis sie goldbraun geworden ist.

1

2

SALADE DE TRUITE

– FORELLENSALAT –

Dafür wird eine Lachsforelle erst einmal zwei Tage lang mariniert, ähnlich wie ein *Graved Lachs*. Eine ordentliche Lachsforelle sollte mindestens 1,5 Kilogramm wiegen, besser noch mehr. Irma Dütsch nimmt sogar am liebsten stattliche Exemplare, die gut doppelt soviel auf die Waage bringen. Es wird also bei der Zubereitung dieser Vorspeise Forelle übrigbleiben. Das macht nichts: sie bleibt im Kühlschrank ein paar Tage frisch und schmeckt auch zu anderen Gelegenheiten.

Für sechs Personen:
Forellenmarinade:
1 schöne Lachsforelle, zwei Handvoll frischer Dill, Salz, Pfeffer, Zucker, 4 EL Weißwein
Salat:
je 1 kleiner Frisée, Radicchio und Chicorée, eine Handvoll Feldsalat (Nüsslisalat), 1 Bund Dill, 2 EL Weißweinessig, Salz, Pfeffer, 4 EL Olivenöl

Die Lachsforelle filieren, Haut jedoch dran lassen. Ein Filet, Haut nach unten, in eine flache Schale betten. Mit reichlich gehacktem Dill, Salz, Pfeffer und einer kräftigen Prise Salz bestreuen und mit Wein beträufeln. Mit dem zweiten Filet, diesmal Hautseite nach oben, abdecken. Das Ganze wenden, zudecken und kalt stellen. Nach etwa acht Stunden erneut wenden. Insgesamt 36 Stunden marinieren.
Für den Salat das marinierte Filet schräg in sehr dünne Scheiben, diese längs in schmale Streifen schneiden. Als Häufchen auf einem Nest von buntgemischtem Salat anrichten, der mit einer Sauce aus den oben angegebenen Zutaten angemacht ist.
Irma Dütsch dekoriert den Teller mit rotem und schwarzem Kaviar und einer mit einem Teelöffel geformten Nocke aus Meerrettichsahne.

2

1
CRÈME DE SAFRAN AU RIS DE VEAU

– SAFRANCREMESUPPE MIT KALBSBRIES –

Safran, wie jedermann weiß, eines der rarsten und teuersten Gewürze der Welt, wächst auch in der Schweiz: im Wallis, bei Mund, oberhalb Brig und Visp. Siehe die Seiten 106/107.

Für vier Personen:
150 g Kalbsbries (Kalbsmilke),
½ l Gemüsebrühe, 0,1 l Weißwein,
1 Schalotte, 10 Safranfäden,
3 EL Crème fraîche, 1 EL Butter,
Schnittlauch, Salz, Pfeffer,
3 EL geschlagener Rahm

Das Bries in der Gemüsebrühe und dem Wein aufkochen. Vom Herd ziehen und in der Brühe abkühlen lassen. Das Bries sorgfältig putzen und in Röschen pflücken.
Den Fond mit der Crème fraîche aufkochen, feingewürfelte Schalotte und Safranfäden zufügen, mit Salz und Pfeffer abschmecken.
Die Briesröschen in der heißen Butter anbraten, würzen und mit dem Schnittlauch in die Suppe rühren.
Zum Schluß die Suppe mit dem geschlagenen Rahm auflockern.

3
ROULADE DE TRUITE AUX COQUILLES ST-JACQUES

– FORELLENROULADE MIT JAKOBSMUSCHELN –

Für acht Personen:
Roulade:
300 g Lachsforellenfilet,
300 g Jakobsmuscheln
(nur die Nuß, nicht den Corail),
Zitronensaft, Salz, Pfeffer
Vinaigrette:
2 EL Weißweinessig,
2 EL Gemüsebrühe, 4 EL Olivenöl,
1 kleine Schalotte, 3 Radieschen,
1 Cornichon, Schnittlauch,
½ gekochtes Eiweiß, Salz, Pfeffer,
frischer Dill

Das Forellenfilet schräg in sehr dünne Scheiben schneiden, ebenso die Jakobsmuscheln. Die Forellenscheiben auf einem großen Stück Klarsichtfolie zu einer glatten Fläche dicht nebeneinanderlegen. Die Muschelscheiben darüberbreiten. Mit Zitronensaft beträufeln, salzen und pfeffern. Mit Hilfe der Folie aufrollen, dabei schön fest wikkeln. Mindestens einen halben Tag kalt stellen, damit die Roulade durchziehen kann und sich besser aufschneiden läßt.
Zum Servieren in Scheiben schneiden. Auf einem großen Teller anrichten und mit einem kleinen bunten Salat garnieren, der mit einer Vinaigrette aus den obigen Zutaten angemacht ist.
Ein Klecks mit Zitronensaft und Salz glattgerührter Joghurt paßt dazu, geschmückt mit Perlen von schwarzem und rotem Kaviar.

2
OMBLE AU BEURRE DE CITRON

– SAIBLING MIT ZITRONENBUTTER –

Für vier Personen:
2 Chicoréestangen, 2 EL Butter, Salz,
Pfeffer, Zucker, Zitronensaft,
ca. 250 g Saiblingfilet (mit Haut)
Zitronenbutter:
0,2 l Weißwein, 1 Schalotte, Saft einer
Zitrone, 2 EL Rahm, 150 bis 200 g
Butter in Stückchen

Den Chicorée in feine Streifen schneiden, in heißer Butter andünsten und mit Salz, Pfeffer, Zucker und Zitronensaft würzen.
Die Filets in Portionsstücke schneiden. Salzen, pfeffern und mit Zitronensaft beträufeln. In etwas Butter auf der Hautseite rasch anbraten, sofort auf dem Chicoréegemüse anrichten.
Für die Zitronenbutter aus Wein, Schalotte und Zitronensaft eine Reduktion kochen. Mit dem Schneebesen die kalte Butter einschwenken und abschmecken.
Einen Spiegel davon auf Tellern verteilen, Chicorée und Fisch darauf anrichten. Irma Dütsch häuft noch ein paar fritierte Gemüsejulienne obenauf – das sieht hübsch aus und gibt der Sache Biß.

1

2

Ein gutes Essen ist ohne den passenden Wein nur eine halbe Sache. Irma Dütsch probiert Champagner, Jörg Dütsch ist für seinen mit ausgesuchten Raritäten aus dem Wallis wohlgefüllten Keller berühmt. Auch sonst kaum ein Schweizer Wein, der fehlt. Natürlich gibt's auch französische, italienische und überseeische Kreszenzen. Das Gästebuch (unten) ist ein höchst anschaulicher und betrachtenswerter Beweis, wie wohl sich die Gäste bei den beiden fühlen. Übrigens: Zehn Gästezimmer gibt es auch!

Zwar ist Saas Fee mit seinen gewaltigen Gletschern und den Berggiganten drumherum durchaus ein vom Tourismus beherrschter Ort, aber man kann noch viele hübsche und ursprüngliche Ecken finden. Das Zuckmayer-Haus (kleines Bild Mitte), oder die alten Vorratsstadel (großes Bild), die typisch sind für das Wallis: Immer auf Stelzen gebaut, damit nichts verfaulen kann und, um unerwünschtes Nagegetier abzuhalten, zusätzlich noch auf Granitscheiben gesetzt

1

SUPRÊME DE PINTADE AUX TRUFFES

– PERLHUHNBRUST MIT TRÜFFELN –

Dafür sollte man sich ein Döschen mit erstklassigen schwarzen Trüffeln leisten. Der Saft, in dem sie eingelegt sind, ist Grundlage der Sauce

Für vier Personen:
4 schöne ausgelöste Perlhuhnbrüste, 2 EL Butterschmalz, Salz, Pfeffer, 0,1 l Portwein, 1 Döschen Trüffel (ca. 40 Gramm), 0,1 l Geflügelfond

Die Perlhuhnbrüste im heißen Butterschmalz rundum sanft anbraten, salzen, pfeffern und in Folie gepackt zum Nachziehen warm stellen.
Das Bratfett wegkippen, den Satz mit Portwein, Trüffeljus und Geflügelfond ablöschen. Bis zur gewünschten Konsistenz einkochen. Wenn nötig, mit Salz nachwürzen.
Die Perlhuhnbrüste schräg in dünne Scheiben schneiden. Auf der Sauce anrichten und mit Trüffelscheiben dekorieren.
Dazu serviert Irma Dütsch eine wundervolle Kartoffelbeilage:

GALETTE DE POMMES DE TERRE

– KARTOFFELKÜCHLEIN –

Für 4 Personen:
200 g Kartoffeln, 100 g Zucchini, je 1 Scheibe gekochter Schinken und Raclettekäse, Salz, Pfeffer, Butter

In einer Teflonpfanne sehr akkurat hauchdünne Kartoffelscheibchen als Rund auslegen. Zucchini, Schinken und Käse in feinen Streifen darauf verteilen, salzen und pfeffern. Mit ebenso akkurat gesetzten Kartoffelscheiben abdecken. In Butter sanft auf beiden Seiten goldbraun braten.

2

BEIGNETS DE CERVELLE ET ABATS DE VEAU

– DAS BESTE VOM KALB –

Für vier Personen:
4 Scheiben pochiertes Kalbsbries (Kalbsmilke), 4 Scheiben sorgsam geputztes Hirn, 2 EL Butter, 1 Schalotte, 150 g blanchierte Julienne von Lauch, Möhre (Rüebli) und Sellerie, je 100 g gekochte Kalbslunge, -herz, und -zunge, 100 g Austernpilze, 0,1 l Kalbsfond, ½ TL Dijonsenf, 100 g Crème fraîche, Salz, Pfeffer, je ein Spritzer Sherryessig und Cognac

Bries und Hirn in einem Löffel Butter sanft auf beiden Seiten braten. Zwischen zwei heißen Tellern ziehen lassen.
In derselben Pfanne die Austernpilze unter Zugabe der restlichen Butter braten und ebenfalls warm stellen. Schließlich die Gemüsejulienne in dieser Pfanne schwenken und erwärmen. Für die Sauce die feingeschnittene Schalotte andünsten, die in schmale Streifen geschnittenen Innereien zufügen. Mit Fond ablöschen. Senf und Sahne unterrühren, mit Sherryessig und Cognac würzen.
Wie auf dem Photo anrichten und sofort servieren.

3

TIMBALE DE SEMOULE AUX PRUNEAUX

– GRIESSPUDDING MIT BACKPFLAUMEN –

Für vier Personen:
½ l Milch, 60 g Grieß, 1 Prise Salz, 100 g Zucker, 2 cl Kirsch, 4 Blatt Gelatine, ½ l Rahm
Backpflaumen:
¼ l Rotwein, 100 g Zucker, 250 g getrocknete Pflaumen (Backobst)

In die eben aufkochende Milch den Grieß und die Salzprise einstreuen. Unter stetem Rühren etwa 20 Minuten auf leisem Feuer köcheln. Schließlich vom Herd ziehen, Zucker, Kirsch und eingeweichte Gelatine einrühren. Abkühlen lassen. Erst dann die steifgeschlagene Sahne unterziehen. In Förmchen füllen und ein paar Stunden fest werden lassen.
Für das Backpflaumenkompott den Rotwein mit dem Zucker zu Sirup kochen. Die entsteinten Backpflaumen in Stücke schneiden und darin einmal aufkochen. Abgekühlt zum gestürzten Grießpudding servieren.

2

1

3

Corpateaux: Metzger, Maler, Wirt

Wer den Hausflur betritt, kann die riesige Schiefertafel an der Wand nicht übersehen, die jeden, der sich angemeldet hat, persönlich grüßt. *»Menu surprise«* kündet sie außerdem, und verlangt *»confiance!«*, bekräftigt durch viele Ausrufezeichen, verspricht aber auch *»la meilliör affaire«*. Zum Restaurant »Cercle de l'Union«, ursprünglich der Versammlungsraum der Selbständigen Bürger von Fribourg, steigt man eine Treppe hoch. Die Wände sind zimmerhoch gepflastert mit großen Gemälden und kleinen Bildern, mit bunten Skizzen und Zeitungsausrissen. Man muß an der offenstehenden Küchentür vorbei, wo Alleinkoch, Empfangschef und Wirt in Personalunion, Jean-Pierre Corpateaux, den Eintretenden begrüßt.
Er ist Naturbursche, inszeniertes Gesamtkunstwerk und Hofnarr in des Wortes ursprünglicher, bester Bedeutung zugleich. Einfach umwerfend mit seiner Kraft, die er auch für die vielen Seelen in seiner Brust braucht. »Zuerst bin ich Metzger«, sagt er, »erst dann Koch und, natürlich, Künstler.« Letzteres ist durchaus wörtlich zu nehmen: Corpateaux malt und wird dann *Corpaato*, wie er signiert. Und zwar malt er Fleisch, Schlachtfleisch in jeder Form und mit geradezu erotischem Impetus. Riesige Schinken von Schinken, die in Kunsthändlerkreisen hochbegehrt sind und für teures Geld gehandelt werden. »Ganz klar«, sagt Corpaato mit entwaffnender Logik, »meine Bilder *müssen* teuer sein, sonst sind sie ja nichts wert.«
Angefangen hat es damit, daß in seine schon vom Vater und Großvater betriebene Metzgerei ein neuer Lebensmittelkontrolleur kam und allerlei auszusetzen hatte. »Ich hätte innerhalb kürzester Zeit nahezu einen Jahresumsatz in Seife und dergleichen investieren müssen«, erklärt Corpateaux, warum er nunmehr statt Fleisch in den Auslagevitrinen seiner Metzgerei ihr Abbild davon auf Leinwand ausstellt. Künstlerkollegen wie Tinguely anerkennen seine Begabung. Die Kol-

*Corpateaux vor zwei eigenen Gemälden.
Den* Brief *(links oben) eines Gastes hat die
Post anstandslos transportiert*

legen der Metzgerinnung halten sich eher bedeckt.
Sein Restaurant ermöglicht ihm weiterhin den Umgang mit Fleisch und seiner Spezialität, den Innereien. Seine Blutwurst ist unglaublich delikat, seine Küche so kraftvoll geradeaus – wie der ganze Mann, mal schroff und gegensätzlich, dann wieder subtil und voller Harmonie. Und voll Phantasie. Serviert wird auf Tellern, die er – jeden anders! – bemalt hat. Und mit ein bißchen Glück und Stammkundentreue darf man sogar am Schluß die rasch gemalte Menükarte mitnehmen, die zugleich Rechnung ist. Ein *Corpaato-Original*, das man sich einrahmen sollte!

Ein Wunder, wie er das alles schafft: Kochen, Servieren und die Gäste unterhalten. Und: Sein Lieblings-Stilleben mit Kalbsköpfen, Würsten und Innereien

1
OCHSENMAULSALAT

Meist bekommt man das gepökelte, gekochte Ochsenmaul bereits geschnitten und fix und fertig als Salat angemacht. Es ist deshalb ratsam, es beim Metzger zu bestellen, dann kann er es vom Block so hauchdünn aufschneiden, wie es für diesen Salat nötig ist.

Für vier Personen:
500 g Ochsenmaul, 2 Schalotten, 4 EL Estragonessig, Salz, Pfeffer, 8 EL Öl, 200 g Möhren (Rüebli), 100 g Feldsalat (Nüsslisalat), Saft einer Zitrone, 1 gekochte rote Bete, 250 g feinste grüne Prinzeßböhnchen

Die Ochsenmaulscheiben quer in breite Streifen schneiden. Mit der Marinade aus feingewürfelten Schalotten, Essig, Salz, Pfeffer und 5 EL Öl anmachen. Kurz ziehen lassen.
Die Möhren fein raspeln. Mit einer Marinade aus Zitronensaft, Salz, Pfeffer und einem Löffel Öl anmachen. Den Feldsalat mit dem restlichen Zitronensaft und Öl würzen.
Den Ochsenmaulsalat abtropfen. Mit der aufgefangenen Marinade die gewürfelte rote Bete beträufeln, sowie die knapp gar gekochten Böhnchen. Alles hübsch auf Vorspeisentellern anrichten.

2
KALBSKOPF MIT VINAIGRETTE

Am besten bittet man den Metzger, den Kalbskopf auszulösen. Er kann das mit wenigen Schnitten. Das Fleisch wird mit viel Wurzelwerk in Salzwasser ein bis zwei Stunden sanft weich gekocht. Wer außerdem noch ein paar Knochen oder sogar einen Kalbsfuß mitgaren läßt, erhält gleichzeitig eine gehaltvolle, kräftige Kalbsbrühe, die nach dem Abkühlen so fest wie ein Gelee wird und einen prächtigen Suppen- und Saucenfond abgibt.

Für vier Personen:
800 g gekochter Kalbskopf, 2–3 gekochte Möhren (Rüebli), 3 EL Kräuteressig, Salz, Pfeffer, 4 EL Öl, 1 Bund Schnittlauch

Den Kalbskopf in große Würfel, die Möhren in Scheibchen schneiden. Falls beides schon am Vortag gekocht wurde, einfach in einem Sieb in heißer Brühe wieder erwärmen. Mit einer Marinade aus den restlichen Zutaten übergießen. Dabei nicht an Schnittlauch sparen!

3
BLUTWURST MIT APFELMUS

Corpateaux übertreibt wirklich kein bißchen, wenn er behauptet, die beste Blutwurst der Welt zu machen. Sie ist ein Traum: Unnachahmlich zart in der Konsistenz, schnittfest und schmelzend zugleich, ohne jegliche Speckstückchen, perfekt gewürzt. Ein Rezept dafür zu geben ist sinnlos, niemand könnte sie so gut nachmachen. Das Apfelmus, das er dazu serviert, paßt jedoch glänzend, auch zu gekaufter Blutwurst, und ist durchaus hinzukriegen:

Für vier Personen:
3 säuerliche Äpfel, Saft einer halben Zitrone, 1 gehäufter EL Zucker, ½ TL Zimt, ½ Glas fertiges Apfelmus

Die geschälten Äpfel in dünne Scheibchen schneiden, mit Zitronensaft beträufeln, zuckern, mit Zimt bestäuben und zugedeckt einige Minuten dünsten, bis sie zwar weich sind, aber noch Biß haben. Abkühlen lassen und mit dem Apfelmus verrühren.
Bei Corpateaux gibt es zur Blutwurst mit Apfelmus gebratene Zwiebelringe und winzige Hörnchennudeln.

Der blitzgescheite Mann, der deshalb allen überlegen ist, weil er weder sich noch andere zu ernst nimmt, nutzt seinen Kunsterfolg auf seine Weise. Er finanziert damit junge Künstler, denen seine Chuzpe fehlt, und die sich nicht über den Kunstbetrieb lustig machen können, sondern vielmehr darauf angewiesen sind. Er selbst ist unabhängig, könnte von seinem Restaurant allein leben. Und noch mehr Zeit seiner Familie, den drei Kindern widmen. Zum Beispiel den Sonntag auf seinem Grundstück verbringen, nahe dem Kloster, genau seinem Restaurant gegenüber auf dem Berg gelegen, der »schönste Platz der ganzen Stadt«, wie er stolz sagt, »da würden gerne viele bauen – aber ich lass' sie nicht!« Und kann sich wie ein kleiner Junge darüber freuen, weil er nichts anderes dort stehen haben will als eine Bank zum Ausruhen. Und zum Betrachten seiner halb deutschen, halb welschen Heimatstadt, die einerseits verschlafen ihrer wechselvollen Geschichte nachträumt, andererseits ein studentisch aufmüpfiges Geistesleben begünstigt und eigenwillige Künstler hervorgebracht hat.

Über der wohlbeleibten Bauchwölbung strafft sich sein Hemd. An die Knopfleiste sind Wäscheklammern gesteckt, die zahllose Zettel halten. »Das ist mein Bauch, auf freiburgerisch *Buch*. Und die Klammern darauf sind meine *Buchhaltung*.«

Er spielt mit einem nahezu viereckigen, tennisballgroßen Ding. »Ein Naturwürfel«, erklärt er das blankgewaschene Kniegelenk einer Kuh, »es fehlt zwar die Zwei und die Fünf, aber man kann gut damit würfeln.« In *MemoArt*, wie er eigene Aufzeichnungen genannt hat (zum Buch gebunden, auf ein Metzgertablett geklebt, geschmückt mit Plastikpetersilie aus der Auslage und schließlich eingehüllt in Wachspapier, wie man es zum Einwickeln braucht), hat er sich beschrieben: »Corpaato ist ein feinfühliger Mensch, der sehr viel leidet, darum an sich selbst zweifelt, darum immer wieder bestätigt, wie ehrlich und seriös er ist.« Verflixt, kann er wirklich nichts und niemanden ernst nehmen?

1

2

3

Der Teig für die Tarte: Schmalz und Mehl

werden gründlich miteinander verknetet.

Es kommt soviel Wasser hinzu ...

1

LAMMRÜCKEN IN SAHNESAUCE MIT KARTOFFELGRATIN

Für vier Personen:
400 g Lammrückenfilet sowie das darunter sitzende echte Filet, Salz, Pfeffer, 3 EL Öl, 1 guter Schuß Weißwein, ¼ l Rahm (süße Sahne), Saft einer halben Zitrone

Kartoffelgratin:
500 g rohe Kartoffeln, Butter für die Form und für Flöckchen, Salz, Pfeffer, Muskat, 75 g Reibkäse, je ca. ¼ l Milch und Rahm

Das Fleisch salzen und pfeffern. Im heißen Öl rundum kräftig anbraten, dann neben dem Feuer zugedeckt oder in Folie gepackt ruhen lassen.
Das Bratfett inzwischen wegkippen, den Bratensatz mit Wein loskochen. Mit Sahne auffüllen und etwas einköcheln. Salzen, pfeffern und kräftig mit Zitronensaft würzen.
Für den Kartoffelgratin die Kartoffeln in dünne Scheiben hobeln. In einer flachen, gebutterten Auflaufform verteilen, dabei salzen, pfeffern, mit Muskat würzen und mit Käse bestreuen. Sahne und Milch angießen – sie soll die Oberfläche gerade eben knapp bedekken. Im 180 Grad heißen Ofen eine gute Stunde backen.
Das Fleisch schräg in Scheiben schneiden. Auf einem Spiegel von Sauce anrichten. Den Kartoffelgratin dazu servieren.

2

TARTE AU VIN CUIT

Eine Spezialität der welschen Schweiz, die ja in Freiburg beginnt. Der Name läßt sich nicht übersetzen. Vin cuit ist nämlich kein »gekochter Wein«, sondern vielmehr ein dick eingekochter Birnensirup, wie man ihn hier schätzt – entweder im Herbst selbst eingekocht oder fertig gekauft. Der dunkelbraune Sirup mit seinem eigentümlichen Geschmack hat viel Ähnlichkeit mit dem Rübenkraut, wie man es im Rheinland liebt. Es kann übrigens gut als Ersatz genommen werden.

Für eine Obstkuchenform von 26 cm Durchmesser:
Teig:
300 g Mehl, 300 g Schweineschmalz, 300 g Wasser, Salz
Füllung:
0,3 l Rahm (süße Sahne), 4 EL Zucker, 0,3 l Milch, 1 Prise Salz, 4 Eier, Saft einer halben Zitrone, 1 gehäufter EL Mehl, 150 g Birnensirup

Den Teig mit den Händen rasch zusammenkneten. In ein Tuch gehüllt mindestens eine halbe Stunde bei Zimmertemperatur ruhen lassen. Dann eine mit Schmalz eingefettete Form damit ausschlagen. Mit einer Gabel mehrmals einstechen.
Für die Füllung die Sahne mit dem Zucker steifschlagen. In einer zweiten Schüssel Milch, Salz, Eier, Zitronensaft, Mehl und Birnensirup glattrühren. Die Schlagsahne unterziehen. In die ausgeschlagene Form gießen. Dabei ist es ratsam, zunächst nur einen Teil einzufüllen, die Form auf einem Rost in den Ofen zu stellen und dort den Rest nachzugießen, damit beim Transport nichts überschwappt.
Bei 190 Grad etwa 30 Minuten backen. Die Füllung darf sich nur noch sanft bewegen, wenn man an der Form rüttelt. Lauwarm, mit einem Klecks Crème double servieren.

daß ein fester, formbarer Teig entsteht.

Auf bemehlter Fläche dünn ausrollen ...

eine flache Form damit ausschlagen ...

überstehenden Teig abtrennen.

Rahm steifschlagen.

Milch, Zucker, Eier

gründlich quirlen

etwas Mehl und Birnensirup zufügen.

Gründlich miteinander glattrühren.

Den Rahm richtig steifschlagen …

und die andere Masse unterziehen.

In die Form gießen und backen.

Tischreservierung, wie Corpaato sie mag

Wie ein Heimatmuseum: Der »Bären« in Reichenbach

Man könnte ihn nicht schöner malen, als er da in Wirklichkeit steht: Ein stattlicher Gasthof, 1542 ganz aus Holz gebaut, mit kunstvollen Schnitzereien reich geschmückt. Das Holz durch die Jahrhunderte hindurch vom Wetter zu einem fast goldenbraunen Farbton gegerbt. Unter dem behäbig großen Dach Heimeligkeit und Wärme verheißend. Die duftigen Mullgardinen sind im Winter hinter zweifachen Fenstern fast versteckt. Die Stuben drinnen mit viel Liebe zum alten Detail behutsam modernen Bedürfnissen angepaßt. Schlicht und von heimeliger Gemütlichkeit.

Die heimelige Stube mit den blanken Tischen, glänzenden Dielen und gemütlichem Täfer an den Wänden

»Bären«-Wirt Jakob Mürner, urchig, *von mächtiger Statur und Lebenslust, die aus seinen Augen blitzt*

Den »Bären« betreibt Jakob Mürner mit seiner Frau Lotti in fünfter Generation. »Die sechste Generation«, lacht er, ganz stolzer Vater, »steht schon bereit« – und muß, wie der Augenschein bezeugt, noch gut und gern ein paar Jahre in die Schule gehen.

Reichenbach liegt im Berner Oberland, nicht weit vom Thuner See, an der Straße zum Lötschbergtunnel. Ein Tal, das früher einfach Sackgasse war, vor den Bergen haltmachen mußte. Schon Mitte des letzten Jahrhunderts war klar, daß nur ein Durchstich Richtung Süden, eine direkte Verbindung zum Wallis und damit über den Simplon auch nach Italien, der Hauptstadt Bern und der gesamten Region helfen konnte, nicht ins Abseits zu geraten. Aber erst 1913 konnte die private Eisenbahnstrecke durch den fast 15 Kilometer langen Tunnel fertiggestellt werden. Die Baukosten hatten sich in sieben Jahren Bauzeit fast verdoppelt und betrugen 133 Millionen Franken – damals eine einfach unvorstellbar große Summe.

Immerhin, für Orte wie Reichenbach, natürlich auch Frutigen und das ganze Kandertal, war diese gewaltige Anstrengung ein Segen. Längst hat man dem angeschwollenen Verkehr mit Umgehungsstraßen Rechnung getragen. So kommt es, daß man nicht mehr zwangsläufig am »Bären« vorbeigeführt wird, obwohl er an der Hauptstraße liegt, wenn man durch Reichenbach fährt. Das ist gut so, es ist angenehm ruhig um den Gasthof geworden, er steht behäbig und so idyllisch wie eh und je. Wären nicht ein paar Autos davor geparkt – man könnte vermuten, die Zeit sei stehengeblieben.

Aber drinnen, in der Küche weht ein frischer Wind. Da steht mit Jakob Mürner einer am Herd, der sich durchaus nicht auf Ererbtem ausruhen will, sondern es lieber erwerben möchte, um es zu besitzen. Indem er sich die Ideen, Rezepte und Bräuche seiner Vorfahren neu erarbeitet, wo nötig, von überflüssigem Ballast befreit, modernisiert, wo es möglich, getreulich übernimmt, wenn es geboten ist. Und zum Beispiel seinen Schinken, den *Hamme,* ganz nach seines Vaters Sitte selber pökelt, räuchert, reifen läßt und dann sanft kocht. Dem Gast serviert er davon drei herrliche, kernige, fast fingerdicke Scheiben, auf einer frischen, knusprig-saftigen *Röschti* angerichtet. Wo sonst kriegt man noch so etwas einfach Gutes?

1
RÖSTI-SCHMALZ

Davon steht im »Bären« immer ein Topf voll am Herd, das ideale Bratfett für die verschiedensten Gerichte, vor allem natürlich für die Rösti

500 g Schweineschmalz, 250 g Butter, 2 Zwiebeln, 2 Äpfel, 1 Brotscheibe

Schmalz und Butter in einem Topf erhitzen, die gewürfelten Zwiebeln, die grobgeschnittenen Äpfel und die Brotscheibe dazugeben. (Sie nimmt einen Gutteil des schweinernen Geschmacks.) Etwa eine halbe Stunde auf kleinstem Feuer ziehen lassen. Durch ein Sieb filtern und in einem Steingutnapf abkühlen lassen.

BERNER RÖSTI

Für zwei Personen:
5 mittelgroße am Vortag gekochte Kartoffeln, 2 El Röstischmalz, Salz

Die Kartoffeln grob raffeln. In eine möglichst eiserne Pfanne geben, in der ein Löffel Schmalz erhitzt wurde. Unter geduldigem Wenden mit dem Spatel braten, bis die Kartoffelraspel golden wirken. Salzen, mit dem Spatel zu einem flachen Kuchen zusammenschieben. Das restliche Schmalz zufügen. Braten, bis die Rösti auf der Unterseite golden leuchtet. Mit Schwung umwenden – das ist übrigens wirklich nicht schwer! – und auch auf der zweiten Seite golden braten.

2
GRÜMPELWURST MIT LAUCHGEMÜSE

Von der raren Spezialität des Hauses, Schwartenwurst, gibt es im »Bären« nur rund 100 Stück im Jahr. Es kann sich also glücklich preisen, wer im Winter so rechtzeitig nach dem Schlachtfest kommt, daß er noch eine erwischt.

Für vier Personen:
800 g Lauch, Salz, 1 Zwiebel, 50 g hauchdünne Speckscheiben, 2 EL Butter, 1 TL Mehl, 1 Glas Weißwein, ⅛ l Rahm, Pfeffer, Muskat, 4 Schwarten- oder andere Kochwürste

Den geputzten Lauch in Stücke von fünf Zentimeter Länge schneiden. In Salzwasser zwei Minuten blanchieren und abschrecken. Die feingewürfelte Zwiebel mit dem in feinste Streifen geschnittenen Speck in der heißen Butter andünsten, den Lauch zufügen, alles mit Mehl bestäuben. Mit Wein ablöschen, Sahne auffüllen und rasch etwas einkochen. Mit Salz, Pfeffer und Muskat würzen.
Dazu die in Wasser erhitzten Würste und Salzkartoffeln servieren.

3
BERNER PLATTE

Als im März 1798 die wackeren Berner bei der Schlacht von Neuenegg die Franzosen in die Flucht geschlagen hatten und als strahlende Sieger zurückkehrten, mußten ihre Frauen rasch ein rauschendes Siegesfest improvisieren. Jede steuerte dazu das Beste bei, was ihre Speisekammer an Vorräten barg. Und so waren schließlich ziemlich unterschiedliche Dinge auf dem Tisch versammelt, wie man sie sonst nicht zusammen serviert: Neben Schweinernem, wie Würsten aller Art, Rippchen, Speck und Haxen gab's auch gepökelte Rinderzunge, gesottenes Rindfleisch mit den dazugehörigen Markknochen. Vom Feinsten also und vor allem reichlich. Auf Sauerkraut gebettet, mit gekochten Dörrbohnen und natürlich Kartoffeln serviert. Was um diese karge Jahreszeit der Vorratskeller eben hergab. Dies war die Geburtsstunde der bis heute berühmten *Berner Platte.*

Für sechs bis zehn Personen:
2 Portionen Sauerkraut (Seite 169), 500 g Kaßler (geräuchtes Rippli) ohne Knochen am Stück, 500 g gepökelter Bauchspeck, jeweils 4 Brüh- und Bratwürste (Wienerli, Schüblig), 500 g fertig gekochtes Rindfleisch, 4–6 gekochte Markknochen, 1 kg breite grüne Bohnen, Salz, 2 El Butter

Das Sauerkraut wie beschrieben ansetzen. Das Kaßler und den Speck dazwischen betten und mitkochen. Die Würste entweder zum Schluß in heißem Wasser erwärmen oder für die letzten 10 Minuten unters Kraut legen. Das Rindfleisch und die Markknochen in ihrer Brühe erwärmen. Die Bohnen schräg in Stücke schneiden, in Salzwasser blanchieren und eiskalt abschrecken, damit sie schön grün bleiben. Anschließend in der heißen Butter schwenken.
Zum Servieren ein Bett von Sauerkraut auf eine geräumige Platte häufen, darauf die dampfend heißen Würste, die Markknochen und das in Scheiben geschnittene Fleisch anrichten. Die Bohnen daneben setzen. Dazu Salzkartoffeln servieren.

2
1
3

Zürich: Zentrum zwischen Kirch

Was New York für die USA, ist Zürich für die Schweiz: Nicht Hauptstadt, aber Wirtschafts- und Finanzmetropole, Medien-Zentrum, Brennspiegel für Kunst und Zeitgeist. Damit sind die Gemeinsamkeiten jedoch erschöpft – Helvetien ist eben kleiner als die Vereinigten Staaten.

Zunächst gedieh die Stadt im Schatten wohldotierter Stifte (Gross- und Fraumünster), dann als freie Reichsstadt, schließlich als Führerin der Reformation, die Ulrich (Hyldrych) Zwingli, der einstige Soldatenseelsorger, der auf dem Schlachtfeld von Kappel sein Leben ließ, 1519 bis 1523 als Pfarrer des Grossmünsters in der Stadt durchsetzte. Trotzdem hatte Zürich um 1800 lediglich 17 000 Einwohner, entwickelte sich erst im Laufe des 19. Jh. zur internationalen Kapitale. Allerdings war das Selbstverständnis der jungen Stadt von besonderer Art: Als Freie Reichsstadt kaufte und eroberte Zürich das umgebende Land, geriet aber bald an unüberwindbare Grenzen (anders beispielsweise als das in dieser Hinsicht erfolgreichere Bern). Der Drang nach außen wurde in unkriegerische Bahnen, auf den Handel gelenkt. Zudem wollte das durch ein städtisches Gemeinwesen geprägte Bürgertum seine Vorstellungen auch nach der Erlangung der Selbständigkeit durchsetzen, während die Landbevölkerung der Urkantone nach Erlangung der Freiheit im Grunde zufrieden war. Was auch Probleme mit sich brachte – es kam zu kriegeri-

nd Kommerz, Kunst und Kneipen

schen Auseinandersetzungen mit den übrigen Eidgenossen. Mit der Reformation, die sich zwar nicht so fanatisch zeigte wie im Genf des gestrengen Calvin, die aber doch mit der Lebenslust der katholischen Kirche aufräumte, ergaben sich völlig neue Zielsetzungen, trat vor allem ein neues Wertesystem in den Vordergrund: Wenn irdischer Reichtum ein Zeichen für die Gunst Gottes bereits auf Erden ist, dann konnte man sein Seelenheil erringen, wenn man reich zu werden suchte. Daß die Züricher, schwiizerisch Zürcher, hierin ein besonderes Geschick entwickelten, ist bekannt.

So ist denn die Stadt geprägt von prächtigen Bankgebäuden und Tempeln des Konsums. Die wichtigste Einkaufsachse, die Bahnhofstraße, zieht sich vom urbanen Bahnhof, dem bedeutendsten der Schweiz, zum heiteren, lichten Bürkliplatz mit der Schiffslände am Seeufer, gesäumt von Kaufhäusern und Confiserien, prächtigen Banken und eleganten Boutiquen, Kunstobjekten, Denkmälern und Plakatwänden. Immer voll von staunend flanierenden und einkaufenden Touristen, geschäftigen Geschäftsleuten,

Zwischen Grossmünster, rechts, und Fraumünster, ganz links im Bild, gruppiert sich die Altstadt um die Limmat. Hier stehen stattliche Zunfthäuser (links das Barockhaus »Zur Meisen«), in denen man bestens zu bewirten weiß. In der Bahnhofstraße lockt Weltstädtisches, preist die Kunsthalle Revolutionäres. Aber in den Gassen der Altstadt herrscht die kleinstädtische, bürgerliche Idylle einer Keller'schen Novelle. Und überall interessante Geschäfte: Am Steinmühlenplatz verkaufen Hedwig und René Koller im »Dingo« Wohn- und Haushalt-Dinge, in der Münstergasse garantiert seit 1864 »Schwarzenbach« erstklassigen Kaffee

stark geschminkten Damen der Gesellschaft und kühl gestylter, Gediegenheit ausstrahlender, auf dem Weg des Erfolgs befindlicher Jugend.
Zürich ist eine ganz und gar schweizerische Stadt, wenn auch in der übrigen Schweiz kaum geliebt – ein wenig forsch die selbstbewußte Art der Menschen, die hier leben, die mit Industrie, Banken und Handel mächtig, beherrschend und in einer anonymen Weise stolz geworden sind, während in weiten Teilen der Schweiz alles klein, übersichtlich und mit lokaler Bindung persönlich blieb. Man fürchtet in der Provinz auch um die eigene Identität, weil über den Rundfunk und das Fernsehen der uncharakteristische, aber von Zürcher Art geprägte Mischmasch eines *Schwiizerdütsch* die an Eigenarten reichen Dialekte der verschiedenen Regionen verdrängt.
Zürich – eine gediegene, saubere, nüchterne, eine solide Stadt, deren enge Gassen in der verwinkelten Altstadt, die auf beiden Ufern die Limmat begleitet, fast dörflich anmuten, verschlafen, provinziell und allem Fremden gegenüber verschlossen, fast feindlich eingestellt. Dennoch – politische Flüchtlinge fanden hier immer wieder Aufnahme: Anhänger der 1848er-Revolution, wie der Dichter *Georg Herwegh, Richard Wagner, Gottfried Semper* und der Ästhetikprofessor *Friedrich Theodor Vischer*, Verfasser des so schweizerisch geprägten, teilweise urkomischen, teilweise kauzigen Pfahlbauten-Romans »Auch Einer« sowie des »Faust, dritter Teil«, ließen sich hier ebenso vorübergehend nieder wie die Dadaisten *Hugo Ball, Tristan Tzara, Richard Hülsenbeck, Francis Picabia* und *Jean Arp*, der Revolutionär *Wladimir Iljitsch Lenin* und der Dichter *James Joyce* im ersten Weltkrieg, fast die gesamte Spitze des deutschen Theaters nach 1933.
So ganz glücklich waren die Zürcher zwar ob der Fremden nicht. Sie schafften und schaffen auch heute noch Probleme. Die Dadaisten hat Zürich längst nicht nur glänzend verdaut, sondern – wie auch andere aufmüpfige Kunst – ehrend ins Museum eingeordnet. Und dennoch sind durchaus unruhige Geister am Leben in dieser stets ambivalenten Stadt, scheinen einem eben auch vorhandenen Zürcher Hang zur Aufsässigkeit, zum Unwillen gegenüber der Bevormundung durch ein allzu geregeltes Gemeinwesen entgegenzukommen: Ausgerechnet im saturierten Zürich brachen Anfang der achtziger Jahre schwere Krawalle aus, seit anderthalb Jahrhunderten das erste Mal wieder ein Geruch von Bürgerkrieg, ja, von Anarchie.
Und in Zürich wurde, gar nicht zur Freude der braven, aufs blanke Blitzen ihrer Stadt versessenen Bürger, von *Harald Nägeli* das Sprayen an Hauswände zur Kunst erhoben. Leider hat man damals diese modernen Sgraffiti mit dem Sandstrahl entfernt, was man inzwischen bedauert. Denn heute scheint jeder Unzufriedene jede Wand als Einladung zur zwar farbenfrohen, aber selten künstlerischen Äußerung zu empfinden …

Das »Cafe Schober« in der Napfgasse (oben): Hier gibt's das beste Z'morge (Frühstück) von Zürich – mit frischer Milch vom eigenen Bauernhof. Spezialität des üppig mit Blumen ausgestatteten Cafés sind die Chräbeli, Springerle (unten links). Nach langem Dornröschenschlaf ist das durch Dada berühmt gewordene »Café Odéon« wieder erwacht (oben rechts): In der verbliebenen Hälfte tummeln sich poppige wie alternative Intellektuelle. Wo man sich seine Pralinen kauft, ist Geschmackssache: Bei Sprüngli am Paradeplatz oder in einer Filiale von Teuscher, etwa in der Storchengasse (unten)

Von der Schweizer Hotellerie

Möglich, daß die Schweizer einfach eine Begabung für den Umgang mit Fremden haben. Ganz sicher aber ermöglichte die Schweizer Geographie solchen Fähigkeiten eine besonders gute Schule und erstklassiges Training: Das kleine Land war immer schon Durchreisestation für Pilger-, Geschäfts- und Vergnügungsreisende aller Zeiten. Bedeutende Handelswege führten quer durchs Land, von Süd nach Nord wie von Ost nach West und umgekehrt. Natürlich konnten sich da eindrucksvolle Traditionen entwikkeln. Kein Wunder also, daß die berühmtesten Hotelfachschulen in der Schweiz zu finden sind, daß die Schweizer Hotellerie in der ganzen Welt höchste Wertschätzung genießt.
Dazu gehört natürlich auch ein hoher gastronomischer Standard. Schweizer Küchenklassiker sind die Stützpfeiler internationaler Speisekarten: Vom weltberühmten *Cordon bleu* bis zum beliebten *Zürcher Geschnetzelten*. Gerichte mit wechselvoller Geschichte, weil auch sie dem Zeit- und Massengeschmack unterworfen wurden, die aber so sorgfältig zubereitet, wie es sich gehört, ein ebenso seltenes wie großes Vergnügen sind.
Häuser, die solches pflegen und bewahren, findet man in der Schweiz noch öfter als bei uns. Wo man sich einfach rundum wohl fühlt, dank der Selbstverständlichkeit und der Gelassenheit, mit der die Menschen, die den Gast umsorgen, ihre Arbeit tun. Der »Storchen«, als klassisches Stadthotel mitten in Zürich, mag hier als Beispiel für manch andere stehen.

1
CORDON BLEU

Es liegt die Vermutung nahe, daß das Schnitzel mit dem stolzen Namen nichts mit Frankreichs König Heinrich III. zu tun hat, der das »Blaue Band« als Orden vom Heiligen Geist (Saint-Esprit) gestiftet hat. Eher ist das Rezept auf die in den fünfziger Jahren berühmte französische Kochschule in Paris gleichen Namens zurückzuführen, in der die reichen Töchter der Welt sich den letzten Schliff holten, bevor sie heiraten durften. Die Zeiten ändern sich. Aber Cordon bleu ist immer noch *das* Schweizer Nationalschnitzel: mit Schinken und Käse gefüllt und in möglichst frisch geriebenen (!) Bröseln paniert. Sorgfältig zubereitet heute eine selten gewordene Delikatesse!

Pro Person:
1 knapp zweizentimeterstarke Scheibe Kalbsschnitzel aus der Keule,
Salz, Pfeffer, 1 Scheibe Schweizer Käse, 1 Scheibe gekochter Schinken,
Mehl zum Bestäuben,
Ei zum Wenden,
Semmelbrösel zum Panieren,
Butterschmalz (gesottene Butter) zum Backen

Dem Schnitzel mit einem gut geschärften Messer eine Tasche einschneiden. Sie innen sparsam salzen und kräftiger pfeffern. Käse und Schinken passend zuschneiden und in die Tasche schieben. Wenn nötig, mit Zahnstochern zustecken. Das Schnitzel salzen, pfeffern, in Mehl wenden und gründlich ausschütteln. Durch verquirltes Ei ziehen, abtropfen. Schließlich in Semmelbröseln wenden, dabei darauf achten, daß die Panierung zwar dünn ist, aber auch keine Lücken aufweist.
In heißem Butterschmalz schwimmend langsam goldbraun ausbacken. Auf Küchenkrepp gründlich abtropfen, bevor serviert wird.

2
ZÜRCHER GESCHNETZELTES

Das Geheimnis für zartes und saftiges Fleisch: Die hauchdünnen Scheibchen werden mit einer Spur Speisestärke überpudert, die man gut einmassiert. Das ergibt einen schützenden Film, der das Fleisch vor dem Austrocknen bewahrt. Schließlich werden die Fleischscheiben in wenig Öl, das rauchend heiß sein muß, rasch unter Schwenken und Wenden angebraten. Bis die Sauce fertig ist, läßt man sie zwischen zwei heißen Tellern warten und sanft nachziehen. Übrigens: Echt ist ein *Zürcher Geschnetzeltes* nur, wenn tatsächlich Nieren und Champignons drin sind!

Für vier Personen:
600 g Kalbfleisch (aus der Keule),
1 Kalbsniere, 200 g Champignons,
1 TL Speisestärke, 2 EL Öl, Salz,
Pfeffer, 2 EL Butter, 2 Schalotten,
¼ l Weißwein, 200 g Rahm
(süße Sahne) oder Crème double,
etwas Zitronensaft

Das Fleisch in halbzentimeterdünne Streifen, diese in fingerlange Stücke schneiden. Mit Stärke einreiben. Die Niere putzen, die weißen Innenstränge entfernen. Die Niere quer in dünne Scheiben schneiden. Die Pilze blättrig schneiden. Fleisch, Nieren und Pilze nacheinander in heißem Öl rasch anbraten, salzen und pfeffern. Warm stellen. Das Fett wegkippen, in frischer Butter die feingeschnittenen Schalotten andünsten, mit Wein ablöschen und etwa um die Hälfte einkochen. Sahne zufügen und cremig kochen. Mit Zitronensaft, Salz und Pfeffer abschmecken.

3
KALBSSTEAK IN MORCHELSAUCE

Für vier Personen:
20 g getrocknete Morcheln, ⅒ l Milch, 4 schöne Kalbssteaks (aus der Lende geschnitten), Salz, Pfeffer, Mehl zum Bestäuben, 2 EL Butterschmalz, 2 Schalotten, 2 EL Butter, ⅛ l Weißwein, ⅛ l Kalbsfond, 200 g Rahm (süße Sahne)

Die Morcheln in einem Schälchen mit der kochenden Milch übergossen eine halbe Stunde (oder länger) einweichen. Die Steaks salzen, pfeffern, mit einem Hauch Mehl überpudern und in heißem Butterschmalz rasch auf beiden Seiten kroß anbraten. Zwischen zwei heißen Tellern dann nachziehen lassen, bis die Sauce fertig ist.
Das Fett wegkippen. In frisch aufschäumender Butter die feingewürfelten Schalotten andünsten. Die gründlich gewaschenen, geputzten und nach Belieben grob gehackten oder nur halbierten Morcheln zufügen. Mit der Einweichflüssigkeit und Wein ablöschen und einkochen, Fond angießen und ebenfalls einkochen. Die Sahne erst zum Schluß zufügen und cremig einköcheln. Die Sauce abschmecken und über die Steaks gießen.

1

2

3

Die »Kronenhalle« Legende und Institution

Als im Sommer 1984 im gesegneten Alter von fast 94 Jahren Hulda (»Mutter«) Zumsteg, die legendäre Besitzerin der Kronenhalle, starb, fürchteten viele, dies sei das Ende einer Institution. Tatsächlich wurde es auch eine Zeitlang Mode, wehzuklagen, die »Kronenhalle« sei auch nicht mehr, was sie einmal war ...
Aber damit tat man dem Sohn Gustav, der das schwere Erbe antrat (obwohl er als Inhaber einer großen Stoff-Firma noch einen weiteren Beruf innehat), mehr als Unrecht. Schließlich war er es, der nach dem Tod seines Vaters schon seit fast 30 Jahren die kaufmännischen und bürokratischen Pflichten übernehmend der Mutter unauffällig im Hintergrund den Rükken freigehalten und so überhaupt ermöglicht hatte, daß sie ihre Kraft ungeteilt den Gästen und der Führung des Hauses widmen konnte. Er war es auch, der sie darin unterstützte, alles zu belassen, wie es war. Und wo Modernisierung nottat, um den Anforderungen der heutigen Zeit zu entsprechen (in Küche und Keller), sie um jeden Preis im selben alten, handwerklich erstklassigen Stil auszuführen, damit die Gäste nichts davon bemerkten. Jedes einzelne Detail gilt als wichtig und wird, jedes eine Legende für sich, liebevoll gepflegt: Die beiden prächtigen Blumenbuketts, die Hulda Zumsteg 60 Jahre lang persönlich in den silbernen Pokalen arrangierte, werden auch heute mit derselben Sorgfalt täglich frisch gesteckt und stehen an derselben Stelle. Das leuchtend türkisfarbene Handwaschbecken im Durchgang zur Garderobe, mit den messingpolierten Armaturen, darf ebensowenig entfernt werden, wie an dem Buffet längs der Rückseite des Hauptraums was verändert.
Und die Gemälde! Weltberühmt die kostbare Sammlung von Gustav Zumsteg, die alle Wände pflastert, bis zur Decke hoch, selbst auf den Korridoren. Nicht selten, daß eifrige Lehrerinnen ihre Schulklassen durch die Räume führen, um den Kindern zu zeigen, daß man mit Bildern auch leben kann, sie nicht nur von fern im Museum betrachten muß.
Selbstverständlich, daß auch der Brauch der legendären *»voiture«* weiterhin gepflegt wird, Betonung in Schweizer Art auf der ersten Silbe. Mit dem täglich wechselnden Mittagsgericht: Zum Beispiel mittwochs und samstags der berühmte *Bollito*, auf dem kupferblitzenden Wagen am Tisch tranchiert und vorgelegt. Von Aldo, seit mehr als 30 Jahren. Als er anfing, kostete die Portion 6 Franken, heute 40. Das ist der Lauf der Welt.

1
BOLLITO MISTO

Am besten schmeckt er natürlich, wenn alles miteinander in einem gewaltigen Kessel zubereitet wird und die verschiedenen Fleischstücke sich jeweils ihr Aroma mitteilen. So ist Bollito misto nämlich das ideale Essen, wenn man viele Freunde zu einem Fest geladen hat.

Für 10 bis 12 Personen (und mehr):
1 gepökelte Rinderzunge,
1 kg ausgelöster Kalbskopf,
1,5 kg Rindfleisch zum Kochen (Schulternaht, Wade oder Brustkern),
6–8 schöne Markknochen, 1 Poularde,
500 g Möhren (Rüebli), 1 Sellerieknolle, 5 gleichstarke Lauchstangen,
2 Zwiebeln, 2 Knoblauchzehen,
1 EL Salz, 2 EL Pfefferkörner,
2 Lorbeerblätter

Zunge, Kalbskopf (am besten aufgerollt und zusammengebunden – das erledigt der Metzger für Sie, wenn Sie rechtzeitig bestellen) und Rindfleisch in einen ausreichend großen Topf pakken. Wer keinen so großen Topf hat, muß auf mehrere verteilen. Jeweils eine Möhre, ein Stück Sellerie, Lauch und Zwiebel, sowie Knoblauch und die Gewürze zufügen. Alles mit Wasser bedecken. Langsam, ohne Deckel zum Kochen bringen. Den Schaum, der sich dabei oben absetzt, nicht abschöpfen – es ist Eiweiß, das später dazu dient, die Brühe zu klären. Erst wenn dieser Schaum nicht mehr sichtbar ist, weil er zu Boden gesunken ist, den Deckel auflegen. Bei nunmehr ganz kleiner Hitze alles mehr ziehen als kochen lassen. Nach einer guten Stunde die Markknochen und die Poularde zufügen.
Eine weitere Stunde leise ziehen lassen. Schließlich die sorgfältig geputzten und in Portionsstücke geschnittenen Gemüse zufügen.
Eine gute halbe Stunde später ist alles gar und kann serviert werden. Dafür wird die Zunge gehäutet und wie das Rindfleisch und die Kalbskopfrolle quer in Scheiben geschnitten, die Poularde in Portionsstücke zerlegt. Das Fleisch mit den Markknochen und den Gemüsen dekorativ auf einer großen Platte anrichten.

Nichts darf an der »Kronenhalle« geändert werden, höchstens behutsam renoviert. Damit es weiterhin eines der schönsten, wahrhaftigsten Gasthäuser der Welt bleiben kann. Rechts: Aldo mit der »voiture«

Wie schön, daß es so etwas noch gibt: Der Damast auf den Tischen, diskret die Krone der »Kronenhalle« zeigend. Das Besteck ist schwer, solide dick versilbert. Die blitzende Kupferschüssel mit dem Tagesgericht selbstverständlich stets auf Hochglanz poliert. Tradition ist hier mit Leben ausgefüllt und kein totes Beharren auf altem Brauch. Dementsprechend auch die Küche, erstklassig, gediegen und ohne modische Gags

1

Restaurants, Gasthäuser, Hotels

Adler
Hauptstr. 18
6244 Nebikon
Tel.: 062/7562122

Al Portone
Via Cassarate 3
6900 Lugano
Tel.: 091/9235511

Alte Post
7250 Klosters-Aeuja
Tel.: 081/4221716

Bären
3713 Reichenbach
Tel.: 033/6761251

Brander's Culinarium
(gibt es nicht mehr)

Brauerei Frohsinn
Romanshorner Straße 15
9320 Arbon
Tel.: 071/4461046

Chesa Marchetta
7514 Sils-Maria
Tel.: 081/8265232

J.-P. Corpateaux
Grand-Rue 6
1700 Freiburg
Tel.: 026/3221026

Da Veraguth Carnetg
7152 Sagogn
Tel.: 081/9216464

Fischerzunft
Rheinquai 8
8200 Schaffhausen
Tel.: 052/6253281

Fletschhorn
3906 Saas Fee
Tel.: 027/9572131

Fredy Girardet
(neuer Besitzer)
1023 Crissier
Tel.: 021/6340505

Galliker
Schützenstr. 1
6000 Luzern
Tel.: 041/2401002

Grotto Pierino
6963 Cureggia
Tel.: 091/9418796

Grotto Romitaggio
6597 Agarone
Tel.: 091/8591577

Kronenhalle
Rämistr. 4
8000 Zürich
Tel.: 01/2516669

Linde
(neuer Besitzer)
Dorfplatz 7
6370 Stans
Tel.: 041/6190930

Ochsen
7208 Malans
Tel.: 081/3221117

Paradies
7551 Ftan
Tel.: 081/8610808

Jöhris sind umgezogen:
Jöhri's Talvo
7512 St. Moritz-Champfèr
Tel.: 081/8334455

Real
9490 Vaduz
Tel.: 075/2322222

Ristorante di Stazione
6655 Intragna
Tel.: 091/7961212

Rössli
Dorfplatz 1
6422 Steinen/Schwyz
Tel.: 041/8321520

Stucki
(neuer Besitzer)
Bruderholzallee 42
4000 Basel
Tel.: 061/3618222

Victoria Jungfrau
Höheweg 41
3800 Interlaken
Tel.: 036/271111

Wirtschaft zur Burg
8706 Burg ob Meilen
Tel.: 01/9230571

Zum Storchen
Weinplatz 2
8000 Zürich
Tel.: 01/2115510

Weingüter, Geschäfte, Betriebe

Conditorei Schulze
7514 Sils-Maria
Tel.: 081/8265213

Dingo-Küchenladen
Steinmühleplatz 1
8000 Zürich
Tel. 01/2211606

Fischerei Hofer-Gowrie
Gersauer Straße 87
6440 Brunnen
Tel.: 041/8253340

Fleischtrocknerei Sialm
7186 Segnes
Tel.: 081/9475434

Giovanoli, Renato
Schinkenmacher
7516 Maloja
Tel.: 081/8263113

Gärtnerei Wild
7247 Saas
Tel.: 027/9571264

Guarda-Kräuter
Fam. Josché
7545 Guarda
Tel.: 081/8642438

Käserei Thal
6197 Schangnau
Tel.: 034/4933172

Reichmuth von Reding
Gut Waldegg
6422 Schwyz
Tel.: 041/8117878

Weinbau Boner
7208 Malans
Tel.: 081/511480

Weingut Bolle + Cie
Rue Louis-de-Savoie 75
1110 Morges
Tel.: 021/8012774

Weingut Hôpital Pourtalès
Route de Troub 17
2088 Cressier
Tel.: 032/7571131

Weinkellerei Valsangiacomo
S. Gottardo 107
6830 Chiasso
Tel.: 091/6836033

* Von Deutschland aus statt der ersten 0 die Auslandsvorwahl 0041 wählen

BUNDESREPUBLIK DEUTSCHLAND
SCHWEIZ
ÖSTERREICH
ITALIEN
LIECHTENSTEIN
VORARLBERG
Freiburg
Emmendingen
Waldkirch
Furtwangen
Triberg
St. Georgen
Villingen-Schwenningen
Rottweil
Trossingen
Spaichingen
Tuttlingen
Donaueschingen
Titisee-Neustadt
Hinterzarten
Feldbg. 1493
Todtnau
St. Blasien
Bonndorf
Blumberg
Engen
Singen
Hüfingen
Schwarzwald
Sigmaringen
Meßkirch
Pfullendorf
Stockach
Überlingen
Überlinger See
Radolfzell
Gottmadingen
Schaffhausen
Neuhausen a. Rhf.
Stein a. Rh.
Steckborn
Konstanz
Kreuzlingen
Meersburg
Friedrichshafen
Bodensee
Riedlingen
Mengen
Saulgau
Ostrach
Altshausen
Bad Schussenried
Biberach
Bad Waldsee
Baienfurt
Weingarten
Ravensburg
Kißlegg
Wangen
Isny
Leutkirch
Memmingen
Mindelheim
Türkheim
Bad Wörishofen
Ottobeuren
Kaufbeuren
Obergünzburg
Bad Wurzach
Legau
Kempten
Waltenhofen
Nesselwang
Pfronten
Immenstadt
Oberstaufen
Sonthofen
Hindelang
Tannheim
Allgäuer Alpen
Oberstdorf
Mädelegabel 2645
Lech
Lindau
Bregenz
Lustenau
Dornbirn
Hohenems
Götzis
Rankweil
Feldkirch
Bludenz
Schruns
Montafon
Rätikon
Silvretta
Zürs
Flexenpaß
St. Anton
St. Christoph
Arlbergpaß
Landeck
Ischgl
Galtür
Partenen
Samnaun
Martina
Nauders
Reschenpaß
Waldshut-Tiengen
Bad Säckingen
Rheinfelden
Koblenz
Rhein
Brugg
Habsburg
Windisch
Wettingen
Baden
Aarau
Aare
Olten
Lenzburg
Wohlen
Dietikon
Suhr
Seon
Bremgarten
Aarburg
Oftringen
Zofingen
Hallwiler See
Reinach
Beromünster
Muri
Sursee
Nebikon
Hochdorf
Sempach
Emmen
Emmenbrücke
Willisau
Wolhusen
Luzern
Napf 1408
Entlebuch
Pilatus 2129
Schüpfheim
Langnau i. E.
Sarnen
Sarner See
Stans
Wolfenschiessen
Engelberg
Titlis 3238
Brünigpass
Meiringen
Brienz
Brienzer See
Innertkirchen
Sustenpass
Wetterhorn 3701
Grindelwald
Schreckhorn 4078
Eiger 3970
Wengen
Jungfrau 4158
Mönch 4099
4274 Finsteraarhorn
Grimselpass
Gletsch
Oberwald
Furkapass
Realp
Münster
Nufenenpass
Aletschhorn
Fiesch
Bettmeralp
Brig
Visp
Simplonpass
Simplon-Dorf
Saas Almagell
Saas Fee
Domodóssola
Villadóssola
Macugnaga
Monte Rosa
Bülach
Kloten
Winterthur
Frauenfeld
ZÜRICH
Uster
Wetzikon
Küsnacht
Meilen
Stäfa
Adliswil
Affoltern
Horgen
Wädenswil
Zürichsee
Rapperswil
Pfäffikon
Uznach
Baar
Zug
Cham
Zuger See
Küssnacht
Arth
Goldau
Steinen
Schwyz
Einsiedeln
Sihlsee
Vitznau
1798 Rigi
Vierwaldstätter See
Brunnen
Muotathal
Urner See
Flüelen
Altdorf
Erstfeld
Klausenpaß
Glarner Alpen
Göschenen
Oberalppass
Andermatt
St. Gotthard
Airolo
Leventina
Faido
Fusio
Biasca
Tessiner Alpen
TICINO
Riale
Baceno
Maggia
Intragna
Locarno
Ascona
Brissago
Bellinzona
554 M. Ceneri
Cadenazzo
Lago Maggiore
Luino
Verbania
Pallanza
Laveno
Gravellona
Omegna
L. d'Orta
Stresa
Angera
Arona
Sesto Calende
Borgosèsia
Borgomanero
Romagnano
Gattinara
Biella
Cossato
Ivrea
Massazza
Carpignano
Cavaglia
Novara
Trecate
Galliate
Oleggio
Gallarate
Busto Arsizio
Legnano
Magenta
Córsico
MILANO
Sesto S. G.
Monza
Desio
Seregno
Seveso
Saronno
Cantù
Tradate
Varese
Olgiate C.
Como
Chiasso
Cernobbio
Mendrisio
Morcote
Melide
Lago di Lugano
Lugano
Menággio
Tremezzo
Bellagio
Bellano
Lago di Como
Mandello d. L.
Lecco
Erba
Calolziocorte
S. Giovanni
S. Pellegrino Terme
Gazzaniga
Alzano L.
Bergamo
Seriate
Trescore
Clusone
Lovere
Darfo
Lago d'Iseo
Gardone
Sarezzo
Vobarno
Vestone
Bagolino
Brescia
Rezzato
Castenedolo
Montichiari
Ghedi
Desenzano
Nave
Palazzolo
Verdello
Zingonia
Azzano
Cologno a. S.
Treviglio
Cassano d'Adda
Caravaggio
Gorgonzola
Vailate
Pandino
Paullo
Bergamasker Alpen
Valtellina
Adda
Tirano
Edolo
3554 Adamello
Tresenda
Sóndrio
Morbegno
Dongo
Chiavenna
Soglio
Castasegna
Vicosoprano
Maloja
Malojapass
Sils i. E.
Silvaplana
St. Moritz
Pontresina
Julierpass
Jufiier
Albulapass
4049 P. Bernina
Pso del Bernina
P. Palü 3905
Poschiavo
Grosio
Bórmio
Forcola di Livigno
Livigno
Umbrailpaß
Sta Maria i. M.
Ofenpass
Zuoz
Zernez
Engadin
Scuol/Schuls
Tarasp
S-charl
Ardez
Guarda
Flüelapass
Davos
Klosters
Weissfluh 2844
Arosa
Lenzerheide
Tiefencastel
Bergün/Bravuogn
Savognin
Rätische Alpen
GRAUBÜNDEN
Chur
Reichenau
Flims
Laax
Ilanz
Thusis
Rhein
Surselva
Disentis/Mustér
Sedrun
Segnes
Tödi 3620
2516 Crap Masegn
Lukmanier-P.
Olivone
Rheinwaldhorn 3402
Pso del S. Bernardino
S. Bernardino
Hinterrhein
Splügen
Splügenpass
Vals
Glarus
Schwanden
2914 Glärnisch
Niederurnen
Walensee
Walenstadt
Flums
Sargans
Bad Ragaz
Maienfeld
Malans
Landquart
Zizers
Buchs
Vaduz
Wildhaus
Säntis 2503
Appenzell
Wattwil
Herisau
Flawil
Gossau
St. Gallen
Altstätten
Oberriet
Wil
Rorschach
Arbon
Amriswil
Romanshorn
Weinfelden
Thur
Heerbrugg
St. Margrethen

Rezepte

Die mit * versehenen Gerichte sind in zwei Sprachen aufgeführt

VORSPEISEN

SUPPEN

BEILAGEN & GEMÜSE

NUDELN, EINTÖPFE & KÄSE-GERICHTE

FISCHGERICHTE

INNEREIEN

FLEISCH & GEFLÜGEL

DESSERTS

KUCHEN & GEBÄCK

GETRÄNKE

Register

Bibliographie

Unter anderen waren uns – neben vielen Artikeln – einige Bücher besonders nützlich:

Elfie CASTY:
Seitensprünge in der Küche. Davos, 1979
Geliebte Küche. Klosters, 1984
Mit einer Prise Leidenschaft. Klosters, 1987

GAULT MILLAU: Guide Schweiz

GEO SPECIAL SCHWEIZ, 1987

Fredy GIRARDET: La Cuisine Spontanée. Düsseldorf, 1985

Johann Wolfgang von GOETHE: Dichtung und Wahrheit

GOURMET Nr. 37, Herbst 1985: Die Schweiz

Ernst HORNICKEL: Die Weine der Alpen. Stuttgart 1980

Marianne KALTENBACH: Seeländer Küche. Bern und Stuttgart, 1984
Ächti Schwizer Chuchi. Bern und Stuttgart, 1985

Gottfried KELLER: Werke

Bewährte KOCHREZEPTE AUS GRAUBÜNDEN, herausgegeben von der Sektion Chur des Schweizerischen Gemeinnützigen Frauenvereins. Chur, 1984

KULINARISCHE REISE DURCH DIE SCHWEIZ. Von Michael MERZ und Dave BRÜLLMANN. Schweizer Illustrierte, Zürich 1987

Markus MÄDER: Schweiz. Badenweiler, 1988

MERIAN-Hefte: St. Moritz und das Engadin, Graubünden, Bern und Berner Oberland, Tessin

Conrad Ferdinand MEYER: Werke

MICHELIN Tourist Guide Switzerland (grüner Führer). London, 1985

NESTLÉ: Kochkunst und Tradition in der Schweiz. Vevey, o. J.

POLYGLOTT-Reiseführer: Schweiz, Tessin, Nordschweiz/Zentralschweiz/Berner Oberland, Graubünden/Ostschweiz

REICHMUTH VON REDING: Verkaufskatalog. Schwyz, 1988

Victor von SCHEFFEL: Aus den Rätischen Alpen. Leipzig und Wien, 1920

Das Buch vom SCHWEIZER WEIN. Basel, 1939

Photos von Martina Meuth:

1. Vorsatz; 3. Vorsatz; 6: (2); 10(3); 60/61; 70/71; alle; 116/117; 116(1); 129(1); 130/131; 140(1); 145(1); 148/149; 155(1); 159(1); 162(1); 166/167; 167(2); 168(1); 177(1); 180(1); 181(1); 188/189; 191(1); 197(1); 198(1); 200/201; 217(1); 219(1); 221(2); 238/239; 250/251